2025 全国社会工作者职业水平考试辅导用书

社会工作法规与政策

考试过关分层练

SHEHUI GONGZUO FAGUI YU ZHENGCE
KAOSHI GUOGUAN FENCENGLIAN

2025

中级

全国社会工作者职业水平考试过关分层练编写组　编写

中国社会出版社

国家一级出版社·全国百佳图书出版单位

图书在版编目（CIP）数据

社会工作法规与政策考试过关分层练 / 全国社会工
作者职业水平考试过关分层练编写组编写 . -- 北京 ：中
国社会出版社 ，2025．2（2025．3 重印）. --（全国社会工
作者职业水平考试辅导用书 / 许莉娅主编）. -- ISBN 978-7-
5087-7174-8

Ⅰ．D922.11-44；D601-44

中国国家版本馆 CIP 数据核字第 2025SU8614 号

社会工作法规与政策考试过关分层练

出 版 人：程　伟

责任编辑：姜婷婷

装帧设计：尹　帅

出版发行：中国社会出版社

　　　　　（北京市西城区二龙路甲 33 号　邮编 100032）

印刷装订：河北鑫兆源印刷有限公司

版　　次：2025 年 2 月第 1 版

印　　次：2025 年 3 月第 3 次印刷

开　　本：185mm×260mm　1/16

字　　数：354 千字

印　　张：13.5

定　　价：60.00 元

全国社会工作者职业水平考试
过关分层练编写组

主　编：许莉娅

编　委：周　军　孙立亚
　　　　苗艳梅　王冬梅

本书导航

本书亮点

● **名师主编**

本书由具有 30 多年社会工作专业教学、研究与实务经验和 17 年全国社会工作者职业水平考试辅导与讲解经验的国内知名专家带队倾力打造。

● **紧扣新版指导教材**

本书紧扣新版教材，第一时间推出！凡是法规与政策有变动的，皆以现行的法规与政策为准。

● **配合互联网在线专家答疑和模拟题等学习资源**

购买正版教材的考生可关注微信公众号"社工师培训网"和"社工图书专营店"，以获得更多考前专家答疑、紧扣新版教材的海量章节复习题、在线全真模拟考试等学习资源。

《社会工作法规与政策》科目试卷构成

每年一次的全国社会工作师职业水平考试包括三门科目：《社会工作综合能力（中级）》《社会工作实务（中级）》《社会工作法规与政策》。考试成绩实行两年一个周期的滚动管理办法，考生应在连续两个考试年度内通过全部科目的考试，方可取得社会工作师职业资格证书。考试地点一般设在省会城市和直辖市的大中专院校或高考定点学校，具体地址会在准考证上标明。

《社会工作法规与政策》考试题目均为客观题，要求考生在答题卡上作答。考生应考时，应携带黑色墨水的钢笔或签字笔、2B 铅笔、橡皮等工具。

《社会工作法规与政策》科目考试的时间及试题类型如下：

考试时间	两个小时
试卷满分	100 分
及格（通过）标准	60 分

续表

试题类型	单项选择题	共 60 题，每题 1 分。每题的备选项中只有一个最符合题意
	多项选择题	共 20 题，每题 2 分。每题的备选项中有 2 个或 2 个以上符合题意，至少有 1 个错项。错选，该题不得分；少选，所选的每个选项得 0.5 分

注：本表格仅供参考，具体以权威部门公布的正式信息为准。

如何有效使用本书

本书紧扣考试大纲，覆盖教材全部知识点，拟定四个层次的试题，包括基础题、提高题、易错题和闯关题。请考生在熟读教材，并根据考试大纲熟记知识点的基础上，循序渐进地按照基础题、提高题、易错题、闯关题的顺序进行演练。本书在最后附有两套全真模拟试题，是编写组的专家在全面分析历年考试真题的覆盖面、案例情境和各章节比重的基础上精心设计的，请全面复习考试指定教材之后，再完成这两套全真模拟试题，以便检测自己全面复习后、迎接正式考试前的学习效果。

温馨提示：全真模拟试题重点在于模拟参加正式考试的情境，包括了解自己的复习水平、考试时间和答题节奏的把握，千万不要单纯背题，而应把重点放在强化知识点，并针对答错题目的考点进行查漏补缺、扫除知识盲点。

特别声明：本书考题中所列人员名称均为化名，如有雷同，纯属巧合。

考场应试答题技巧

● **熟悉填答题目的过程（答题卡）**

本科目考试题目均为客观题，所有选择题的回答都必须填涂在答题卡上，对答题卡填写不熟悉的考生应特别注意，在平时就要养成良好的考试答题习惯，尽量使用答题卡来做练习题和全真模拟试题。

● **答题顺序**

先易后难。

● **"卡壳"情况的处理**

由于《社会工作法规与政策》考试全部为客观题，考题覆盖的考点分布在各个章节，且每道考题都具有较高的独立性，即前面的题目和后面的题目没有内在逻辑性和依赖性。因此，考生在考场遇到难题"卡壳"时，不必担心后面的题目会因为此题的回答而受影响，此时可在试卷上做个标记（注意：不是答题卡），跳过此题，先完成后面题目的回答，等回过头来再答"卡壳"的题。

● **细心检查很重要**

考生应检查答题卡填涂的位置、姓名、准考证号是否正确无误，尤其是填涂题目的顺序不可错行。

● **保守还是冒险？——多项选择题的答题技巧**

如果"全真模拟试题"的闭卷自测得分在 50 分以下，建议考生在考场上采取冒险的答题策略，在排除掉肯定错误的选项的基础上，对比较没有把握的选项也选上，纯粹碰一碰运气。

如果得分在 50~60 分，接近考试及格线但又有少许差距，此时建议考生采取保守的答题策略，即只选自己肯定有把握的选项。因为根据阅卷评分规则，在没有选错误选项的前提下少选，所选的每个选项均可得 0.5 分，此种策略将有助于考生拿到零碎的小分，从而越过 60 分及格线。

最后，预祝各位考生顺利通过考试！

目录
Contents

第一章

社会工作法规与政策概述

1

【本章复习提示】

为了做好专业性的社会服务工作，社会工作者需要了解各个方面的法规与政策。

本章主要介绍了我国社会工作法规与政策的一般性原理，包括社会工作法规与政策的基本概念和主要内容、主要类型、层次和类别、制定和实施的一般过程以及社会工作法规与政策对社会工作实践的作用和社会工作实践对社会工作法规与政策的作用，其中"我国有关社会建设的一般性法规与政策"部分的复习需要将会议与其所提出的论述进行对应复习并结合年度热点会议进行补充学习。

单元1 基础题

一、单项选择题

1. 根据社会政策惠及的人群范围和对象的差异性，可将社会政策划分为（　　）两种类型。

A. 整合型和碎片型
B. 普惠型和特惠型
C. 广义型和狭义型
D. 政府主导型和民间推动型

2. 依据《规章制定程序条例》，下列词语中可用作国务院部门规章名称的是（　　）。

A. 法　　　　　B. 条例　　　　　C. 暂行条例　　　　　D. 办法

3. 国务院根据宪法和法律制定的有关行政管理等方面的规范性文件被称为（　　）。

A. 国家法律
B. 行政法规
C. 国务院部门规章
D. 地方性法规

4. 社会工作法规与政策对社会工作人才队伍建设具有重要的作用，这种作用主要体现在制度规范建设和（　　）两个方面。

A. 能力建设　　　B. 专业发展　　　C. 机构发展　　　D. 权利保障

5. 省、自治区、直辖市和较大的市的人民政府，根据法律、行政法规和本省、自治区、直辖市的地方性法规，依照《规章制定程序条例》制定的规章是（　　）。

A. 国家法律
B. 行政法规
C. 地方政府规章
D. 地方性法规

6. 根据《中华人民共和国立法法》规定，制定和修改除应当由全国人民代表大会制定的法律以外的其他法律的主体是（　　）。

A. 全国人民代表大会
B. 全国人民代表大会常务委员会
C. 国务院
D. 省级人民政府

7. 《中华人民共和国立法法》对法律案的审议作了规定，人大代表（或人大常委会委员）对法律案的审议是人大代表行使立法权的重要环节，同时也是最终通过的法律能够更加合理、更加具有代表性的保障。因此，对人大代表（或人大常委会委员）审议法律案环节的民主性和（　　）都提出了很高的要求。

A. 严肃性　　　B. 公开性　　　C. 透明性　　　D. 规范性

8. 党的十八大报告中将社会建设的任务界定为保障及改善民生和（　　）两大方面，并对各个方面的具体任务作了较为详细的论述。

A. 社会管理
B. 促进经济发展
C. 社会治理
D. 激发社会活力

9. 帮助低收入家庭是社会工作的主要任务之一，社会工作者应该熟悉社会救助领域的法规与政策。社会救助领域的法规与政策包括城乡居民最低生活保障、医疗救助、住房救助、教育救助、就业救助、受灾人员救助、法律援助等各种（　　）以及临时救助等方面的法规与政策。

A. 专项救助　　　B. 特殊救助　　　C. 长期救助　　　D. 普惠救助

10. 在从事各项社会服务的人员中，需要有大量各方面的专业人才。从当代社会工作比较发达的国家的情况来看，（　　）在社会政策及法规的实施过程中都发挥着重要作用，是从政府的社会政策向具体的社会服务转化过程中重要的行动者。

A. 社会工作者　　　B. 志愿者　　　C. 公益组织　　　D. 社会团体

二、多项选择题

11. 《中共中央关于党的百年奋斗重大成就和历史经验的决议》指出，党的十八大以来，中国特色社会主义进入新时代。我国社会建设全面加强，人民生活全方位改善，社会治理（　　）水平大幅度提升，发展了人民安居乐业、社会安定有序的良好局面，续写了社会长期稳定奇迹。

A. 社会化　　　　　B. 法治化　　　　　C. 智能化
D. 专业化　　　　　E. 体系化

12. 以下关于社会工作法规与政策制定过程的说法，正确的有（　　）。

A. 社会问题的出现是推动法规与政策制定的重要因素之一
B. 专家学者在法规与政策制定过程中只能提供理论支持，不能参与实际起草工作
C. 法规与政策制定过程中需要充分征求社会公众的意见，保障民主性
D. 法规与政策草案在提交审议前通常需要进行多轮的修改和完善
E. 法规与政策一旦制定颁布就不能再进行调整和修订

13. 我国的法规体系是由多个层级、多种类型的法规构成的。根据《中华人民共和国立法法》规定，我国的法规体系包括以下哪些？（　　）

A. 国家法律　　　　B. 行政法规　　　　C. 国务院部门规章
D. 地方性法规　　　E. 社会救助法规

14. 普惠型社会政策的优点是（　　）。

A. 对解决身处困境问题的针对性强　　　　B. 社会效益大
C. 不需要复杂的对象资格甄别程序　　　　D. 可以避免"贫困烙印"问题
E. 对象覆盖面广

15. 社会工作实践对相关领域法规和社会政策发展的积极促进作用，体现在法规与政策的（　　）等各个环节。

A. 制定　　　B. 实施　　　C. 评估　　　D. 改革　　　E. 维护

参考答案

一、单项选择题

1. B　　　考点：社会政策对象的分类
2. D　　　考点：法规的主要种类
3. B　　　考点：法规的主要种类
4. A　　　考点：社会工作法规与政策对社会工作人才队伍建设的作用
5. C　　　考点：法规的主要种类
6. B　　　考点：法规的制定过程——法律制定的责任主体及程序

7. A　　　考点：法规的制定过程——法律制定的责任主体及程序

8. A　　　考点：党的十八大报告对社会建设各个方面的原则要求

9. A　　　考点：社会救助领域的法规与政策

10. A　　　考点：社会工作在社会政策实施中的作用

二、多项选择题

11. ABCD　　考点：党的十九届六中全会对社会建设的论述

12. ACD　　考点：社会工作法规与政策的制定过程

13. ABCD　　考点：社会工作法规体系

14. BCDE　　考点：社会政策的对象

15. ABCD　　考点：社会工作在社会政策制定、实施、评估和改革中的作用

单元 2　提高题

一、单项选择题

1. 在我国社会工作法规与政策体系中，以下哪种法规的法律效力层级最高？（　　）

A. 行政法规　　　B. 地方性法规　　　C. 国务院部门规章　　　D. 国家法律

2. 根据《中华人民共和国立法法》规定，关于我国行政法规的说法，正确的是（　　）。

A. 行政法规是行政部门内部管理的规范性文件的总称

B. 行政法规是国务院组成部门制定的有关行政管理方面的规范性文件的总称

C. 行政法规是国务院根据宪法和法律制定的有关行政管理等方面的规范性文件

D. 行政法规是全国人民代表大会或其常务委员会制定的针对行政部门行为的规范性文件

3. 《中共中央关于全面深化改革若干重大问题的决定》中，关于激发社会组织活力的举措是（　　）。

A. 行业协会、商会类组织不用登记

B. 限期实现事业单位与行政主管部门脱钩

C. 适当将社会服务交由社会组织承担

D. 所有依法成立的社会组织都纳入政府购买服务的范围中

4. 民间个人和组织还常常自愿利用自己的业余时间无偿地向社会提供服务，以帮助有需要的人，并服务于社会公益事业，这类服务行动被称为（　　）。

A. 慈善事业　　　B. 志愿服务　　　C. 社会公益行动　　　D. 社会捐赠

5. 根据《中华人民共和国宪法》和《中华人民共和国立法法》等有关法律的规定，由省、自治区、直辖市和较大的市的人民代表大会及其常务委员会，根据本行政区域的具体情况和实际需要，在不与宪法、法律、行政法规相抵触的前提下制定的规范性文件，以及自治州、自治县的人民代表大会及其常务委员会依照法定职权和程序制定的自治条例和单行条例属于（　　）。

A. 国家法律　　　B. 行政法规　　　C. 国务院部门规章　　　D. 地方性法规

6. 党的十六届六中全会通过的《中共中央关于构建社会主义和谐社会若干重大问题的决定》指出了构建社会主义和谐社会的目标和主要任务。概括起来，构建社会主义和谐社会的目标的三个基本维度不包括（　　）。

　　A. 人民安康　　　　B. 百姓富足　　　　C. 社会安定　　　　D. 国家充满活力

7. 党的十八大报告从各个方面具体论述了加强和改善民生的政策主张。在社会保障政策方面，重点提到要坚持一些方针，以增强公平性、适应流动性、保证可持续性为重点，全面建成覆盖城乡居民的社会保障体系。这些方针不包括（　　）。

　　A. 全覆盖　　　　　B. 保基本　　　　　C. 多层次　　　　　D. 促公平

8. 党的十八大报告从各个方面具体论述了加强和改善民生的政策主张。在教育政策方面，提出了"努力办好人民满意的教育"，并重点强调了要"大力促进教育公平"，具体措施不包括（　　）。

　　A. 合理配置教育资源，重点向农村、边远、贫困、民族地区倾斜

　　B. 支持特殊教育，提高家庭经济困难学生资助水平

　　C. 积极推动农民工子女平等接受教育

　　D. 实行公办学校标准化建设和校长教师交流轮岗，不设重点学校、重点班

9. 社会工作实践对相关领域法规和社会政策发展的积极促进作用，体现在法规与政策的制定、实施、评估及（　　）等各个环节。

　　A. 改革　　　　　　B. 维护　　　　　　C. 修改　　　　　　D. 废除

10. 社会工作组织和人员在其职业活动中不仅要遵守法规与政策，还应该以积极的行动参与法规与政策的完善和发展过程。社会工作者具有（　　）和"基层实践者"双重角色，他们在相关法规和政策的制定、完善和发展过程中可以发挥重要作用。

　　A. "倡导者"　　　　B. "专家"　　　　　C. "合作者"　　　　D. "创新者"

二、多项选择题

11. 根据《中华人民共和国立法法》，关于制定法律、法规和规章责任主体的说法，正确的有（　　）。

　　A. 全国人民代表大会及其常务委员会行使国家立法权

　　B. 国务院负责制定行政法规

　　C. 国务院组成部门负责制定国务院部门规章

　　D. 省、自治区、直辖市的人民代表大会及其常务委员会负责制定地方性法规

　　E. 县级市的人民代表大会及其常务委员会可以对城乡建设管理等事项制定地方性法规

12. 地方性法规是指根据宪法和立法法等有关法律的规定，由省、自治区、直辖市和较大的市的人民代表大会及其常务委员会，根据本行政区域的具体情况和实际需要，在不与宪法、法律、行政法规相抵触的前提下制定的规范性文件，以及自治州、自治县的人民代表大会及其常务委员会依照法定职权和程序制定的自治条例和单行条例。制定地方性法规的目的有（　　）。

　　A. 为了执行法律、行政法规的需要，根据本行政区域的实际情况对法律和行政法规的实施作出一些具体规定

　　B. 针对地方性事务制定在本行政区内有效的法规

　　C. 为了执行国家法律的需要对有关事项作出更具体的规定

D. 为国务院行政管理职权范围内的事项制定规范。国务院通过各项行政法规规范经济和社会生活，也规范政府的各项政策行动

E. 体现行政机关的权力责任相统一的原则，在赋予有关行政机关必要职权的同时，应当规定其行使职权的条件、程序和承担的责任

13. 某市在制定社会治理发展规划时收集到多方面建议。下列建议中，符合《中华人民共和国国民经济和社会发展第十四个五年规划和二○三五年远景目标纲要》的有（　　）。

A. 进一步完善基层民主协商制度

B. 进一步畅通和规范市场主体参与社会治理的途径

C. 加强村级组织的责任负担并向其放权赋能

D. 强化县（区）乡（街）社会治理，弱化市域社会治理

E. 更好地发挥群团组织在社会治理中的作用

14. 我国社会工作主要业务领域中相关的法规与政策包括社会保险方面的法规与政策，社会保险方面的法规与政策包括养老保险和（　　）等方面的法规与政策。

A. 医疗保险　　　　B. 失业保险　　　　C. 工伤保险

D. 生育保险　　　　E. 商业保险

15. 社会工作法规与政策对社会工作人才队伍建设具有重要的作用，这种作用主要体现在（　　）两个方面。

A. 制度规范建设　　B. 专业发展　　　　C. 机构发展

D. 权利保障　　　　E. 能力建设

参考答案

一、单项选择题

1. D	考点：社会工作法规体系的法律效力层级	
2. C	考点：法规的主要种类	
3. C	考点：党的十八届三中全会对社会建设的论述	
4. B	考点：社会政策的资源调动方式	
5. D	考点：法规的主要种类	
6. B	考点：党的十六届六中全会对和谐社会建设的论述	
7. D	考点：党的十八大报告对社会建设各个方面的原则要求	
8. D	考点：党的十八大报告对社会建设各个方面的原则要求	
9. A	考点：社会工作在社会政策制定、实施、评估和改革中的作用	
10. B	考点：社会工作在社会政策制定、实施、评估和改革中的作用	

二、多项选择题

11. ABCD	考点：制定法律、法规和规章的责任主体
12. AB	考点：法规的主要种类

13. ABE　　考点：《中华人民共和国国民经济和社会发展第十四个五年规划和二〇三五年远景目标纲要》相关规定

14. ABCD　　考点：社会保险领域的法规与政策

15. AE　　　考点：社会工作法规与政策对社会工作人才队伍建设的作用

单元 3　易错题

一、单项选择题

1. 国务院有关部门根据法律和国务院的行政法规、决定、命令在部门的职权范围内依法按照《规章制定程序条例》制定的规章被称为（　　）。

A. 国家法律　　B. 行政法规　　C. 国务院部门规章　　D. 地方性法规

2. 《中共中央关于制定国民经济和社会发展第十四个五年规划和二〇三五年远景目标的建议》在加强和创新社会治理方面提出的新要求是（　　）。

A. 建设人人有责、人人尽责、人人享有的社会治理共同体

B. 提高社会治理社会化、法治化、智能化、专业化水平

C. 完善社会治理体系，健全党组织领导的自治、法治、德治相结合的城乡基层治理体系

D. 畅通和规范市场主体、新社会阶层、社会工作者和志愿者等参与社会治理的途径

二、多项选择题

3. 根据立法法下列组织中可以制定地方性法规的有（　　）。

A. 镇人民代表大会

B. 民族自治县人民代表大会

C. 经济特区所在地的市人民代表大会

D. 省会城市人民代表大会

E. 省人民代表大会常务委员会

参考答案

一、单项选择题

1. C　　考点：国务院部门规章

解析：国家法律是由全国人大及其常委会制定的基本法律和一般法律，A选项错误。行政法规是国务院制定的，不是国务院有关部门，B选项错误。国务院有关部门根据法律和国务院的行政法规、决定、命令在部门的职权范围内依法按照《规章制定程序条例》制定的规章被称为国务院部门规章，C选项正确。地方性法规是地方人大及其常委会制定的，和题干主体不符，D选项错误。故选C。

2. D 　　考点：党的十九届五中全会对社会建设的论述

解析："建设人人有责、人人尽责、人人享有的社会治理共同体"是社会治理的一个理念，但不是"十四五"规划在加强和创新社会治理方面提出的新要求，A 选项错误；提高社会治理水平是比较宽泛的目标表述，不是新要求，B 选项错误；完善治理体系也是一直以来的重点方向，不是新要求，C 选项错误；畅通和规范多种主体参与社会治理的途径是"十四五"规划在社会治理方面新提出的内容，D 选项正确。故选 D。

二、多项选择题

3. BCDE　考点：法规的制定过程

解析：镇人民代表大会不能制定地方性法规，因为我国规定设区的市、自治州的人民代表大会及其常务委员会等可以制定地方性法规，镇人民代表大会没有这个权力，A 选项错误；民族自治县人民代表大会可以根据当地民族的政治、经济和文化的特点，制定自治条例和单行条例，也属于广义的地方性法规范畴，B 选项正确；经济特区所在地的市人民代表大会可以制定地方性法规，这是立法赋予的权利，C 选项正确；省会城市人民代表大会有权制定地方性法规，D 选项正确；省人民代表大会常务委员会也可以制定地方性法规，E 选项正确。故选 B、C、D、E。

单元 4　闯关题

一、单项选择题

1. 关于社会政策的说法，正确的是（　　　）。

A. 社会政策对象是指具体实施社会政策的组织

B. 特惠型社会政策无须复杂的对象甄别程序

C. 普惠型社会政策易于避免"贫困烙印"问题

D. 改革开放以来我国社会政策的普遍型特点呈加强趋势

2. 党的十九大报告明确提出要加强社会治理制度建设，完善党委领导、政府负责、社会协同、公众参与、法治保障的社会治理体制，提高社会治理（　　　）水平。

A. 社会化、法治化、智能化、专业化　　　B. 精细化、标准化、规范化、专业化

C. 法治化、专业化、智能化、信息化　　　D. 公开化、透明化、多元化、体系化

3. 根据《中华人民共和国立法法》规定，制定和修改刑事、民事、国家机构的和其他的基本法律的主体是（　　　）。

A. 全国人民代表大会　　　　　　　　　B. 全国人民代表大会常务委员会

C. 国务院　　　　　　　　　　　　　　D. 省级人民政府

4. 以全面深化改革为目标，将社会建设纳入国家治理体系和治理能力现代化的行动

体系中，对当前我国社会建设中面临的许多深层次问题和民众关切的问题作出了回应，既提出了将来改革与发展的方向，也提出了许多具体的改革措施的是（　　）。

A.《中共中央关于构建社会主义和谐社会若干重大问题的决定》

B.《中共中央关于全面推进社会建设若干重大问题的决定》

C.《中共中央关于全面深化改革若干重大问题的决定》

D.《中共中央关于全面推进依法治国若干重大问题的决定》

5.（　　）提出推进国家治理体系和治理能力的现代化，提出推进社会领域的制度创新，加快形成科学有效的社会治理体系。从"社会管理"变成"社会治理"的表达的变化，具有重要意义。

A. 党的十八届三中全会 　　　　　　　B. 党的十八届四中全会

C. 党的十九届三中全会 　　　　　　　D. 党的十九届四中全会

6. 党的十八届四中全会通过的（　　）进一步强调了保障和改善民生及推进社会治理创新的法律制度建设。提出要依法加强和规范公共服务，完善教育、就业、收入分配、社会保障、医疗卫生、食品安全、扶贫、慈善、社会救助和妇女儿童、老年人、残疾人合法权益保护等方面的法律法规。加强社会组织立法，规范和引导各类社会组织健康发展，制定社区矫正法。

A.《中共中央关于构建社会主义和谐社会若干重大问题的决定》

B.《中共中央关于全面推进社会建设若干重大问题的决定》

C.《中共中央关于全面深化改革若干重大问题的决定》

D.《中共中央关于全面推进依法治国若干重大问题的决定》

7. 党的十八届三中全会通过的《中共中央关于全面深化改革若干重大问题的决定》中关于社会建设领域改革的总体思路包括：要以（　　）为基本目标，以"公平正义"和"共同富裕"为基本导向。

A."确保社会既充满活力又和谐有序" 　　B."保障和改善民生"

C."改革收入分配制度" 　　　　　　　　D."深化社会体制改革和创新"

8. 党的二十大报告中对社会建设的论述中提出优化人口发展战略，建立（　　），降低生育、养育、教育成本。

A. 生育支持政策体系 　　　　　　　　B. 社会服务政策体系

C. 人口保障政策体系 　　　　　　　　D. 托育支持政策体系

9. 社会工作是以制度化的方式向有需要的个人和组织提供有关社会服务的行动体系。在当代社会中，促进社会工作服务的发展和社会工作专业人才队伍的建设，首先要建构相应的制度体系。而社会工作制度体系的建构需要由大量的法规和政策文件具体实现。在此方面，社会工作法规与政策在（　　）和具体制度建构两个层次上对社会工作制度建构发挥着重要的作用。

A. 环境营造 　　　B. 权利保护 　　　C. 明确方向 　　　D. 确立目标

10. 近年来，我国各级政府逐步通过各项法规与政策支持社会工作人才队伍建设和社会工作实践发展，已经取得了初步成效。政府的法规与政策主要通过几种方式对社会工作提供资源支持。这些方式包括规定各种优惠政策（如减免相关税费等）支持社会工作机构的发展、为社会工作机构提供必要的硬件条件、（　　）和大力促进慈善事业的发展。

A. 通过政府购买服务等方式为社会工作机构提供资金支持

B. 营造文明有序的社会环境

C. 增加社会工作者的工资

D. 改善社会工作者的福利待遇

二、多项选择题

11. 当前，我国政府与社会力量在社会福利事业方面的主要合作方式有（　　）。

A. 社会力量通过资金投入参与政府主办的社会福利事业

B. 政府通过减免税收方式鼓励社会力量参与社会福利事业

C. 鼓励大型企业向政府捐款以弥补政府社会福利行政经费的不足

D. 地方政府将社会力量捐赠的资金纳入公共财政预算

E. 政府通过购买服务方式向参与社会福利事业的社会力量投入资金

12. 中国共产党第二十次全国代表大会上，习近平同志代表第十九届中央委员会所作《高举中国特色社会主义伟大旗帜　为全面建设社会主义现代化国家而团结奋斗》的报告，在保障和改善民生方面的要求强调（　　）。

A. 完善分配制度　　　　　　　　B. 实施就业优先战略

C. 健全社会保障体系　　　　　　D. 推进健康中国建设

E. 推动乡村振兴政策

13. 党的十八届三中全会通过的《中共中央关于全面深化改革若干重大问题的决定》中关于社会建设领域改革的总体思路包括：要以"确保社会既充满活力又和谐有序"为基本目标，以"（　　）"为基本导向，以"保障和改善民生""改革收入分配制度""深化社会体制改革和创新"为主要任务。

A. 公平正义　　B. 共同富裕　　C. 社会改革　　D. 文明有序　　E. 促进发展

14. 社会工作领域的各项法规与政策与社会工作实践密切相关，二者之间的关系是相互的。一方面，社会工作法规与政策对社会工作实践具有重要的影响作用；另一方面，社会工作实践也对相关领域的法规与政策发展具有积极的促进作用。社会工作法规与政策对社会工作实践的作用主要表现在以下哪些方面？（　　）

A. 社会工作法规与政策对社会工作制度建构的作用

B. 社会工作法规与政策在社会工作专业人才服务中的作用

C. 社会工作法规与政策对社会工作人才队伍建设的作用

D. 社会工作法规与政策在社会工作机构发展中的作用

E. 社会工作法规与政策在社会工作专业发展中的作用

15. 公共政策是政府对社会中各种公共事务的干预，它以带有明确目的性和规划性的行动体系去调节经济与社会的运行，引导社会的长期健康发展，以实现其经济与社会发展的目标。概括来看，政府的公共政策具有的特点有（　　）。

A. 公共性　　　　B. 普惠性　　　　C. 权威性

D. 阶级性与社会性的统一　　　　E. 价值性

参考答案

一、单项选择题

1. C	考点：	社会政策的对象
2. A	考点：	党的十九大报告对社会建设的论述
3. A	考点：	法规的制定过程
4. C	考点：	党的十八届三中全会对社会建设的论述
5. A	考点：	党的十八届三中全会对社会建设的论述
6. D	考点：	党的十八届四中全会对民生事业和社会治理法制化建设的论述
7. A	考点：	党的十八届三中全会对社会建设的论述
8. A	考点：	党的二十大报告对社会建设的论述
9. A	考点：	社会工作法规与政策对社会工作制度建构的作用
10. A	考点：	社会工作法规与政策对社会工作人才队伍建设的作用

二、多项选择题

11. ABE	考点：	社会政策的资源调动方式
12. ABCD	考点：	党的二十大报告对社会建设的论述
13. AB	考点：	党的十八届三中全会对社会建设的论述
14. ABC	考点：	社会工作法规与政策对社会工作实践的作用
15. ACDE	考点：	政策和公共政策

第二章

社会工作专业人才队伍建设法规与政策

2

【本章复习提示】

党的十六届六中全会作出关于建设宏大的社会工作人才队伍的决定，为社会工作及其人才队伍建设指明了方向。本章主要通过对《关于加强社会工作专业人才队伍建设的意见》《社会工作专业人才队伍建设中长期规划（2011—2020年）》《民政部财政部关于政府购买社会工作服务的指导意见》《民政部关于进一步加快推进民办社会工作服务机构发展的意见》四项法规与政策的考查，来检测考生对社会工作专业人才队伍建设法规与政策的掌握情况。

单元 1 基础题

一、单项选择题

1. 根据《关于加强社会工作专业人才队伍建设的意见》对老年人福利机构、儿童福利机构、婚姻家庭服务机构、青少年服务机构等以社会工作服务为主的事业单位，可将社会工作专业岗位明确为主体（   ）岗位。

A. 管理　　　　B. 工勤　　　　C. 专业技术　　　　D. 专业技能

2. 根据《民政部　财政部关于政府购买社会工作服务的指导意见》，政府购买社会工作服务的程序是（   ）和指导实施。

A. 拟定计划、申报预算、组织购买　　　　B. 拟定计划、组织购买、签订合同

C. 编制预算、拟定计划、组织购买　　　　D. 编制预算、组织购买、签订合同

3. 根据《民政部关于进一步加快推进民办社会工作服务机构发展的意见》，成立民办社会工作服务机构的专职工作人员中取得社会工作者职业水平证书或社会工作专业本科及以上学历的应达到（   ）以上。

A. 1/3　　　　B. 1/4　　　　C. 1/5　　　　D. 1/6

4. 根据《社会工作专业人才队伍建设中长期规划（2011—2020 年）》，到 2020 年，我国要重点扶持发展人才培训基地（   ）家。

A. 200　　　　B. 300　　　　C. 400　　　　D. 500

5. 根据《民政部　财政部关于政府购买社会工作服务的指导意见》，具体负责本级政府购买社会工作服务的统筹规划、组织实施和绩效评估的部门是（   ）。

A. 审计部门　　　　　　　　　　B. 财政部门

C. 民政部门　　　　　　　　　　D. 人力资源和社会保障部门

6. 社会建设的重点在基层，要以基层为重点配备社会工作专业人才。（   ）社区要注重配备和使用社会工作专业人才，提高社会服务专业水平，促进社会服务业发展。

A. 城市　　　　B. 乡（镇）　　　　C. 农村　　　　D. 少数民族聚居

7. 《社会工作专业人才队伍建设中长期规划（2011—2020 年）》在《关于加强社会工作专业人才队伍建设的意见》的基础之上首次明确了社会工作专业人才队伍包括三类人才，以下不属于这三类人才的是（   ）。

A. 社会工作服务人才　　　　　　B. 管理人才

C. 教育与研究人才　　　　　　　D. 培训人才

8. 《民政部　财政部关于政府购买社会工作服务的指导意见》对政府购买社会工作服务的主体作出了明确规定，即各级政府是购买社会工作服务的主体。那么，在开展具体工作时所涉及的主要政府部门是民政部门和（   ）。

A. 财政部门　　　　　　　　　　B. 劳动和社会保障部门

C. 人事部门　　　　　　　　　　D. 工商部门

9. 《民政部　财政部关于政府购买社会工作服务的指导意见》根据"受益广泛、群众急需和（   ）"原则，把政府购买社会工作服务的范围重点放在城市流动人口、农村留守人员、困难群体、特殊人群和受灾群众的个性化、多样化社会服务需求上。

A. 服务专业　　　B. 服务公平　　　C. 特殊照顾　　　D. 关注弱者

10.《民政部关于进一步加快推进民办社会工作服务机构发展的意见》提出了加快推进民办社会工作服务机构发展的总体目标是：到 2020 年，在全国发展 8 万家管理规范、（　　　）、作用明显、公信力强的民办社会工作服务机构，有效承接政府社会服务职能，满足人民群众专业化、个性化的社会工作服务需求。

A. 服务专业　　　B. 服务个性　　　C. 人员充足　　　D. 依赖政府

二、多项选择题

11. 根据《民政部关于进一步加快推进民办社会工作服务机构发展的意见》，关于成立民办社会工作服务机构的说法，正确的有（　　　）。

A. 成立民办社会工作服务机构，章程中应明确社会工作服务宗旨、范围和方式

B. 成立民办社会工作服务机构，应当符合《民办非企业单位登记管理暂行条例》规定的条件

C. 成立民办社会工作服务机构，负责人应具有 5 年以上专业社会工作服务经历

D. 成立民办社会工作服务机构，应当有 10 名以上专职工作人员

E. 成立民办社会工作服务机构，专职工作人员中应有 1/3 以上取得社会工作者职业水平证书或社会工作专业本科及以上学历

12.《关于加强社会工作专业人才队伍建设的意见》提出，要积极开展社会工作专业人才队伍职业道德教育，强化社会工作专业人才的社会责任感和职业认同感。加强社会工作专业人才队伍作风建设，促使他们践行（　　　）的工作理念。

A. 以人为本　　　B. 为民解困　　　C. 为民服务

D. 甘于奉献　　　E. 注重实践

13.《社会工作专业人才队伍建设中长期规划（2011—2020 年）》确立的大规模开发社会工作服务人才的最终发展目标是培养造就一支（　　　）的社会工作服务人才队伍。

A. 数量足　　　B. 结构优　　　C. 能力强　　　D. 素质高　　　E. 态度好

14. 根据《社会工作专业人才队伍建设中长期规划（2011—2020 年）》，到 2020 年，社会工作教育与研究人才培养引进工程的目标是（　　　）。

A. 建立 500 家社会工作专业重点实训基地

B. 培养和引进 3 万名社会工作硕士专业学位研究生

C. 培养和引进 300 名社会工作专业博士

D. 培养和引进 3000 名"双师型"专业教师

E. 培育发展 1 万家民办社会工作教育机构

15.《关于加强社会工作专业人才队伍建设的意见》提出，社会工作专业岗位是社会工作专业人才发挥作用的舞台，要研究制定社会工作专业岗位开发设置的政策措施。按照（　　　）原则，研究社会工作专业岗位设置范围、数量结构、配备比例、职责任务和任职条件，建立健全社会工作专业岗位开发设置的政策措施和标准体系。

A. 精简效能　　　B. 按需设置　　　C. 循序渐进

D. 择优录取　　　E. 均衡配备

参考答案

一、单项选择题

1. C	考点：	明确相关事业单位社会工作专业岗位
2. D	考点：	政府购买社会工作服务的程序
3. A	考点：	完善民办社会工作服务机构管理制度
4. B	考点：	社会工作专业人才培训基地和教材建设工程
5. C	考点：	政府购买社会工作服务的主体
6. A	考点：	以基层为重点配备社会工作专业人才
7. D	考点：	社会工作专业人才队伍建设的主要任务
8. A	考点：	政府购买社会工作服务的主体
9. A	考点：	政府购买社会工作服务的范围
10. A	考点：	加快推进民办社会工作服务机构发展的主要目标

二、多项选择题

11. ABE	考点：	完善民办社会工作服务机构管理制度
12. ABC	考点：	切实加强社会工作专业人才职业道德建设
13. ABCD	考点：	大规模开发社会工作服务人才
14. ABCD	考点：	社会工作教育与研究人才培养引进工程
15. ABC	考点：	研究制定社会工作专业岗位开发设置的政策措施

单元2 提高题

一、单项选择题

1. 民政部、国家发展和改革委员会印发的《民政事业发展第十二个五年规划》，要求逐步扩大社会工作专业人才队伍规模，制定政府购买社会工作服务政策，引导和鼓励（　　）和民办非企业单位吸纳社会工作专业人才，推动形成多部门、多行业、多领域共同建设社会工作专业人才队伍的总体态势。

　　A. 公益慈善类社会组织　　　　　B. 基层群众性自治组织
　　C. 专业服务类市场主体　　　　　D. 公益服务类事业单位

2. 《关于加强社会工作专业人才队伍建设的意见》提出，要积极开展社会工作专业人才队伍职业道德教育，强化社会工作专业人才的社会责任感和职业认同感。加强社会工作专业人才队伍作风建设，促使他们践行三个工作理念，这其中不包括（　　）。

　　A. 以人为本　　　B. 为民解困　　　C. 为民服务　　　D. 甘于奉献

3. 专业培训是培养社会工作专业人才的重要渠道之一。《关于加强社会工作专业人才队伍建设的意见》提出要组织实施三项工程、开展两项培训。这三项工程不包括（　　）。

  A. 社会工作服务人才职业能力建设工程

  B. 高层次社会工作专业人才培养工程

  C. 社会工作管理人才综合素质提升工程

  D. 社会工作教育与研究人才培养引进工程

  4. 根据《社会工作专业人才队伍建设中长期规划（2011—2020年）》，到2020年，社会工作教育与研究人才培养引进工程的目标不包括（　　）。

  A. 建立500家社会工作专业重点实训基地

  B. 培养和引进3万名社会工作硕士专业学位研究生

  C. 培养和引进300名社会工作专业博士

  D. 培育发展1万家民办社会工作教育机构

  5.《关于加强社会工作专业人才队伍建设的意见》提出，志愿者队伍是社会建设的一支重要力量，是社会工作专业人才开展服务的重要补充力量。建立健全面向全社会的志愿服务动员系统，进一步完善志愿服务体系，普及志愿理念，强化志愿意识，弘扬志愿精神，倡导志愿行为，完善激励机制，培育一支参与广、功能强和（　　）的宏大志愿者队伍。

  A. 作用好   B. 范围大   C. 热情高   D. 能力高

  6. 推进社会工作专业人才评价和激励工作的要求是（　　）。

  A. 建立健全社会工作专业人才评价制度

  B. 大规模开发社会工作服务人才

  C. 大力培养社会工作管理人才

  D. 加快培养社会工作教育与研究人才

  7.《关于加强社会工作专业人才队伍建设的意见》，在加强社会工作专业人才队伍建设的发展方向上，第一次确立了"24字方针"的指导原则，是指（　　）。

  A. 党的领导、政府推动、社会参与、实事求是、立足基层、中国特色

  B. 党的领导、政府推动、社会参与、突出重点、立足基层、中国特色

  C. 党的领导、民政推动、社会参与、突出重点、立足基层、中国特色

  D. 组织领导、民政推动、社会参与、突出重点、立足基层、中国特色

  8.《社会工作专业人才队伍建设中长期规划（2011—2020年）》确立的大规模开发社会工作服务人才的最终发展目标是培养造就一支数量足、结构优、能力强和（　　）的社会工作服务人才队伍。

  A. 素质高   B. 态度好   C. 薪酬高   D. 热情高

  9.《社会工作专业人才队伍建设中长期规划（2011—2020年）》提出了建立健全社会工作专业人才管理体制机制，其主要举措包括进一步加强相关法治建设，形成科学化、制度化和（　　）的社会工作专业人才发展环境。

  A. 规范化   B. 法治化   C. 公开化   D. 服务化

  10.《民政部　财政部关于政府购买社会工作服务的指导意见》根据一些原则把政府购买社会工作服务的范围重点放在城市流动人口、农村留守人员、困难群体、特殊人群和受灾群众的个性化、多样化社会服务需求上。这些原则不包括（　　）。

  A. 受益广泛   B. 服务专业   C. 群众急需   D. 特殊照顾

二、多项选择题

11. 为了保证社会工作专业培训落到实处，《关于加强社会工作专业人才队伍建设的意见》提出了四点要求，以下属于这四点要求的是（   ）。

A. 依托有条件的高校、干部学院、科研院所、培训机构、社会服务机构开展培训工作

B. 要分领域研究、开发社会工作培训课程和教材

C. 要加大社会工作培训师资队伍建设，打造一支专兼职结合、理论与实务水平较高的培训师资队伍

D. 要制定社会工作培训质量评估政策和指标体系，加强对培训机构的评估和监督

E. 提高实践教学在学校教育中的比重，健全实习督导制度，加大实践教学和实习基地建设力度

12. 《社会工作专业人才队伍建设中长期规划（2011—2020 年）》确立了大力培养社会工作管理人才，社会工作管理人才包括（   ）。

A. 社会工作行政和行业管理人才 B. 社会工作机构管理人才

C. 社会工作督导人才   D. 社会工作服务人才

E. 社会工作教育和研究人才

13. 《社会工作专业人才队伍建设中长期规划（2011—2020 年）》提出的社会工作专业人才队伍建设的十大重点工程之一是社会工作专业人才培训基地和教材建设工程。此工程要着力加强社会工作培训基地建设，按照（   ）的原则进行。

A. 分工明确 B. 布局合理 C. 整合资源 D. 优势互补 E. 着眼实践

14. 《社会工作专业人才队伍建设中长期规划（2011—2020 年）》在《关于加强社会工作专业人才队伍建设的意见》的基础之上首次明确了社会工作专业人才队伍包括社会工作（   ）。

A. 服务人才   B. 管理人才   C. 教育与研究人才

D. 培训人才   E. 一线人才

15. 《社会工作专业人才队伍建设中长期规划（2011—2020 年）》提出了建立健全社会工作专业人才培养政策的导向是（   ）。

A. 国家发展   B. 社会需求   C. 职业道德

D. 能力   E. 业绩

参考答案

一、单项选择题

1. A   考点：《民政事业发展第十二个五年规划》政策制度方面

2. D   考点：切实加强社会工作专业人才职业道德建设

3. D   考点：大力开展社会工作专业培训

4. D   考点：社会工作专业人才队伍建设的重点工程

5. A   考点：建立社会工作专业人才和志愿者队伍联动服务机制

6. A 考点：推进社会工作专业人才评价和激励工作的要求
7. B 考点：《关于加强社会工作专业人才队伍建设的意见》——加强社会工作专业人才队伍建设的工作原则
8. A 考点：大规模开发社会工作服务人才
9. A 考点：建立健全社会工作专业人才管理体制机制
10. D 考点：政府购买社会工作服务的范围

二、多项选择题

11. ABCD 考点：大力开展社会工作专业培训
12. ABC 考点：大力培养社会工作管理人才
13. ABCD 考点：社会工作专业人才培训基地和教材建设工程
14. ABC 考点：社会工作专业人才队伍建设的主要任务
15. AB 考点：社会工作专业人才队伍建设的体制机制与政策目标

单元 3 易错题

一、单项选择题

1. 根据《民政部　财政部关于政府购买社会工作服务的指导意见》，政府购买社会工作服务，原则上应采用的方式是（　　）。

A. 公开招标　　　B. 邀请招标　　　C. 竞争性谈判　　　D. 单一来源采购

2. 政府购买社会工作服务，针对不同人群要求实施不同计划。具体来讲，实施城市流动人口（　　）计划，为流动人口提供生活扶助、就业援助、生计发展、权益维护等服务，帮助其尽快融入城市生活，实现城市户籍居民与外来经商务工人员的和谐共处。

A. 社会融入　　　B. 社会保护　　　C. 社会照顾　　　D. 社会关爱

二、多项选择题

3. 《民政部　财政部关于政府购买社会工作服务的指导意见》规定，政府购买社会工作服务的对象主要为（　　）。

A. 社会团体　　　　　　　　B. 民办非企业单位
C. 基金会　　　　　　　　　D. 企事业单位
E. 社会工作者个人

4. 政府购买社会工作服务的程序包括的环节有（　　）。

A. 编制预算　　　B. 组织购买　　　C. 签订合同
D. 指导实施　　　E. 监督管理

参考答案

一、单项选择题

1. A 考点：政府购买社会工作服务的程序

解析：依据《民政部 财政部关于政府购买社会工作服务的指导意见》，政府购买社会工作服务原则上采用公开招标方式。因其公平性高，可吸引众多参与者平等竞争，避免人为干扰；能充分激发竞争，促使各方提升服务水平与效率，保障公共资源有效利用，满足社会服务需求。而邀请招标、竞争性谈判、单一来源采购分别适用于特定范围、特殊情况及极少数特殊情形。故选 A。

2. A 考点：政府购买社会工作服务的范围

解析：在政府购买社会工作服务中，针对城市流动人口实施的是社会融入计划。这是因为城市流动人口面临着适应城市生活、获得发展机会等诸多问题，社会融入计划能够聚焦这些问题，通过提供生活扶助、就业援助、生计发展、权益维护等一系列服务，助力他们克服在城市生活中的困难与障碍，加快融入城市的进程，进而促进城市户籍居民与外来经商务工人员的和谐共处，符合政府购买服务对该人群服务范围的设定。故选 A。

二、多项选择题

3. ABCD 考点：政府购买社会工作服务的对象

解析：根据《民政部 财政部关于政府购买社会工作服务的指导意见》，政府购买服务旨在借助专业社会力量提供公共服务。社会团体、民办非企业单位、基金会和企事业单位具备相应组织架构与专业能力，能够承接并有效开展社会工作服务项目，是主要购买对象，而社会工作者个人通常依托于上述组织提供服务，并非独立的主要购买对象。故选 A、B、C、D。

4. ABCD 考点：政府购买社会工作服务的程序

解析：政府购买社会工作服务时，首先要编制预算，确定资金额度与分配；接着组织购买，发布信息吸引服务提供方；然后签订合同，明确双方权利义务；最后指导实施，确保服务按计划推进。而监督管理虽重要，但不属于这四个基本程序环节，它贯穿于整个购买过程及服务实施中，保证服务质量与合规性。故选 A、B、C、D。

单元 4 闯关题

一、单项选择题

1.《民政部关于进一步加快推进民办社会工作服务机构发展的意见》提出，通过改进登记方式、（　　）和推动信息公开三个措施来完善民办社会工作服务机构管理制度。

A. 促进项目开发　　B. 强化监督管理　　C. 提高专业服务　　D. 加强人才引进

2.《民政部关于进一步加快推进民办社会工作服务机构发展的意见》从三个方面提出建立健全民办社会工作服务机构支持保障体系的要求，这三个方面分别是：加快推进政府购买社会工作服务，鼓励社会力量支持和参与民办社会工作服务机构发展以及（　　）。

A. 加大对民办社会工作服务机构扶持力度

B. 加强民办社会工作服务机构党群组织建设

C. 支持社会工作行业组织发展

D. 积极做好民办社会工作服务机构行业服务

3.《民政部关于进一步加快推进民办社会工作服务机构发展的意见》提出，加快推进政府购买社会工作服务，规范政府购买社会工作服务程序，除技术复杂、性质特殊的社会工作服务项目和岗位外，原则上均应通过（　　）方式竞争性购买，公平对待民办社会工作服务机构承接政府购买社会工作服务。

A. 公开招标　　　　B. 邀请招标　　　　C. 竞争性谈判　　　　D. 单一来源采购

4. 2014 年 4 月，民政部发布了《民政部关于进一步加快推进民办社会工作服务机构发展的意见》，以下不属于完善民办社会工作服务机构管理制度要求的是（　　）。

A. 改进登记方式　　　　　　　　　　B. 强化监督管理

C. 推动信息公开　　　　　　　　　　D. 加强民办社会工作服务机构能力建设

5. 2014 年 4 月，民政部发布了《民政部关于进一步加快推进民办社会工作服务机构发展的意见》，以下不属于针对发挥社会工作行业组织的功能作用要求的是（　　）。

A. 支持社会工作行业组织发展

B. 推进民办社会工作服务机构行业自律

C. 积极做好民办社会工作服务机构行业服务

D. 加快推进政府购买社会工作服务

6.《民政部　财政部关于政府购买社会工作服务的指导意见》对政府购买社会工作服务的监督管理提出了六点要求，其中一点要求就是坚持"三个相结合"，确保评估工作的全面性、客观性和科学性。这"三个相结合"分别是过程评估与结果评估相结合、短期效果评估与长远效果评估相结合以及（　　）。

A. 社会效益评估与经济效益评估相结合　　B. 政府评估和服务对象评估相结合

C. 投入评估与产出评估相结合　　　　　　D. 数量评估与质量评估相结合

7.《社会工作专业人才队伍建设中长期规划（2011—2020 年）》提出了建立健全社会工作专业人才评价政策的导向是职业道德、能力和（　　）。

A. 业绩　　　　　B. 国家发展　　　　C. 社会需求　　　　D. 证书

8.《关于加强社会工作专业人才队伍建设的意见》提出，要积极开展社会工作专业人才队伍职业道德教育，强化社会工作专业人才的社会责任感和职业认同感。加强社会工作专业人才队伍作风建设，促使他们践行以人为本、为民解困和（　　）的工作理念。

    A. 为民服务   B. 甘于奉献   C. 注重实践   D. 扎根基层

    9.《社会工作专业人才队伍建设中长期规划（2011—2020 年）》提出，到 2020 年，培养 8 万名具有社会使命感，掌握现代组织管理知识，拥有丰富管理经验，能够有效整合资源、协调关系、凝聚队伍的社会工作机构管理人才。这属于社会工作专业人才队伍建设十大重点工程中的（　　）。

    A. 社会工作服务人才职业能力建设工程   B. 社会工作管理人才综合素质提升工程

    B. 社会工作教育与研究人才培养引进工程   D. 社会工作知识普及工程

    10.《社会工作专业人才队伍建设中长期规划（2011—2020 年）》提出，到 2020 年，基本完成对主管社会服务与管理有关部门或相关工作的地厅（局）级和县（处）级领导干部社会工作知识轮训。将社会工作课程列入高等学校公共基础课程范围，对相关专业的学生进行社会工作通识教育。这属于社会工作专业人才队伍建设十大重点工程中的（　　）。

    A. 社会工作服务人才职业能力建设工程   B. 社会工作管理人才综合素质提升工程

    B. 社会工作教育与研究人才培养引进工程   D. 社会工作知识普及工程

二、多项选择题

    11. 加强民办社会工作服务机构能力建设，是进一步加快推进民办社会工作服务机构发展的重点。《民政部关于进一步加快推进民办社会工作服务机构发展的意见》中提出了以下哪几点要求？（　　）

    A. 进一步增强民办社会工作服务机构内部治理能力

    B. 着力提升民办社会工作服务机构服务水平

    C. 建立健全民办社会工作服务机构联系志愿者制度

    D. 加强民办社会工作服务机构党群组织建设

    E. 支持社会工作行业组织发展

    12. 行业组织在民办社会工作服务机构发展中具有重要作用，《民政部关于进一步加快推进民办社会工作服务机构发展的意见》针对发挥社会工作行业组织的功能与作用，提出了（　　）的要求。

    A. 支持社会工作行业组织发展

    B. 推进民办社会工作服务机构行业自律

    C. 积极做好民办社会工作服务机构行业服务

    D. 着力提升民办社会工作服务机构服务水平

    E. 加强民办社会工作服务机构党群组织建设

    13.《民政部　财政部关于政府购买社会工作服务的指导意见》对政府购买社会工作服务的监督管理提出了六点要求，其中一点要求就是建立由（　　）组成的综合性评审机制，及时组织对已完成社会工作服务项目的结项验收。

    A. 购买方   B. 服务对象   C. 第三方

    D. 社会工作机构   E. 社会工作者

14.《民政部　财政部关于政府购买社会工作服务的指导意见》根据"（　　）"原则，把政府购买社会工作服务的范围重点放在城市流动人口、农村留守人员、困难群体、特殊人群和受灾群众等人群的个性化、多样化社会服务需求上。

A. 受益广泛　　　B. 群众急需　　　C. 服务专业

D. 服务公平　　　E. 特殊照顾

15.《民政部关于进一步加快推进民办社会工作服务机构发展的意见》提出，要进一步增强民办社会工作服务机构内部治理能力，督促民办社会工作服务机构建立健全以章程为核心的各项规章制度，健全理事会、监事会制度，完善法人治理结构，恪守（　　）原则。

A. 民间性　　　　B. 公益性　　　　C. 非营利性

D. 志愿性　　　　E. 公开性

参考答案

一、单项选择题

1. B　　　　考点：完善民办社会工作服务机构管理制度
2. A　　　　考点：建立健全民办社会工作服务机构支持保障体系
3. A　　　　考点：建立健全民办社会工作服务机构支持保障体系
4. D　　　　考点：完善民办社会工作服务机构管理制度要求
5. D　　　　考点：发挥社会工作行业组织的功能与作用
6. A　　　　考点：政府购买社会工作服务的监督管理
7. A　　　　考点：建立健全社会工作专业人才评价政策
8. A　　　　考点：切实加强社会工作专业人才职业道德建设
9. B　　　　考点：社会工作专业人才队伍建设的重点工程
10. D　　　考点：社会工作专业人才队伍建设的重点工程

二、多项选择题

11. ABCD　考点：加强民办社会工作服务机构能力建设
12. ABC　　考点：发挥社会工作行业组织的功能与作用
13. ABC　　考点：政府购买社会工作服务的监督管理
14. ABC　　考点：政府购买社会工作服务的范围
15. ABC　　考点：加强民办社会工作服务机构能力建设

第三章

我国社会救助法规与政策

3

【本章复习提示】

　　社会救助是公民因自然、社会或个人原因生活发生严重困难时，由政府和社会为其提供基本物质保障的救助制度，是我国社会保障体系的重要组成部分。主要通过对社会救助法规与政策的一般规定、最低生活保障及特困救助、受灾人员救助与医疗救助、教育救助与住房救助、就业救助、临时救助与法律援助的法规与政策的考查，来检测考生对我国社会救助法规与政策的掌握情况。

单元 1 基础题

一、单项选择题

1. 国务院（　　）部门统筹全国社会救助体系建设。

A. 民政　　　　B. 教育　　　　C. 住房和城乡建设　　　D. 人力资源和社会保障

2. （　　）级以上人民政府及其社会救助管理部门应当加强对社会救助工作的监督检查，完善相关监督管理制度。

A. 县　　　　　　　B. 市　　　　　　　C. 省　　　　　　　D. 区

3. 根据《社会救助暂行办法》，教育救助标准由（　　）根据经济社会发展水平和教育救助对象的基本学习、生活需求确定、公布。

A. 国务院民政部门　　　　　　　　B. 国务院教育行政部门

C. 省、自治区、直辖市教育行政部门　　　D. 省、自治区、直辖市人民政府

4. 根据《城乡医疗救助基金管理办法》，城乡医疗救助基金的救助方式以（　　）为主。

A. 门诊救助　　　B. 急诊救助　　　C. 住院救助　　　D. 异地就医救助

5. 根据《社会救助暂行办法》，负责社会救助申请受理、调查审核的是（　　）。

A. 村民委员会、居民委员会　　　　B. 乡镇人民政府、街道办事处

C. 县级人民政府民政部门　　　　　D. 县级人民政府财政部门

6. 2022 年 2 月 25 日，某县级人民政府民政部门公示了拟批准给予最低生活保障待遇家庭的名单，蒋某一家名列其中。公示期内无异议。根据《最低生活保障审核确认办法》，蒋某一家最晚应在 2022 年（　　）前领到低保金。

A. 3 月 10 日　　　B. 3 月 25 日　　　C. 3 月 31 日　　　D. 4 月 10 日

7. 根据《城乡医疗救助基金管理办法》，城乡医疗救助基金年终结余资金可以结转下年度继续使用。基金累计结余一般应不超过（　　）。

A. 当年筹集基金总额的 20%　　　　B. 当年筹集基金总额的 15%

C. 累计筹集基金总额的 20%　　　　D. 累计筹集基金总额的 15%

8. 根据《社会救助暂行办法》，最低生活保障家庭中有劳动能力但未就业成员，应当接受人力资源和社会保障等有关部门介绍的工作；无正当理由，连续三次拒绝接受相关部门介绍的与其健康状况、劳动能力等相适应的工作的，县级人民政府民政部门可以（　　）。

A. 停发其本人的最低生活保障金　　　B. 追回其本人的最低生活保障金

C. 停发其家庭的最低生活保障金　　　D. 追回其家庭的最低生活保障金

9. 王某从户籍地甲市搬迁到乙市居住并入职某劳务派遣公司，该公司住所地在丙市，后王某被派遣到丁市某工厂工作，因劳动报酬问题，王某拟申请法律援助。根据《法律援助条例》，王某应向（　　）的法律援助机构提出申请。

A. 甲市　　　　　B. 乙市　　　　　C. 丙市　　　　　D. 丁市

10. 根据《社会救助暂行办法》，下列人员中，符合教育救助的是（　　）。

A. 小华，5 周岁，幼儿园学童，特困供养子女

B. 小梦，9 周岁，小学生，父母是福利企业残疾职工

C. 小丽，13 周岁，初中生，低保家庭成员

D. 小君，19 周岁，在职夜大学生，低保家庭成员

二、多项选择题

11. 根据《自然灾害救助条例》，对受灾人员进行过渡性安置的方式是（　　）。

A. 就地安置与异地安置相结合　　　B. 政府安置与自行安置相结合

C. 就近安置　　　　D. 自行安置　　　E. 异地安置

12. 最低生活保障家庭成员刘某，无正当理由连续 3 次拒绝公共就业服务机构为其介绍的与其健康状况和劳动能力相适应的工作。根据《社会救助暂行办法》，当地县级人民政府民政部门可以对刘某采取的措施有（　　）。

A. 停发其家庭的最低生活保障金

B. 停发其本人的最低生活保障金

C. 减发其本人的最低生活保障金

D. 追回其家庭前 3 个月的最低生活保障金

E. 追回其本人前 3 个月的最低生活保障金

13. 根据《社会救助暂行办法》，社会力量参与社会救助的方式有（　　）。

A. 捐赠　　　　B. 设立帮扶项目　　　　C. 增加财政投入

D. 创办服务机构　　E. 提供志愿服务

14. 老王夫妇与老王的父母、兄妹生活在一起。老王夫妇失业在家，女儿在读高中。老王的哥哥因精神残疾一直未婚，老王是哥哥的法定监护人。老王的妹妹在本地工作，为照顾年迈的父母，也搬到老王家同住。老王家拟申请最低生活保障待遇。根据《最低生活保障审核确认办法》，下列人员中应认定为与老王共同生活的家庭成员有（　　）。

A. 老王的妻子　　　B. 老王的女儿　　　C. 老王的哥哥

D. 老王的妹妹　　　E. 老王的父母

15. 根据《社会救助暂行办法》，国家给予特困人员供养的内容有（　　）。

A. 办理丧葬事宜　　　B. 提供交通补贴　　　C. 提供疾病治疗

D. 提供基本生活条件　　E. 对生活不能自理的给予照料

参考答案

一、单项选择题

1. A　　　考点：社会救助总体要求

2. A　　　考点：社会救助对象家庭经济状况核查

3. D　　　考点：《社会救助暂行办法》第三十五条

4. C　　　考点：《城乡医疗救助基金管理办法》第九条

5. B　　　考点：社会救助监督管理

6. D　　　考点：低保申请的审核审批以及低保金发放

7. B　　　考点：城乡医疗救助基金的管理

8. A　　　　考点：低保的动态管理

9. C　　　　考点：《法律援助条例》第十四条

10. C　　　　考点：未成年人教育救助的对象

二、多项选择题

11. AB　　　　考点：《自然灾害救助条例》第十八条

12. BC　　　　考点：低保动态管理

13. ABDE　　　考点：社会力量参与社会救助

14. ABCE　　　考点：低保对象资格

15. ACDE　　　考点：特困人员供养内容、标准和形式

单元 2　提高题

一、单项选择题

1. 刘某，一家四口，两个儿子都在外地读书。2 年前刘某夫妇意外受伤，双双致残。康复治疗几乎耗尽积蓄，刘某准备申请最低生活保障。让刘某犯难的是，一家人的户籍所在地不在同一省份，自己的在甲省，妻子的在乙省，大儿子的在丙省，二儿子的在丁省。根据《最低生活保障审核确认办法》，刘某应当向（　　　）户籍所在地的街道办事处（乡镇人民政府）提出申请。

A. 妻子　　　　　　B. 大儿子　　　　　　C. 本人　　　　　　D. 二儿子

2. 小霞，14 周岁，因父母意外死亡无人照顾，符合特困人员集中供养条件，根据《国务院关于进一步健全特困人员救助供养制度的意见》，应当将小霞就近安置到（　　　）。

A. 儿童福利机构　　　　　　　　B. 未成年人保护中心

C. 救助管理站　　　　　　　　　D. 社会工作服务站

3. 根据《民政部　财政部关于进一步加强和改进临时救助工作的意见》，支出型救助对象原则上其家庭人均可支配收入应当低于当地（　　　），且家庭财产状况符合当地有关规定。

A. 上年度社会平均工资　　　　　B. 最低工资标准

C. 最低生活保障标准　　　　　　D. 上年度人均可支配收入

4. 某县民政局在低保审批工作中，发现某低保申请人的家庭人均收入明显高于本县低保标准，因此作出不予批准的决定。根据《城市居民最低生活保障条例》，该民政局在决定作出后，应当（　　　），并说明理由。

A. 书面通知申请人　　　　　　　B. 当面口头告知申请人

C. 通过街道办事处口头告知申请人　　D. 通过居民委员会通知申请人

5. 某县民政局负责城市居民最低生活保障工作的小钱，接到孙某的举报信，反映低保对象李某与其是麻将牌友，经常一起打麻将赌博，输赢很大，怀疑李某不符合低保条件，涉嫌骗取低保待遇。针对这一举报，小钱正确的处理方式是（　　　）。

A. 不予受理，因为孙某不是李某的亲属

B. 不予受理，因为孙某不是李某的邻居

C. 受理并调查核实李某是否符合享受低保待遇的条件

D. 受理并调查处理孙某与李某的赌博问题

6. 农村居民朱某，65 周岁，孤身一人，经济困难，申请特困人员救助供养。根据《特困人员认定办法》，在审核朱某家庭收入时，朱某的下列收入中不应计入在内的是（   ）。

A. 卖菜收入

B. 土地流转收入

C. 村民委员会发放的治安巡逻志愿者补贴

D. 中央确定的城乡居民养老保险基础养老金

7. 根据《社会救助暂行办法》，承担最低生活保障申请受理、调查审核职责的是（   ）。

A. 村民委员会、居民委员会　　　　B. 乡镇人民政府、街道办事处

C. 县级人民政府民政部门　　　　　D. 县级人民政府人力资源和社会保障部门

8. 张某一家享受城市居民最低生活保障待遇。张某儿子最近参加工作，民政部门终止了张某一家的低保待遇。张某认为，虽然儿子已就业，但是家庭收入仍然很低，应继续享受低保待遇。根据《城市居民最低生活保障条例》，张某依法可以（   ）。

A. 直接向人民法院提起行政诉讼

B. 申请复查，如对复查结果不服，可越级上访

C. 申请仲裁，如对仲裁裁决不服，可依法提起行政诉讼

D. 申请行政复议，如对复议决定不服，可依法提起行政诉讼

9. 社区社会工作者小李发现社区内一户家庭遭遇变故，该户家庭 65 岁的母亲与 41 岁的儿子共同生活，原儿媳已与儿子离婚并携孙女改嫁外地。现儿子突患罕见肌无力症瘫痪在床，生活不能自理，更无力赡养母亲。小李认为，该户家庭中的母亲已符合特困人员供养条件，于是报告当地街道办事处。根据《社会救助暂行办法》，街道办事处在为其办理供养时，正确的做法是（   ）。

A. 主动依法办理供养

B. 责成居民委员会代为提出申请

C. 要求该户家庭成员亲自提出书面申请

D. 待该户家庭儿子病情稳定后办理供养

10. 某市城乡医疗救助基金 2017 年募集金额 1000 万元，根据《城乡医疗救助基金管理办法》，该基金 2017 年底累计结余数额一般不应超过（   ）万元。

A. 120　　　　　　B. 150　　　　　　C. 200　　　　　　D. 240

二、多项选择题

11. 根据《特困人员认定办法》，下列人员应当认定为无劳动能力的有（   ）。

A. 小丽，15 周岁　　　　　　　　B. 小倩，二级视力残疾

C. 老吴，四级肢体残疾　　　　　　D. 老汪，三级智力残疾

E. 老李，64 周岁

12. 根据《自然灾害救助条例》，下列组织机构应设立专职或兼职自然灾害信息员的

有（　　）。

A. 某村民委员会　　　　B. 某居民委员会　　　　C. 某煤矿企业

D. 某公办中学　　　　　E. 某户外救援协会

13. 老张因生活困难，向所在地的街道办事处申请低保，根据《最低生活保障审核确认办法》，下列老张的家庭成员中，应计入共同生活家庭成员的有（　　）。

A. 老张的父母，与老张的弟弟共同居住

B. 老张的配偶，46 岁，下岗失业，与老张共同居住

C. 老张的女儿，20 岁，本科在读，住学校宿舍

D. 老张的儿子，16 岁，正在服刑

E. 老张的大伯，法院指定由老张赡养

14. 某地发生自然灾害后收到了一批社会捐赠的无指定意向的救助款物，根据《自然灾害救助条例》，对这批救助款物的使用，正确的有（　　）。

A. 将收到的帐篷、棉被发放给受灾人员

B. 将收到的发电机、柴油发放到受灾停电的医院

C. 向因灾遇难人员亲属发放慰问品

D. 租赁库房存储部分救助物资

E. 将剩余的部分捐款发放给参加救灾工作的志愿者

15. 按照《社会救助暂行办法》，根据不同教育阶段需求，可以采取的教育救助方式有（　　）。

A. 减免相关费用　　　　B. 发放学业奖学金　　　　C. 给予生活补助

D. 安排勤工助学　　　　E. 发放助学金

参考答案

一、单项选择题

题号	答案	考点
1. C		考点：低保的申请与审核
2. A		考点：《国务院关于进一步健全特困人员救助供养制度的意见》中对需要集中供养的特困人员的安置规定
3. D		考点：《民政部　财政部关于进一步加强和改进临时救助工作的意见》中支出型救助对象家庭人均可支配收入的标准
4. A		考点：低保申请的审核审批以及低保金发放
5. C		考点：低保动态管理
6. D		考点：特困人员的对象范围
7. B		考点：低保动态管理
8. D		考点：低保动态管理
9. A		考点：特困人员救助供养办理程序
10. B		考点：《城乡医疗救助基金管理办法》第十四条

二、多项选择题

11. ADE　　考点：特困人员对象范围
12. ABCD　考点：自然灾害救助准备工作
13. BCE　　考点：低保对象资格
14. ABCD　考点：自然灾害的救助款物管理
15. ACDE　考点：教育救助的形式与标准

单元 3　易错题

一、单项选择题

1. 根据《最低生活保障审核确认办法》，关于申请最低生活保障说法正确的是（　　）。

A. 不得委托他人代为提出申请

B. 应当由户主向户籍所在地村（居）民委员会提出书面申请

C. 共同生活的家庭成员户籍所在地不在同一省，且与经常居住地不一致的，家庭成员可单独向经常居住地提出申请

D. 共同生活的家庭成员户籍所在地不在同一省的，可以由其中一个户籍所在地与经常居住地一致的家庭成员向其户籍所在地提出申请

2. 根据《城乡医疗救助基金管理办法》，关于医疗救助基金支付救助对象相关费用的说法，正确的是（　　）。

A. 门诊医疗费用，不予支付

B. 参加基本医疗保险所需费用，医疗救助基金予以支付

C. 购买商业医疗保险费用，医疗救助基金予以支付

D. 因故未参加基本医疗保险，个人自付医疗费用，医疗救助基金不予支付

二、多项选择题

3. 根据《中华人民共和国法律援助法》，下列人员申请法律援助，不受经济困难条件限制的有（　　）。

A. 小赵，烈士赵某的儿子，为维护赵某的人格权益

B. 小王，因再审改判无罪，请求国家赔偿

C. 小李，请求支付劳动报酬

D. 小张，请求工伤事故人身损害赔偿

E. 小刘，因见义勇为行为主张民事赔偿

参考答案 ·····················

一、单项选择题

1. D   **考点**：低保的申请与审核

　　解析：共同生活的家庭成员户籍所在地不在同一省（自治区、直辖市）的，可以由其中一个户籍所在地与经常居住地一致的家庭成员向其户籍所在地提出申请，B 选项错误，D 选项正确；也可委托他人代为提出申请，A 选项错误；共同生活的家庭成员户籍所在地与经常居住地均不一致的，可由任一家庭成员向其户籍所在地提出申请，C 选项错误。故选 D。

2. B   **考点**：城乡医疗救助基金的使用

　　解析：城乡医疗救助基金的救助方式以住院救助为主，同时兼顾门诊救助，A 选项错误；商业保险由群众自费购买，C 选项错误；对因各种原因未能参加基本医疗保险的救助对象个人自付医疗费用，可直接给予救助，D 选项错误。故选 B。

二、多项选择题

3. ABE   **考点**：《中华人民共和国法律援助法》中不受经济困难条件限制申请法律援助的人员类型

　　解析：《中华人民共和国法律援助法》第三十二条规定，有下列情形之一，当事人申请法律援助的，不受经济困难条件的限制：（1）英雄烈士近亲属为维护英雄烈士的人格权益；（2）因见义勇为行为主张相关民事权益；（3）再审改判无罪请求国家赔偿；（4）遭受虐待、遗弃或者家庭暴力的受害人主张相关权益；（5）法律、法规、规章规定的其他情形。故选 A、B、E。

单元 4 闯关题

一、单项选择题

1. 根据《中华人民共和国法律援助法》，下列人员申请法律援助时不受经济困难条件限制的是（　　）。

A. 王某，请求给付赡养费

B. 张某，请求给予社会保障待遇

C. 钱某，请求发给抚恤金

D. 赵某，因见义勇为行为主张相关民事权益

2. 根据《民政部　中央农村工作领导小组办公室　财政部　国家乡村振兴局关于进

一步做好最低生活保障等社会救助兜底保障工作的通知》，下列人员，可以参照"单人户"提出最低生活保障申请的是（   ）。

  A. 蒋某，25周岁，未婚，无业，与父母共同生活

  B. 王某，58周岁，重度肢体残疾，无业，与子女共同生活

  C. 洪某，35周岁，离家在寺庙修行，居住满2年，生活困难

  D. 李某，65周岁，丧偶，与子女共同生活

  3. 根据《国务院关于全面建立临时救助制度的通知》，临时救助要着眼于解决基本生活困难、摆脱临时困境，既要尽力而为，又要量力而行，这一要求体现的是（   ）。

  A. 公开透明   B. 适度救助   C. 资源统筹   D. 制度衔接

  4. 根据《民政部 中央农村工作领导小组办公室 财政部 国家乡村振兴局关于进一步做好最低生活保障等社会救助兜底保障工作的通知》，各地要加强政府购买社会救助服务，提升社会救助专业化水平，充分发挥社工、志愿者等的作用，在村级全面设立（   ），困难群众较多的村（社区）建立社会救助服务站（点）。

  A. 民政协助员   B. 社会救助协理员

  C. 民生救助员   D. 社会福利救助员

  5. 受理最低生活保障申请后，应当核查家庭收入。根据《最低生活保障审核确认办法》，农林牧渔业生产收入，属于家庭收入中的（   ）。

  A. 工资性收入 B. 财产净收入 C. 转移净收入 D. 经营净收入

  6. 根据《最低生活保障审核确认办法》，最低生活保障边缘家庭一般是指不符合最低生活保障条件，家庭人均收入低于当地最低生活保障标准（   ），且财产状况符合相关规定的家庭。

  A.2倍   B.1.5倍   C.1.8倍   D.1.2倍

  7. 根据《最低生活保障审核确认办法》，关于低保家庭复核的说法，正确的是（   ）。

  A. 老陈，城市"三无"人员家庭，可不复核

  B. 老张一家，非农业户口，儿子重度残疾，家庭收入基本固定，可每季度复核一次

  C. 老林一家，非农业户口，短期内家庭经济状况和家庭成员基本情况相对稳定，可每年复核一次

  D. 老秦一家，农业户口，有劳动能力，家庭收入来源不固定，可每年复核一次

  8. 城市居民老韩一家，享受最低生活保障待遇，全家无固定收入来源，老韩身体残疾无法工作，依靠妻子外出打零工补贴家用。根据《最低生活保障审核确认办法》，当地街道办事处对老韩一家的家庭经济状况应当（   ）核查一次。

  A. 每月   B. 每季度   C. 每半年   D. 每年

  9. 特困人员的法定义务人是否具备履行赡养、抚养、扶养义务的能力是特困人员认定条件之一。根据《特困人员认定办法》，下列人员作为法定义务人，（   ）应当无履行义务能力。

  A. 张某，35周岁，特困人员

  B. 王某，50周岁，低保人员

  C. 陶某，60周岁，农村商业合作社成员，听力残疾

  D. 李某，65周岁，退休职工

10. 《自然灾害救助条例》规定，县级以上人民政府或者人民政府的自然灾害救助应急综合协调机构应当根据自然灾害预警预报启动预警响应，可以采取的措施不包括（　　）。

A. 向社会发布规避自然灾害风险的警告

B. 开放应急避难场所，疏散、转移易受自然灾害危害的人员和财产

C. 加强对易受自然灾害危害的乡村、社区以及公共场所的安全保障

D. 紧急转移安置受灾人员

二、多项选择题

11. 根据《中华人民共和国法律援助法》，下列人员申请法律援助，免予核查经济困难状况的有（　　）。

A. 小张，特困人员，持有特困人员供养相关证明

B. 小李，优抚对象，持有因公牺牲军人遗属优待证

C. 小王，进城务工人员，持有请求工伤事故人身损害赔偿的材料和相关证明

D. 老赵，退休职工，持有请求交通事故人身损害赔偿的材料和相关证明

E. 老吴，农民，持有请求支付生态破坏损害赔偿的材料和相关证明

12. 根据《城市生活无着的流浪乞讨人员救助管理办法实施细则》，受助人员出现下列情形，救助站应当终止对其救助的有（　　）。

A. 被发现故意提供虚假信息、误导救助站工作人员

B. 以不适宜居住为由，自行离开救助站的

C. 患急病送医救助，已度过危险期

D. 与其他受助人员发生口角，扰乱救助站秩序

E. 救助期已满，无正当理由不愿离站

13. 根据《社会救助暂行办法》，下列关于社会力量参与社会救助的说法，正确的有（　　）。

A. 社会力量参与社会救助，按照国家有关规定享受财政补贴、税收优惠、费用减免等政策

B. 县级以上人民政府可以将社会救助中审批事项通过委托、承包、采购等方式，向社会力量购买服务

C. 国家鼓励单位和个人等社会力量通过捐赠、设立帮扶项目、创办服务机构、提供志愿服务等方式，参与社会救助

D. 县级人民政府应当发挥社会工作服务机构和社会工作者的作用，为社会救助对象提供社会融入、能力提升、心理疏导等专业服务

E. 社会救助管理部门及相关机构应当建立社会力量参与社会救助的机制和渠道，提供社会救助项目、需求信息，为社会力量参与社会救助创造条件、提供便利

14. 根据《社会救助暂行办法》，实施住房救助可采取的方式有（　　）。

A. 配租公共租赁住房　　　　　　　　B. 发放住房租赁补贴

C. 降低购房首付比例　　　　　　　　D. 减免购房贷款利息

E. 农村危房改造

15. 下列关于受灾人员救助法规与政策的说法，正确的有（　　）。

A. 自然灾害救助包括自然灾害救助准备工作、应急救助工作、灾后救助工作和救助

款物管理等方面

B. 社会力量参与救灾工作是受灾人员救助的重要组成部分

C. 自然灾害救助中的法律责任明确了违反相关规定的处罚措施

D. 自然灾害救助总则对救助的基本原则和总体要求进行了规定

E. 城乡医疗救助基金的筹集和管理属于受灾人员救助法规与政策范畴

参考答案

一、单项选择题

1. D   考点：《中华人民共和国法律援助法》第三十二条

2. B   考点：低保的申请与审核

3. B   考点：临时救助的总体要求

4. B   考点：《民政部　中央农村工作领导小组办公室　财政部　国家乡村振兴局关于进一步做好最低生活保障等社会救助兜底保障工作的通知》中在村级应设立的人员

5. D   考点：低保申请者的家庭经济状况调查

6. B   考点：低保的申请与审核——最低生活保障边缘家庭

7. C   考点：《最低生活保障审核确认办法》第三十一条

8. C   考点：《最低生活保障审核确认办法》第三十一条

9. A   考点：特困人员对象范围

10. D   考点：自然灾害的应急救助工作

二、多项选择题

11. ABC   考点：《中华人民共和国法律援助法》第四十二条

12. ABE   考点：流浪乞讨人员救助的程序

13. ACDE   考点：《社会救助暂行办法》第五十二条至五十六条

14. ABE   考点：住房救助含义、标准与申请

15. ABCD   考点：受灾人员救助法规与政策的相关规定

第四章

我国特定人群权益保护法规与政策

4

【本章复习提示】●

　　随着我国经济的发展和社会的进步，特殊群体的权益日益受到重视，立法上形成了以《中华人民共和国宪法》为统领，以《中华人民共和国老年人权益保障法》、《中华人民共和国妇女权益保障法》、《中华人民共和国未成年人保护法》和《中华人民共和国残疾人保障法》为主体的法规政策体系。本章主要通过对老年人、妇女、未成年人、残疾人合法权益的内容以及保障这些合法权益的方法的考查，来检测考生对我国特定人群权益保护法规与政策的掌握情况。

单元1 基础题

一、单项选择题

1. 女职工李某与小强相恋，双方分手后，小强对李某进行骚扰、纠缠并散布李某隐私和个人信息，根据《中华人民共和国妇女权益保障法》，李某可以向（　　）申请人身安全保护令。

A. 公安机关　　　B. 人民法院　　　C. 民政局　　　D. 妇女联合会

2. 老马夫妇年事已高，无力耕种承包土地，儿子小马要外出打工，无暇耕种父母的承包地，故委托小刘代为耕种。根据《中华人民共和国老年人权益保障法》规定，土地所有收益归（　　）所有。

A. 小马　　　B. 老马夫妇　　　C. 小刘和小马　　　D. 小马和父母

3. 小美，23岁，刚到一家企业工作，公司经理李强见小美漂亮，经常对她进行骚扰。小美忍无可忍，她可以提请（　　）对李强依法给予行政处罚。

A. 人民法院　　　B. 人民检察院　　　C. 公安机关　　　D. 人民政府

4. 根据《中华人民共和国老年人权益保障法》，我国建立和完善以（　　）为基础的社会养老服务体系。

A. 居家　　　B. 社区　　　C. 机构　　　D. 社会工作服务站

5. 根据《中华人民共和国老年人权益保障法》，设立经营性养老机构应当在（　　）办理登记。

A. 市场监督管理部门　　　　　　　　B. 民政部门

B. 卫生健康主管部门　　　　　　　　D. 人力资源和社会保障部门

6. 小林，17岁，独自在农村老家生活和学习。父母外出务工，无法履行对小林的监护职责。根据《中华人民共和国未成年人保护法》，关于对小林监护职责的说法，正确的是（　　）。

A. 小林父母应当委托有监护能力的其他成年人代为监护

B. 小林父母可以不委托监护人，但要保证小林的生活学习费用

C. 如果小林父母没有委托监护人，应当由小林所在学校承担监护职责

D. 如果小林父母没有委托监护人，应当由小林所在村村民委员会承担监护职责

7. 某县拟建立残疾人法律救助工作站，根据《残疾人法律救助工作站管理规定》，该救助站应设立在（　　）。

A. 县民政局　　　B. 县司法局　　　C. 县人民法院　　　D. 县残疾人联合会

8. 我国有关法律规定，残疾人康复工作以（　　）为基础。

A. 社区康复　　　B. 医院康复　　　C. 家庭康复　　　D. 社会康复

9. 某市计划"十三五"末全市养老床位总数达到4万张。根据《"十三五"国家老龄事业发展和养老体系建设规划》对政府运营的养老床位占当地养老床位总数的比例的规定，该市政府运营的养老床位规划数量最多不超过（　　）。

A. 1.2万张　　　B. 1.6万张　　　C. 2万张　　　D. 2.4万张

10. 东北某村赵老汉62岁，身体硬朗，平时自己耕种承包田。其独子小赵在深圳工

作多年，春节时小赵回老家将父亲接到深圳共同生活，同时委托自己在老家的中学同学欧阳耕种父亲的承包田。根据《中华人民共和国老年人权益保障法》，老赵承包田今年的收益应当（   ）。

A. 归老赵所有 B. 归小赵所有

C. 归欧阳所有 D. 由欧阳与小赵协商分配

二、多项选择题

11. 《中华人民共和国妇女权益保障法》规定了（   ）基本原则。

A. 男女平等 B. 保护妇女的特殊权益

C. 禁止对妇女一切形式的歧视 D. 消除对妇女一切形式的歧视

E. 禁止排斥、限制妇女依法享有和行使各项权益

12. 父母去世后，老夏把未成年的弟弟扶养成人，老夏夫妇育有一子一女，均已结婚生子，生活富裕。老夏现年事已高，丧失劳动能力。根据《中华人民共和国老年人权益保障法》，下列人员中，对老夏有赡养或扶养义务的有（   ）。

A. 儿子 B. 儿媳 C. 女儿 D. 弟弟 E. 女婿

13. 以下关于民间资本兴办的托养服务机构与公办托养服务机构的说法，正确的是（   ）。

A. 两者有同样的优惠政策 B. 两者有同样的扶助措施

C. 两者在政策知情方面享受同等权益 D. 两者在信息共享方面享受同等权益

E. 两者在数据共享方面享受同等权益

14. 根据《中华人民共和国未成年人保护法》，对临时监护的未成年人，民政部门可以采取的安置方式包括（   ）。

A. 委托亲属抚养 B. 委托家庭寄养

C. 交由符合条件的申请人收养 D. 交由儿童福利机构进行抚养

E. 交由未成年人救助保护机构进行收留

15. 《中华人民共和国老年人权益保障法》不仅明确提出了老年人权益保障的目标是老有所养、老有所医、老有所为、老有所学、老有所乐，而且明确规定国家建立和完善（   ）的社会养老服务体系。

A. 居家为基础 B. 居家为依托 C. 社区为依托

D. 社区为基础 E. 机构为支撑

参考答案

一、单项选择题

1. B 考点：妇女合法权益的主要内容——人身和人格权益

2. B 考点：老年人权益的主要内容——家庭赡养与扶养

3. C 考点：侵害妇女权益的法律责任

4. A 考点：老年人权益的主要内容

5. A　　　考点：依法兴办养老机构

6. A　　　考点：保障未成年人权益的途径——家庭保护

7. D　　　考点：残疾人的社会保障

8. A　　　考点：残疾人权益的主要内容——总体方针

9. C　　　考点：《"十三五"国家老龄事业发展和养老体系建设规划》——发展目标

10. A　　　考点：老年人权益的主要内容——家庭赡养

二、多项选择题

11. ABE　　考点：《中华人民共和国妇女权益保障法》第二条

12. AC　　　考点：老年人权益的主要内容——家庭赡养与扶养

13. CDE　　考点：《关于加快发展残疾人托养服务的意见》——加强残疾人托养服务管理

14. ABDE　　考点：《中华人民共和国未成年人保护法》第九十三条

15. ACE　　考点：老年人权益的主要内容

单元 2　提高题

一、单项选择题

1. 初中生吴某在学校经常受同学李某的欺凌，近日被李某殴打致多处骨折，后果严重。根据《中华人民共和国未成年人保护法》，针对李某的欺凌行为，学校应及时向当地公安机关、（　　）报告。

A. 妇联组织　　　　　　　　　　B. 教育行政部门

C. 共青团组织　　　　　　　　　D. 未成年人救助保护机构

2. 某企业现有在职职工 400 人，安排残疾人就业的比例达到法定要求，无须缴纳残疾人就业保障金。根据《残疾人就业条例》，该企业目前至少已安排（　　）名残疾人就业。

A. 4　　　　　　B. 6　　　　　　C. 8　　　　　　D. 10

3. 小花的妈妈 2 年前去世了，小花和爸爸一起生活，爸爸李伟经常酗酒，回家以后对小花拳脚相加，实施暴力，屡教不改。小花的外婆心疼外孙女，将李伟告上法院，法院撤销了李伟的监护权，将监护人改为外婆。外婆因经济困难，向李伟索要小花的抚养费，李伟却不给。以下说法正确的是（　　）。

A. 李伟无须负担小花的抚养费，因为他已经不是小花的监护人

B. 李伟虽然被撤销监护资格，但应当依法继续负担抚养费用

C. 李伟负担抚养费与否可以自己决定

D. 李伟无须负担小花的抚养费，因为他们已不再是父女

4. 某家庭丈夫死亡，丈夫的父母以儿媳没有能力抚养为由，拒绝儿媳对孩子的看护与照料，这主要是损害了妇女的（　　）。

A. 人身权利　　　B. 婚姻自主权　　　C. 财产权　　　D. 子女监护权

5. 根据《中华人民共和国未成年人保护法》，下列未成年人，民政部门应当依法对其

进行长期监护的是（   ）。

A. 小明，父亲去世，母亲下落不明

B. 小红，监护人怠于履行监护职责，导致无人照料

C. 小梅，流浪乞讨，暂时查找不到其父母或者其他监护人

D. 小飞，监护人丧失监护能力且无其他人可以担任监护人

6. 根据《中华人民共和国残疾人保障法》和《残疾人就业条例》，国家实行按比例安排残疾人就业制度。用人单位安排残疾人就业的比例不得低于本单位在职职工总数的（   ）。

A. 0.5%   B. 1.0%   C. 1.5%   D. 2.0%

7. 小红 5 岁，甲县乙村人，多次遭受父母殴打致 4 级残疾，人民法院依法撤销了小红父母的监护人资格，并指定小红的姑姑为其监护人。根据《中华人民共和国未成年人保护法》，下列人员与组织，有义务负担小红成年前抚养费的是（   ）。

A. 小红的父母   B. 乙村村民委员会

C. 甲县民政局   D. 甲县残疾人联合会

8. 谢某是家中长女，有一弟一妹，父母去世后，她将未成年的妹妹扶养长大。谢某婚后无子女，目前年事已高，配偶去世，生活困难。其弟在外经商，有一女已成年，其妹在家务农，有一子已成年并就业。根据《中华人民共和国老年人权益保障法》，下列有负担能力的人员，应当对谢某履行赡养或扶养义务的是谢某的（   ）。

A. 弟弟   B. 妹妹   C. 侄女   D. 外甥

9. 根据《国务院关于加快发展养老服务业的若干意见》，关于养老服务业税费优惠的说法，正确的是（   ）。

A. 国家对非营利性养老机构减半征收城镇土地使用税

B. 国家对非营利性养老机构建设减半征收有关行政事业性收费

C. 养老机构用电、用水等按商业经营类价格优惠执行

D. 境内外资本举办养老机构，享有同等的税收等优惠政策

10. 小强，17 岁，高二。课间和同学闹矛盾，冲动之下，用刀将同学捅死，构成犯罪。为了预防小强重新犯罪，下列做法错误的是（   ）。

A. 对小强的案件不公开审理和报道   B. 将小强与成年罪犯分别关押

C. 对小强的案件公开审理和报道   D. 对小强进行法治教育和义务教育

二、多项选择题

11. 根据《中华人民共和国妇女权益保障法》，侵害妇女合法权益，导致社会公共利益受损的，检察机关可以依法提起公益诉讼的情形有（   ）。

A. 侵害妇女平等就业权益的

B. 通过大众传播媒介贬低、损害妇女人格的

C. 某企业不支付女职工加班费的

D. 相关单位未采取合理措施预防和制止性骚扰的

E. 确认农村妇女集体经济组织成员身份时，侵害妇女权益的

12. 根据《中华人民共和国老年人权益保障法》，以下关于老年人赡养的说法，正确的是（   ）。

A. 赡养人不得以放弃继承权或者其他理由，拒绝履行赡养义务

B. 赡养人应当使患病的老年人及时得到治疗和护理

C. 赡养人有义务耕种或者委托他人耕种老年人承包的田地，收益归自己所有

D. 老年人自有的住房，赡养人有维修的义务

E. 家庭成员应当关心老年人的精神需求，不得忽视、冷落老年人

13. 2012 年新修订通过的《中华人民共和国老年人权益保障法》专门增加了"社会服务"，其主要任务之一是繁荣养老服务消费市场，以下属于此方面内容的是（   ）。

A. 健全医疗保险机制　　　　　　　　B. 拓展养老服务内容

C. 推动医养融合发展　　　　　　　　D. 开发老年产品用品

E. 培育养老产业集群

14. 某汽车生产企业因生产规模扩大需扩招一批员工，在招聘过程中，以下行为符合保障女性权益要求的有（   ）。

A. 询问女性求职者婚姻状况　　　　　B. 询问女性求职者生育情况

C. 询问女性求职者期望薪资　　　　　D. 询问女性求职者学历情况

E. 在体检环节对女性求职者进行妊娠测试

15. 根据《中华人民共和国妇女权益保障法》，下列人员中，不得提出离婚的有（   ）。

A. 李某，妻子怀孕 5 个月　　　　　　B. 贾某，妻子正在住院治疗

C. 陈某，妻子失业 3 个月　　　　　　D. 蔡某，妻子终止妊娠 5 个月

E. 何某，妻子分娩 10 个月

参考答案 ·······························

一、单项选择题

1. B	考点：	保障未成年人权益的途径——学校的安全保障责任
2. B	考点：	残疾人权益的主要内容——劳动就业
3. B	考点：	司法保护——法院对未成年人的保护
4. D	考点：	妇女合法权益的主要内容
5. D	考点：	政府保护——确定国家监护制度
6. C	考点：	残疾人权益的主要内容——劳动就业
7. A	考点：	司法保护——法院对未成年人的保护
8. B	考点：	家庭赡养与扶养——抚养
9. D	考点：	《国务院关于加快发展养老服务业的若干意见》——完善税收优惠政策
10. C	考点：	对未成年人重新犯罪的预防

二、多项选择题

11. ABDE	考点：	《中华人民共和国妇女权益保障法》第七十七条
12. ABDE	考点：	家庭赡养与扶养
13. BDE	考点：	《中华人民共和国老年人权益保障法》中"社会服务"相关规定

14. CD　　　考点：劳动和社会保障权益
15. ADE　　考点：《中华人民共和国妇女权益保障法》第六十四条

单元 3　易错题

一、单项选择题

1. 张某父母早亡，婚后除抚养自己的一子一女外，还将自己的弟弟养育成人。张某的子女均有赡养能力，现由儿子赡养，儿媳常有怨言，认为婆家的妹妹与叔叔也应当承担赡（扶）养义务。下列关于张某夫妇赡（扶）养问题的说法，正确的是（　　）。

A. 儿女应承担赡养义务，弟弟无扶养义务
B. 儿女应承担赡养义务，弟弟有扶养义务
C. 弟弟由兄嫂扶养长大，须承担扶养义务
D. 女儿已出嫁，可以不承担赡养义务

2. 根据《中华人民共和国老年人权益保障法》，下列关于家庭赡养的说法，正确的是（　　）。

A. 赡养人表示放弃继承权的，可以不再履行赡养老人的义务
B. 赡养人有义务耕种老年人承包的田地，照顾老年人的林木和牲畜，收益归赡养人所有
C. 经老年人同意，赡养人之间可以就履行赡养义务签订协议，基层派出所监督协议的履行
D. 赡养人不履行赡养义务的，基层群众性自治组织、老年人组织或者赡养人所在单位应当督促其履行

3. 小明，13 岁，多次盗窃，构成严重不良行为。根据《中华人民共和国预防未成年人犯罪法》，下列对小明严重不良行为进行矫治的办法，错误的是（　　）。

A. 公安机关依法对小明予以训诫
B. 公安机关责令小明父母严加管教
C. 公安机关强制将小明送进工读学校
D. 工读学校应对小明加强法治教育

二、多项选择题

4. 根据《中华人民共和国妇女权益保障法》有关规定，在妇女的婚姻家庭权益方面，国家应当保障的有（　　）。

A. 妇女的婚姻自主权　　　　B. 预防和制止家庭暴力
C. 妇女有不生育的自由　　　D. 发展母婴保健事业
E. 母亲对未成年子女享有优先监护权

参考答案

一、单项选择题

1. A

考点：家庭赡养与扶养

解析：根据《中华人民共和国老年人权益保障法》第十四条规定，赡养人应当履行对老年人经济上供养、生活上照料和精神上慰藉的义务，照顾老年人的特殊需要。赡养人是指老年人的子女以及其他依法负有赡养义务的人。第二十三条规定，由兄、姐扶养的弟、妹成年后，有负担能力的，对年老无赡养人的兄、姐有扶养的义务。本题中，张某的儿女均有赡养能力，应承担赡养责任。而弟弟无扶养义务。故选 A。

2. D

考点：家庭赡养与扶养

解析：根据《中华人民共和国老年人权益保障法》相关规定，赡养人有法定的赡养义务，放弃继承权不能免除该义务，A 选项错误；赡养人耕种老年人承包田地等的收益应归老年人所有，B 选项错误；赡养人之间签订赡养协议应由基层群众性自治组织或老年人组织等监督履行，而非基层派出所，C 选项错误；赡养人不履行义务时，基层群众性自治组织、老年人组织或其所在单位有责任督促履行，D 选项正确。故选 D。

3. C

考点：对于未成年人严重不良行为的矫治

解析：根据《中华人民共和国预防未成年人犯罪法》相关规定，对小明的严重不良行为，公安机关可依法训诫、责令父母严加管教，工读学校也可对其加强法治教育。但公安机关不能强制将小明送进工读学校，需遵循法定程序和条件，经相关部门评估等才能决定是否送工读学校，所以 C 选项错误，A、B、D 选项符合法律规定。故选 C。

二、多项选择题

4. AB

考点：妇女婚姻家庭权益

解析：根据《中华人民共和国妇女权益保障法》相关规定，在婚姻家庭权益方面，国家保障妇女的婚姻自主权，使其能自主决定婚姻相关事宜，A 选项正确；预防和制止家庭暴力是维护家庭和谐与妇女人身安全的关键，B 选项正确；而在监护权上，父母对未成年子女的监护权是平等的，不存在母亲优先一说，E 选项错误；妇女有自主决定生育与否的权利，属于人身和人格权益，C 选项错误；发展母婴保健事业利于保障妇女及婴幼儿健康，也属于人身和人格权益，D 选项错误。故选 A、B。

单元4 闯关题

一、单项选择题

1. 老王的老伴去世半年了，这半年里年轻时就丧偶的邻居王阿姨对老王照顾有加，两人产生了感情想结婚。可是老王的儿女们坚决不同意，对老王说，他若和王阿姨结婚，就不认他这个爸，还去王阿姨家骂人闹事。关于老王儿女的行为，下列说法正确的是（   ）。

A. 老王儿女的行为正确，因为他们的母亲才刚去世半年

B. 老王儿女的行为正确，因为老王再婚会增加他们的赡养负担

C. 老王儿女的行为不正确，因为侵犯了老王的婚姻自由权

D. 老王儿女的行为正确，因为老王若先去世，王阿姨会有一部分的继承权

2. 李奶奶育有两男两女，均已成家立业；王大爷育有一男一女，也都结婚工作。由于李奶奶和王大爷的老伴都去世了，两人互有好感，在前年结了婚。现李奶奶突患重病，需要人照顾，李奶奶的四个孩子聚集起来讨论，他们的讨论内容如下。认识正确的是（   ）。

A. 大儿子说："咱妈再婚了，应该是王大爷的儿女赡养她，我没有赡养的义务。"

B. 二儿子说："咱妈虽然再婚了，但作为儿女，始终有赡养她的义务。"

C. 大女儿说："我嫁出去了，要照顾公公婆婆，没有赡养咱妈的义务。"

D. 小女儿说："咱妈一直对我都不好，我和她没什么感情，我没有赡养她的义务。"

3. 2012年修订通过的《中华人民共和国老年人权益保障法》专门增加了"社会优待"，规定各级人民政府和有关部门办理房屋权属关系变更、户口迁移等涉及老年人权益的重大事项时，应当就办理事项是否为老年人的真实意思表示进行询问，并依法优先办理。这属于"社会优待"中的（   ）。

A. 社会服务优待   B. 法律服务优待   C. 医疗服务优待   D. 公共服务优待

4. 根据《中华人民共和国老年人权益保障法》，老年人与家庭成员因赡养、扶养或者住房、财产等发生纠纷，可以申请（   ）进行调解，也可以直接向人民法院提起诉讼。

A. 养老机构   B. 人民法院   C. 人民调解委员会   D. 人民检察院

5. 老王年轻时老伴就去世了，自己辛辛苦苦地把儿子小王抚养成人并成家立业。如今老王得了重病，躺在家里不能走动，小王觉得父亲给自己的生活帮不上什么忙，还总是拖累他，就经常恶语相加，常常让老人饥一顿饱一顿，有时还因为生闷气动手打老人。这次他因诸事不顺且喝了酒，脾气暴躁，下手很重，导致老王当场死亡。根据《中华人民共和国老年人权益保障法》，应依法给予小王（   ）处分。

A. 批评教育   B. 治安管理处罚   C. 追究民事责任   D. 追究刑事责任

6. 根据《国务院办公厅关于加强孤儿保障工作的意见》，各省、自治区、直辖市政府按照（   ）的原则，合理确定孤儿基本生活最低养育标准。

A. 不低于当地平均生活水平   B. 不低于当地平均工资

C. 不低于当地最低工资   D. 不低于当地最低生活水平

7. 《中华人民共和国妇女权益保障法》的基本原则是具有（   ）的概括性准则，是所有具体法律规范的根本价值基准和规范设定依据，具有普遍的指导意义。

A. 基础性、根本性   B. 普遍性、长远性

C. 普惠性、基础性　　　　　　　　D. 长远性、根本性

8. 李丽在经过面试后，终于要和自己理想的单位签合同了，可是当她审阅合同时，发现里面规定自己不能在 3 年内结婚生子，否则不能在此单位上班。根据《中华人民共和国妇女权益保障法》，这条规定侵犯了李丽的（　　　　）。

A. 政治权利　　　　　　　　　　　B. 婚姻家庭权益

C. 劳动和社会保障权益　　　　　　D. 人身权利

9. 李某和王某结婚没几年，王某就出车祸去世了，从此李某既照顾儿子小海又照顾公婆，辛苦操劳，邻居们都夸她品质好、有孝心。可是儿子小海不争气，每天在外面吃喝嫖赌。这两年李某的公婆先后得重病去世。当讨论起老人的遗产时，儿子小海认为母亲李某没有继承权，想独自占有。小海的做法侵犯了李某的（　　　　）。

A. 人格权　　　　　　　　　　　　B. 社会保障权利

C. 财产继承权　　　　　　　　　　D. 人身自由权

10. 张欣，女，23 岁。在超市买东西时，因老板觉得她穿着破旧、动作不自然，怀疑她偷东西，命令保安强行搜身。超市老板的行为侵犯了张欣的（　　　　）。

A. 防止性侵害　　B. 人身自由权　　C. 人格权　　　　D. 生命健康权

二、多项选择题

11. 校园安全事关未成年人身心健康，事关家庭幸福和社会稳定。《中华人民共和国未成年人保护法》针对校园安全问题规定的学校安全保障责任有（　　　　）。

A. 校园安全管理制度　　　　　　　B. 校车安全管理制度

C. 学生欺凌防控工作制度　　　　　D. 预防性侵害、性骚扰未成年人工作制度

E. 学生关爱帮扶制度

12. 《中华人民共和国妇女权益保障法》规定，国家保障妇女享有与男子平等的政治权利。具体表现在哪些方面？（　　　　）

A. 参与公共事务管理　　　　　　　B. 选举和被选举权

C. 社会保障　　　　　　　　　　　D. 妇女干部培养与选拔

E. 财产继承

13. 下列属于保障残疾人劳动权利行为的有（　　　　）。

A. 政府有关部门下达职工招用、聘用指标时，确定一定数额用于残疾人

B. 对于申请从事个体工商业的残疾人，有关部门应当优先核发营业执照

C. 对国家分配的高等学校、中等专业学校、技工学校的残疾毕业生，有关单位不得因其残疾而拒绝接收

D. 残疾职工所在单位没对残疾职工进行岗位技术培训

E. 残疾职工所在单位为残疾职工提供适应其特点的劳动条件和劳动保护

14. 根据《中华人民共和国未成年人保护法》，下列关于未成年人合法权益保护的说法中，正确的有（　　　　）。

A. 进入营业性歌舞娱乐场所时，若难以判明是否已成年的，应当按照成年人对待

B. 除国家另有规定外，任何组织或者个人不得招用未满 16 周岁的未成年人

C. 对未成年人的信件、日记、电子邮件，任何组织或者个人不得隐匿、毁弃

D. 无行为能力的未成年人的信件、日记可由其父母或者其他监护人代为拆开、查阅

E. 国家依法保护未成年人的智力成果和荣誉权不受侵犯

15. 小红，12 岁，因父母突然意外身亡，一下子成了孤儿，为了小红身心的健康成长，政府部门可以对小红采取的安置方式有（   ）。

A. 亲属抚养　　　　B. 机构养育　　　　C. 社会包容
D. 依法收养　　　　E. 家庭寄养

参考答案

一、单项选择题

1. C	考点：家庭赡养与扶养——不得侵犯老年人婚姻自由、继承权等合法权益	
2. B	考点：家庭赡养与扶养	
3. A	考点：社会优待	
4. C	考点：家庭成员的法律责任——家庭纠纷处理	
5. D	考点：家庭成员的法律责任——侵害老年人权益的法律责任	
6. A	考点：《国务院办公厅关于加强孤儿保障工作的意见》——建立孤儿基本生活保障制度	
7. A	考点：《中华人民共和国妇女权益保障法》的基本原则	
8. C	考点：劳动和社会保障权益	
9. C	考点：家庭赡养与扶养——不得侵犯老年人婚姻自由、继承权等合法权益	
10. B	考点：人身和人格权益	

二、多项选择题

11. ABCD　考点：学校的安全保障责任
12. ABD　考点：政治权利
13. ABCE　考点：劳动就业
14. BCDE　考点：社会保护
15. ABDE　考点：特殊儿童保护与救助——孤儿安置

第五章

我国婚姻家庭法规与政策

5

【本章复习提示】

　　婚姻家庭法规与政策是调整婚姻家庭关系的法律规范与政策的总称。我国已构建起以宪法为基石，以《中华人民共和国民法典》婚姻家庭编、继承编为核心，涵盖多部相关法律法规的体系。本章重点考查婚姻家庭关系、收养关系及财产继承关系等方面法规与政策的掌握程度，助力考生深入理解和运用相关法律知识。

单元1 基础题

一、单项选择题

1. 某男子离婚后考虑再婚，根据《中华人民共和国民法典》，下列亲属，属于禁止与该男子结婚的是其（　　）。

　　A. 嫂子的妹妹　　　　B. 叔叔的女儿　　　　C. 堂兄的遗孀　　　　D. 前妻的姐姐

2. 2017年，李某和丈夫结婚，结婚前后均未进行财产约定。2023年，李某与丈夫因性格不合打算离婚，但就财产分割发生争议。根据《中华人民共和国民法典》及相关司法解释，下列双方婚姻关系存续期间所得财产，属于李某个人财产的是（　　）。

　　A. 李某父亲立遗嘱明确留给李某个人的10万元

　　B. 李某在单位所得的年终奖金3万元

　　C. 李某用当月工资于结婚纪念日购买的价值1万元的项链

　　D. 李某个人产权房改造的民宿产生的经营收益13万元

3. 婚姻登记机关查明双方自愿离婚、（　　），予以登记，发给离婚证。

　　A. 重婚或有配偶与他人同居的

　　B. 实施家庭暴力或虐待家庭成员的

　　C. 因感情不和分居满2年的

　　D. 已对子女抚养、财产及债务处理协商一致的

4. 贾某与尹某于2017年结婚。2020年6月，贾某以个人名义向邵某借款5万元，用于夫妻家庭日常生活。2021年7月，邵某向贾某夫妇催债，尹某称自己不知情，拒绝用夫妻共同财产清偿。根据《中华人民共和国民法典》，关于该5万元债务性质的说法，正确的是（　　）。

　　A. 5万元因是贾某以个人名义所借债务，应认定为贾某个人债务

　　B. 5万元债务因尹某不知情，应认定为贾某个人债务

　　C. 5万元因是贾某在婚姻关系存续期间所借债务，应认定为夫妻共同债务

　　D. 5万元债务因用于贾某夫妻家庭日常生活，应认定为夫妻共同债务

5. 孤儿小红，女，14岁。下列人员中，具备收养小红条件的是（　　）。

　　A. 小红的小姨，29岁，国企职工，育有一女

　　B. 小红的舅舅，45岁，私企老板，无子女

　　C. 小红的义父，50岁，无配偶，外企员工，无子女

　　D. 小红的伯伯，50岁，残疾，无自理能力，无子女

6. 根据《中华人民共和国民法典》，下列情形中，属于无效婚姻的是（　　）。

　　A. 未到法定婚龄的

　　B. 因胁迫结婚的

　　C. 因欺骗结婚的

　　D. 婚前患有医学上认为不应当结婚的疾病，婚后已治愈的

7. 根据《中华人民共和国民法典》，夫妻双方如果没有就财产进行约定，在婚姻关系存续期间所得的下列财产中，不属于夫妻共同所有的是（   ）。

A. 一方所得的工资和奖金　　　　　B. 一方从事生产经营的收益

C. 一方婚后写作并出版的专著的稿酬　　D. 一方因身体受到伤害获得的医疗费

8. 小王现年 30 周岁，因与养父母感情恶化，依法解除了收养关系，养父母有稳定的收入来源。根据《中华人民共和国民法典》，下列关于小王与养父母收养关系解除效力的说法，正确的是（   ）。

A. 养父母有权要求小王继续履行赡养义务

B. 小王与养父母的父母子女权利义务关系即行消除

C. 小王应当全额补偿养父母收养期间支出的教育费

D. 只要小王每月给付养父母生活费，仍可继承养父母的遗产

9. 小王夫妇结婚 15 年，不能生育，欲收养 1 名子女。根据《中华人民共和国民法典》，下列未成年人中，小王夫妇可以收养的有（   ）。

A. 小华，4 岁，被遗弃，查找不到生父母

B. 小张，10 岁，与父母吵架后离家出走，在外流浪

C. 小平，15 岁，父母在外地打工

D. 小丽，19 岁，孤儿

10. 根据《中华人民共和国民法典》，收养子女可以不受收养人无子女和收养 1 名限制的情形是（   ）。

A. 收养孤儿

B. 无配偶男性收养女童

C. 收养三代以内旁系同辈血亲的子女

D. 收养生父母有特殊困难无力抚养的儿童

二、多项选择题

11. 老王夫妇育有一子小兵，一女小丽。小兵，小丽均已结婚。小兵婚后育有一女欣欣，小丽婚后育有一子彬彬，一女莹莹，根据《中华人民共和国民法典》的相关规定，下列属于彬彬近亲属的有（   ）。

A. 老王夫妇　　B. 欣欣　　C. 小兵　　D. 莹莹　　E. 小丽

12. 大强、小芳为兄妹，大强未婚，无子女。2021 年，大强遇车祸致残，生活不能自理。根据《中华人民共和国民法典》，小芳履行对大强扶养义务的法定条件包括（   ）。

A. 小芳有扶养意愿　　　　　B. 小芳有负担能力

C. 小芳由大强扶养长大　　　　D. 大强缺乏劳动能力

E. 大强缺乏生活来源

13. 根据《中华人民共和国民法典》，下列条件中，属于结婚必备条件的有（   ）。

A. 双方父母同意　　　　　B. 达到法定婚龄

C. 具有夫妻生活能力　　　　D. 男女双方完全自愿

E. 符合一夫一妻的基本原则

14. 作为社会的热点话题，离婚一直是大家讨论的焦点，为了兼顾公平，我国法律规定：夫妻婚姻关系存续期间，因一方重婚或与他人同居的、实施家庭暴力或虐待遗弃家庭

成员而导致离婚的，无过错方有权请求损害赔偿。离婚损害赔偿应符合以下（　　）要件。

  A. 有损害事实

  B. 配偶一方有法定过错，且请求权人无过错

  C. 过错行为须与损害事实之间存在因果关系

  D. 离婚损害赔偿不限于离婚时，在其余时间也可

  E. 离婚损害赔偿仅限于离婚时

15.《中华人民共和国民法典》婚姻家庭编关于收养关系成立法定条件的规定有两类：一类是一般收养关系成立的条件；另一类是特殊收养关系成立的条件。其中一般收养关系成立对下列（　　）的条件进行了要求。

  A. 收养人   B. 送养人   C. 监督管理人

  D. 被收养人   E. 基层社会组织

参考答案

一、单项选择题

1. B	考点：结婚的禁止条件
2. A	考点：夫妻财产制——夫妻个人财产的范围
3. D	考点：登记离婚
4. D	考点：夫妻财产制——夫妻关系存续期间债务的认定
5. B	考点：收养人的条件
6. A	考点：无效婚姻
7. D	考点：夫妻财产制——夫妻关系存续期间共同财产的认定
8. B	考点：收养解除的法律效力
9. A	考点：被收养人的条件
10. A	考点：特殊收养关系成立的条件

二、多项选择题

11. ADE	考点：《中华人民共和国民法典》第一千零四十五条
12. BCDE	考点：家庭成员间的权利义务——兄弟姐妹关系
13. BDE	考点：结婚的必备条件
14. ABCE	考点：离婚损害赔偿制度
15. ABD	考点：一般收养关系成立的条件

单元 2 提高题

一、单项选择题

1. 小强与小伟相处 3 个月后，办理了结婚登记，并约定了举办婚礼的时间。婚礼当天，小强按照当地风俗到女方家迎娶小伟，小伟家提出必须增加 3 万元彩礼才让小伟出门。经过反复协商沟通无果后，双方决定取消婚礼并解除婚姻关系，但对彩礼返还等问题存在争议。根据《中华人民共和国民法典》，小强与小伟解除婚姻关系的方式应当是（ ）。

A. 诉讼离婚 B. 确认婚姻无效 C. 撤销婚姻 D. 解除事实婚姻

2. 2017 年，小刚 3 周岁时，母亲在车祸中去世，父亲卞某在车祸中致残，并丧失劳动能力。卞某无奈将小刚送养给齐某夫妇，齐某夫妇依法办理了收养登记。2023 年，卞某得知小刚经常受到虐待，心里非常难受，要求解除齐某夫妇与小刚的收养关系。根据《中华人民共和国民法典》，关于卞某要求解除齐某夫妇与小刚收养关系的说法，正确的是（ ）。

A. 卞某不得要求解除收养关系

B. 卞某在小刚成年后，方有权要求解除收养关系

C. 卞某有权要求解除收养关系，与齐某夫妇不能达成解除收养关系协议时，可以向人民法院提起诉讼

D. 卞某有权以小刚受到虐待为由，向民政部门申请强制解除收养关系

3. 1990 年，金某与马某结婚，育有儿子小虎、女儿小华。后金某与马某离婚，于 2005 年与邵某结婚。邵某与前夫的 9 岁儿子小强由金某和邵某共同抚养。2015 年，小华和张某结婚，后生育一子小亮。2021 年 6 月，小华遇车祸身亡。金某得知女儿死亡的消息后极度悲痛，当天突发心脏病死亡。根据《中华人民共和国民法典》，金某的法定继承人为（ ）。

A. 马某、小虎、邵某、小亮 B. 马某、小虎、邵某、小强

C. 小虎、邵某、张某、小亮 D. 小虎、邵某、小强、小亮

4. 根据《中华人民共和国民法典》，下列关于口头遗嘱的说法，正确的是（ ）。

A. 口头遗嘱可以撤销公证遗嘱

B. 在危急情况下可以立口头遗嘱

C. 限制行为能力人所立口头遗嘱有效

D. 限制行为能力人可以作为口头遗嘱的见证人

5. 根据《中华人民共和国民法典》，关于法定继承的说法，正确的是（ ）。

A. 第二顺序继承人包括祖父母、外祖父母、孙子女、外孙子女和兄弟姐妹

B. 丧偶儿媳对公婆尽了主要赡养义务的，作为第二顺序继承人

C. 继承人以外的、对被继承人扶养较多的人，可以继承被继承人的遗产

D. 继承开始后，如果没有第一顺序继承人继承，由第二顺序继承人继承

6. 根据《中华人民共和国民法典》，下列亲属，属于近亲属的是（ ）。

A. 孙女 B. 叔叔 C. 外甥 D. 岳母

7. 丁某拟与妻子协议离婚，双方就丁某在婚姻关系存续期间所借债务是否为丁某个人债务产生分歧。根据《中华人民共和国民法典》，下列债务，应认定为丁某个人债务的是（   ）。

A. 丁某与他人赌博所借的债务

B. 丁某以个人名义所借的购置家用电视的债务

C. 丁某以个人名义所借的用于自家装修的债务

D. 丁某以个人名义所借的用于夫妻共同生产经营的债务

8. 秦某、晋某结婚后，没有进行财产约定。根据《中华人民共和国民法典》及相关司法解释，秦某、晋某在婚姻关系存续期间所得的下列财产，属于夫妻一方个人财产的是（   ）。

A. 秦某婚前个人财产婚后投资收入

B. 晋某婚前个人存款婚后在法律规定内产生的孳息

C. 秦某婚后出版著作收入

D. 晋某婚后个人工资

9. 根据《中华人民共和国民法典》，一方受胁迫缔结的婚姻，可以请求撤销婚姻的请求权人是（   ）。

A. 双方当事人   B. 双方当事人的近亲属

C. 受胁迫的一方   D. 受胁迫一方的近亲属

10. 根据《中华人民共和国民法典》，收养人在被收养人成年以前，不得解除收养关系。自收养关系成立之日起，养父母与养子女之间的权利义务关系，适用法律关于（   ）的规定。

A. 寄养关系   B. 托养关系   C. 亲属扶养关系   D. 父母子女关系

二、多项选择题

11. 为保证未成年人的合法权利，防止随意购买、赠送、遗弃未成年人，《中华人民共和国民法典》规定送养人只能是特定的公民和社会福利机构，符合要求的送养人包括（   ）。

A. 孤儿的监护人   B. 当地民政局

C. 人民法院   D. 社会福利机构

E. 有特殊困难无力抚养子女的生父母

12. 杨某的父亲去世，根据相关法规，下列情形视为杨某接受继承的有（   ）。

A. 杨某在父亲生前声明解除父子关系

B. 杨某在继承开始后遗产处理后，未作出任何表示

C. 杨某在继承开始后遗产处理前，书面作出放弃继承表示

D. 杨某在遗产处理后，书面作出放弃继承表示

E. 杨某年轻时，其父母离婚后分别再婚，杨某随母亲与继父生活

13. 郑阿姨中年丧偶，含辛茹苦地把三个儿子抚养成人。大儿子成年结婚后生下大孙子，大儿子、小儿子和母亲性格不合，很少与母亲来往。孝顺的二儿子因车祸去世，二儿媳和其女小萌主动照顾郑阿姨生活起居，大孙子也经常照顾。郑阿姨生前订立遗嘱将一半的财产赠给二儿媳。下列人员中，有权依法继承郑阿姨另一半遗产的有（   ）。

A. 郑阿姨的大儿子   B. 郑阿姨的小儿子

C. 郑阿姨的二儿媳   D. 郑阿姨的孙女小萌

E. 郑阿姨的大孙子

14. 老丁年事已高，有三子一女，老丁欲订立遗嘱处分财产。依据《中华人民共和国民法典》，下列关于老丁订立遗嘱的说法正确的有（   ）。

A. 老丁可以立遗嘱指定遗嘱执行人

B. 老丁可以立遗嘱将财产赠给国家

C. 老丁可以立遗嘱将财产指定赠给长子和次子

D. 老丁可以立遗嘱指定由法定继承人以外的人继承

E. 老丁可以立遗嘱指定由遗赠扶养协议的扶养人继承

15. 蒋某和霍某婚后育有三子甲、乙、丙，霍某早年去世。甲于 2017 年死亡，生前育有一女；乙育有一子一女；丙未婚未育。蒋某于 2022 年 12 月因病死亡，未订立遗嘱。根据《中华人民共和国民法典》，蒋某的法定继承人有（   ）。

A. 甲女   B. 乙   C. 乙女   D. 乙子   E. 丙

参考答案

一、单项选择题

1. A	考点：	诉讼离婚
2. C	考点：	收养解除的条件与程序——诉讼解除的条件
3. D	考点：	法定继承——法定继承人的顺序
4. B	考点：	遗嘱的形式
5. D	考点：	法定继承
6. A	考点：	《中华人民共和国民法典》第一千零四十五条
7. A	考点：	夫妻财产制——夫妻关系存续期间债务的认定
8. B	考点：	夫妻财产制——夫妻关系存续期间财产的认定
9. C	考点：	可撤销婚姻
10. D	考点：	收养的拟制效力

二、多项选择题

11. ADE	考点：	送养人的条件
12. ABDE	考点：	最高人民法院关于适用《中华人民共和国民法典》继承编的解释（一）第三十三条、第三十五条
13. ABCD	考点：	法定继承
14. ABC	考点：	遗嘱的内容
15. ABE	考点：	法定继承

单元 3　易错题

一、单项选择题

1．根据《中华人民共和国民法典》，夫妻在婚姻关系存续期间所得的下列财产，属于夫妻共同财产的是（　　）。

A．一方因身体受到伤害获得的医疗费　　B．一方的婚前财产

C．一方专用的生活用品　　D．工资、奖金

二、多项选择题

2．近年来，随着社会风气的改变，离婚率越来越高，轻率的离婚对双方的伤害都大，尤其是女性。因此我国法律对于女性作出了特殊保护，其中包括（　　）。

A．女方怀孕期间男方不得提出离婚

B．女方分娩后 1 年内男方不得提出离婚

C．女方终止妊娠后 6 个月内男方不得提出离婚

D．结婚半年内男方不得提出离婚

E．女方分娩后半年内男方不得提出离婚

参考答案

一、单项选择题

1．D　　考点：夫妻财产制

解析：根据《中华人民共和国民法典》，夫妻共同财产有明确界定。A 选项一方因身体受伤获得的医疗费、B 选项一方的婚前财产、C 选项一方专用生活用品，都具有特定人身属性或专属性，属于个人财产。而 D 选项工资、奖金，是夫妻在婚姻关系存续期间所得，属于夫妻共同财产。故选 D。

二、多项选择题

2．ABC　　考点：关于女方在特殊情况下离婚的特别规定

解析：我国法律为保护女性在特殊时期的权益，规定在女方怀孕期间、分娩后 1 年内、终止妊娠后 6 个月内男方不得提出离婚。这是基于女性在这些时期身体和心理较为脆弱，需要特殊的保护和稳定的家庭环境。而 D 选项"结婚半年内男方不得提出离婚"并非法律的明确规定；E 选项"女方分娩后半年内男方不得提出离婚"时间界定错误，应为女方分娩后 1 年内男方不得提出离婚。故选 A、B、C。

单元 4　闯关题

一、单项选择题

1. 根据《中华人民共和国民法典》，一方有重大疾病的，应当在结婚登记前告知另一方，未如实告知的，另一方可以向人民法院请求撤销婚姻，请求撤销婚姻的，应当在知晓后（　　）之内提出撤销。

A. 1 年　　　　　　　B. 2 年　　　　　　　C. 3 年　　　　　　　D. 6 个月

2. 根据《中华人民共和国民法典》，下列婚姻关系存续期间所得但未作约定的财产中，归夫妻双方所有的是（　　）。

A. 一方生产、经营的收益

B. 一方专用的生活必需品

C. 一方父母出全资购买并登记在出资人子女名下的房产

D. 一方因身体受到伤害获得的医疗费、残疾人生活补助费

3. 小威和小凤准备结婚，两人在一个单位工作，但家乡不是同一个地方。根据相关法规，结婚登记机关的管辖范围，原则上以当事人的（　　）为依据。

A. 工作地　　　　　B. 居住地　　　　　C. 户口所在地　　　　　D. 学籍

4. 病后康复的王女士住院期间与张医生产生感情并结婚，结婚后才发现张医生之前就有妻子，并且没有离婚，所以他俩的婚姻是违反了一夫一妻制的无效婚姻，因此（　　）有权向人民法院申请宣告婚姻无效。

A. 当事人的近亲属　　　　　　　　B. 未达法定婚龄者的近亲属

C. 当事人的近亲属及基层组织　　　D. 与当事人共同生活的近亲属

5. 小高高中毕业后参军，后来经介绍和王女士结婚。由于小高是军人，长期在军营中生活，王女士便与他人产生感情，对小高不再有感情，并提出离婚，但小高依然爱着王女士。对此法院应该判决（　　）。

A. 准许离婚，因为女方已经不再爱着小高

B. 准许离婚，因为小高长期在军中，无法照顾妻子

C. 不许离婚，因为小高还爱着王女士，说明不符合感情破裂的条件

D. 不许离婚，因为小高是军人，即使王女士对其没有感情，也必须取得小高的同意

6. 下列不属于结婚必备条件的是（　　）。

A. 必须男女双方完全自愿　　　　　B. 必须达到法定婚龄

C. 必须符合一夫一妻的基本原则　　D. 双方父母必须同意

7. 根据《中华人民共和国民法典》，下列关于送养未成年人的说法，正确的是（　　）。

A. 儿童福利机构不可以作为未成年人的送养人

B. 生父母因家庭生活困难无力抚养未成年子女的可以单方送养

C. 未成年人的父母均不具备完全民事行为能力且可能严重危害该未成年人的，该未成年人的监护人可以将其送养

D. 监护人送养孤儿的，无须征得有抚养义务的人同意

8. 根据《中华人民共和国民法典》，收养关系成立的必经程序是（　　）。

A. 订立收养协议　　B. 办理收养公证　　C. 办理收养登记　　D. 办理户口登记

9. 女孩小丽，孤儿，5 岁，生活在社会福利机构。根据《中华人民共和国民法典》，下列具有抚养教育能力的人员中，可以收养小丽的是（　　）。

A. 赵某，男，未婚，38 岁，已收养一子

B. 钱某，女，离婚，38 岁，已收养一女

C. 孙某，男，已婚，28 岁，育有一子

D. 李某，女，离婚，28 岁，无子女

10. 根据《中华人民共和国民法典》，监护人送养未成年孤儿的，须征得有抚养义务的人同意。有抚养义务的人不同意送养，监护人不愿意继续履行监护职责的，应当依法（　　）。

A. 变更监护人

B. 由社会福利机构抚养

C. 由有抚养义务的人抚养

D. 由有抚养义务的人收养

二、多项选择题

11. 根据《中华人民共和国民法典》，关于继承开始的"通知"的说法，正确的有（　　）。

A. 继承开始后，知道被继承人死亡的继承人应当及时通知其他继承人和遗嘱执行人

B. 继承人中无人知道被继承人死亡的，由被继承人生前所在单位或者住所地的居民委员会、村民委员会负责通知

C. 继承人中无人知道被继承人死亡的，由被继承人生前住所地的民政部门负责通知

D. 继承人中知道被继承人死亡而不能通知的，由被继承人生前所在单位或者住所地的居民委员会、村民委员会负责通知

E. 继承人中知道被继承人死亡而不能通知的，由被继承人生前住所地的民政部门负责通知

12. 根据《中华人民共和国民法典》，关于收养关系解除的说法，正确的有（　　）。

A. 收养人在被收养人抚养成年以前，不得解除收养关系，但收养人、送养人双方协议解除的除外

B. 养父母与成年养子女关系恶化，无法共同生活的，可以协议解除收养关系

C. 收养关系解除后，养子女与养父母及其他近亲属的权利义务关系即行消除

D. 收养关系解除后，养子女与生父母及其他近亲属的权利义务关系经人民法院裁判后恢复

E. 收养关系解除后，经养父母抚养成年的养子女，对缺乏劳动能力又缺乏生活来源的养父母，应当给付生活费

13. 根据《中华人民共和国民法典》，遗产管理人应当履行的职责有（　　）。

A. 清理遗产并制作遗产清单　　B. 向继承人报告遗产情况

C. 为被继承人设立遗嘱信托　　D. 采取必要措施防止遗产毁损、灭失

E. 按照遗嘱或者依照法律规定分割遗产

14. 根据《中华人民共和国民法典》，导致婚姻无效的情形有（　　）。

A. 重婚　　　　　　　　　　B. 未到法定婚龄

C. 与他人同居   D. 有禁止结婚的亲属关系

E. 婚前患有严重疾病，婚后尚未治愈

15. 根据《中华人民共和国民法典》的规定，下列关于婚姻家庭关系的说法中，正确的有（　　）。

A. 夫妻一方因家庭暴力导致离婚，无过错方有权请求损害赔偿

B. 夫妻一方因赌博所欠的债务，属于夫妻共同债务

C. 夫妻一方的婚前财产，婚后自动转化为夫妻共同财产

D. 夫妻一方因身体受到伤害获得的医疗费，属于夫妻共同财产

E. 夫妻一方的专用生活用品，属于夫妻一方的个人财产

参考答案

一、单项选择题

1. A	考点：可撤销婚姻	
2. A	考点：夫妻财产制——夫妻关系存续期间财产的认定	
3. C	考点：结婚登记机关	
4. C	考点：无效婚姻	
5. D	考点：关于现役军人离婚的特别规定	
6. D	考点：结婚的必备条件	
7. C	考点：送养人的条件	
8. C	考点：收养成立的程序	
9. B	考点：收养人的条件	
10. A	考点：送养人的条件	

二、多项选择题

11. ABD	考点：继承的通知	
12. ABCE	考点：收养解除的条件与法律效力	
13. ABDE	考点：遗产管理人的职责	
14. ABD	考点：无效婚姻的情形	
15. AE	考点：婚姻关系法规与政策相关规定	

第六章

我国人民调解、信访工作和突发事件应对法规与政策

6

【本章复习提示】●————————————————————

　　人民调解制度是我国解决民间纠纷的重要非诉讼方式，信访工作是政府联系群众、化解矛盾的关键渠道，突发事件应对法规与政策则是保障社会安全稳定的重要防线。本章重点考查考生对这三个领域法规与政策的理解和运用能力，涵盖从基础概念到实际操作的各个层面，要求考生熟悉相关法律条文和工作程序，能够准确判断和处理各类实际问题。

单元1 基础题

一、单项选择题

1. 为了保证调解的顺利进行，维护人民调解员的相关权益，做到权利和义务相统一，《中华人民共和国人民调解法》在规定调解活动中当事人享有的广泛权利外，还同时规定了当事人的义务，其中不包括（　　）。

A. 如实陈述纠纷事实　　　　　　　　B. 遵守调解现场秩序，尊重人民调解员

C. 选择或者接受人民调解员　　　　　D. 尊重对方当事人行使权利

2. 根据《中华人民共和国突发事件应对法》，突发事件应对工作实行的原则是（　　）。

A. 预防为主，预防与应急相结合　　　B. 应对为主，预防与应急相结合

C. 韧性为本，应急与恢复相结合　　　D. 防抗结合，防范与应对相结合

3. 根据《信访工作条例》，信访工作是（　　）的重要组成部分。

A. 党的统一战线　　　　　　　　　　B. 党的群众工作

C. 党的自身建设　　　　　　　　　　D. 党的思想工作

4. 根据《中华人民共和国人民调解法》，在人民调解工作中，当事人一方明确拒绝调解的，人民调解委员会不得调解。这体现了人民调解的（　　）原则。

A. 公正　　　　　　B. 自愿　　　　　　C. 平等　　　　　　D. 公开

5. 根据《人民调解委员会组织条例》，人民调解委员会的性质是（　　）。

A. 仲裁组织　　　　B. 政府组织　　　　C. 营利性组织　　　　D. 群众性组织

6. 人民调解协议的履行方式不包括（　　）。

A. 当事人自觉履行　　　　　　　　　B. 人民调解委员会监督履行

C. 申请人民法院强制执行　　　　　　D. 申请行政机关强制执行

7. 根据《信访工作条例》，信访人对信访处理意见不服的，可以自收到书面答复之日起（　　）日内请求原办理机关、单位的上一级机关、单位复查。

A. 30　　　　　　　B. 45　　　　　　　C. 60　　　　　　　D. 90

8. 以下不属于人民调解原则的是（　　）。

A. 依法调解原则　　　　　　　　　　B. 自愿平等原则

C. 尊重当事人权利的原则　　　　　　D. 履行协议原则

9. 可以预警的自然灾害、事故灾难和公共卫生事件的预警级别，按照突发事件发生的紧急程度、发展势态和可能造成的危害程度分为一级、二级、三级和四级，分别用不同的颜色代替，其中属于一级的是（　　）。

A. 橙色　　　　　　B. 黄色　　　　　　C. 红色　　　　　　D. 蓝色

10. 某地发生山洪灾害，影响涉及甲省乙市下辖的丙县某镇和丁县某乡交界地区，根据《中华人民共和国突发事件应对法》，这一突发事件的应对工作应该由（　　）人民政府负责。

A. 甲省　　　　　　B. 乙市　　　　　　C. 丙县　　　　　　D. 丁县

二、多项选择题

11. 根据《中华人民共和国突发事件应对法》，关于应急救援队伍建设的说法，正确的有（　　）。

A. 县级以上人民政府及其有关部门可以建立由成年志愿者组成的应急救援队伍

B. 县级以上人民政府有关部门可以根据实际需要设立专业应急救援队伍

C. 单位应当建立由本单位职工组成的专职或者兼职应急救援队伍

D. 村（居）民委员会应当建立社区专职应急救援队伍

E. 中小学应当建立由学生组成的兼职应急救援队伍

12. 人民调解的基本原则是从人民调解的实践经验中总结出来的，是对调解工作具有普遍指导意义的行为准则。人民调解的基本原则贯穿在调解工作的全部活动中，体现了调解工作的指导思想，表明了人民调解的群众性、民主性、自治性和法制性，概括了人民调解的性质、本质及其特点。人民调解工作的工作原则主要包括（　　）。

A. 依法调解原则　　　　　　　　B. 自愿平等原则

C. 协商一致原则　　　　　　　　D. 尊重当事人权利的原则

E. 公平、公正、公开的原则

13. 古人云："没有规矩，不成方圆。"任何事都应该有相应的规矩和程序，作为人民调解来说，也有特定的程序，规范着调解员的调解工作。人民调解的程序主要包括（　　）。

A. 受理纠纷　　　　　　　　　　B. 调查研究

C. 进行调解　　　　　　　　　　D. 结束调解

E. 执行协议

14. 近年来上访事件层出不穷，好多人急于解决问题，纷纷向高等级的行政机关提出信访，希望由上级施压，使问题得到解决。我国相关政策规定，信访事项涉及下级行政机关或者其工作人员的，按照（　　）的原则，直接转送有权处理的行政机关，并抄送下一级人民政府信访工作机构。

A. 属地管理　　　　　　　　　　B. 分级负责

C. 谁主管、谁负责　　　　　　　D. 不分级别、有访必受

E. 公开、透明

15. 甲市某小区周边商业配套设施不到位，生活极其不便，该小区的几十户居民准备推选居民代表，采用走访的形式向甲市人民政府反映情况，根据《信访工作条例》，下列他们拟推选走访代表的人数符合规定的有（　　）人。

A. 2　　　　　　B. 3　　　　　　C. 5　　　　　　D. 6　　　　　　E. 7

参考答案　···

一、单项选择题

1. C　　　考点：当事人在人民调解活动中的义务

2. A　　　考点：《中华人民共和国突发事件应对法》第五条

3. B　　　考点：《信访工作条例》第三条

4. B　　　考点：人民调解的原则

5. D　　　考点：人民调解的概念

6. D　　　考点：人民调解协议的效力

7. A　　　考点：信访事项的办理期限

8. D　　　考点：人民调解的原则

9. C　　　考点：《中华人民共和国突发事件应对法》第六十三条

10. B　　　考点：《中华人民共和国突发事件应对法》第十八条

二、多项选择题

11. ABC　　考点：《中华人民共和国突发事件应对法》第三十九条

12. ABD　　考点：人民调解的原则

13. ABCD　考点：人民调解的程序

14. ABC　　考点：信访事项的受理

15. ABC　　考点：提出信访事项应遵循的规定

单元 2　提高题

一、单项选择题

1. 根据《中华人民共和国人民调解法》，关于人民调解的说法，正确的是（　　）。

A. 当事人未申请调解的，不得调解

B. 当事人一方明确拒绝调解的，不得调解

C. 当事人的亲属、邻里、同事不得参与调解

D. 在调解活动进行中，当事人不得要求终止调解

2. 根据《信访工作条例》，乡镇党委和政府、街道党工委和办事处以及村（社区）"两委"应当全面发挥职能作用，坚持和发展新时代"枫桥经验"，积极协调处理化解发生在当地的信访事项和矛盾纠纷，努力做到小事不出村、大事不出镇、（　　）。

A. 矛盾不出县　　B. 矛盾不积累　　C. 矛盾不上交　　D. 矛盾不激化

3. 根据《信访工作条例》，关于各级党委和政府信访部门对收到信访事项的处理方式的说法，正确的是（　　）。

A. 涉及下级机关、单位或者其工作人员的，按照"主管部门回避"的原则，转送有权处理的机关、单位

B. 对走访反映涉诉问题的信访人，应当引导其向同级人民政府反映问题

C. 对依照职责属于本级机关、单位或者其工作部门处理决定的，应当转送本级党委和政府决定

D. 对属于纪检监察机关受理的检举控告类信访事项，应当按照管理权限转送有关纪检监察机关依规依纪依法处理

4. 根据《中华人民共和国人民调解法》，下列关于人民调解委员会调解达成调解协议的说法，正确的是（　　）。

A. 经过人民调解委员会调解达成调解协议的，人民调解委员会应该制作调解协议书

B. 经过人民调解委员会调解达成调解协议的，人民调解委员会不需要制作调解协议书

C. 经过人民调解委员会调解达成的调解协议，具有法律约束力

D. 调解协议书需由双方当事人向人民法院申请司法确认后，才具有法律约束力

5. 某地发生里氏 7.0 级强烈地震，当地政府第一时间启动应急预案，同时邀请某专业民间救援队参与救援，某公司员工刘某为该救援队志愿者，随该救援队参加应急救援工作。根据《中华人民共和国突发事件应对法》，关于刘某参加应急救援工作期间在本单位的工资和福利的说法正确的是（　　）。

A. 仅享受基本工资待遇　　　　　　　B. 工资待遇和福利不变

C. 享受基本工资待遇、福利不变　　　D. 额外增发加班费和专项福利

6. 小段长期占用楼道空间，影响邻居小王一家的生活，双方为此争执不休。经社区人民调解委员会调解，双方达成调解协议并经过司法确认有效，但小段拒绝履行调解协议。根据《中华人民共和国人民调解法》，对双方达成的调解协议，小王可以向（　　）申请强制执行。

A. 人民法院　　　B. 街道办事处　　　C. 公安机关　　　D. 人民检察院

7. 根据《中华人民共和国人民调解法》，经人民调解委员会调解达成调解协议后，当事人之间就调解协议的履行或者调解协议的内容发生争议的，一方当事人可以（　　）。

A. 向行政机关提起诉讼　　　　　　　B. 向行政机关提起复议

C. 向人民法院提起诉讼　　　　　　　D. 向人民法院申请强制执行

8. 根据《中华人民共和国人民调解法》，关于调解协议的说法，正确的是（　　）。

A. 经人民调解委员会调解达成调解协议的，人民调解员应制作书面调解协议书

B. 调解协议书需由双方当事人向人民法院申请司法确认后才具有效力

C. 双方当事人应自调解协议达成之日起 45 日内向人民法院申请司法确认

D. 人民法院依法确认调解协议有效，一方当事人拒绝履行的，对方当事人可以向人民法院申请强制执行

9. 某足球联赛决赛后，双方球迷发生恶性群殴事件，致使数名球迷受伤，近万名观众滞留现场，所在区人民政府及有关部门获悉后立即着手采取应急处置措施。根据《中华人民共和国突发事件应对法》，公安机关应采取的应急处置措施是（　　）。

A. 保障食品、饮用水等基本生活必需品的供应

B. 从严惩处哄抢财物、干扰破坏应急处置工作的行为

C. 强制隔离以暴力行为参与冲突的当事人，妥善解决现场纠纷和争端

D. 组织公民参加应急救援和处置工作，要求具有特定专长的人员提供服务

10. 张某和老李发生邻里纠纷，在接受调解过程中，张某情绪激动，扬言要拿刀伤人。调解员小王担心事态恶化，欲采取措施。根据《中华人民共和国人民调解法》，小王应采取的措施是（　　）。

A. 通知张某亲属　　　　　　　　　　B. 向张某单位报告

C. 通知张某居住地居民委员会　　　　D. 向张某居住地派出所报告

二、多项选择题

11. 根据《中华人民共和国突发事件应对法》，突发事件类型分为（   ）。

A. 自然灾害　　　　　　B. 公众舆情事件　　　　　C. 事故灾难

D. 公共卫生事件　　　　E. 社会安全事件

12. 根据《信访工作条例》，下列提出信访事项的形式，正确的有（   ）。

A. 信息网络　　　　　　B. 书信　　　　　　　　　C. 电话

D. 走访信访接待部门　　E. 滞留信访接待场所

13. 《中华人民共和国突发事件应对法》规定，自然灾害、事故灾难或者公共卫生事件发生后，履行统一领导职责的人民政府可以采取下列（   ）应急处置措施。

A. 组织营救和救治受害人员，转移、疏散、撤离并妥善安置受到威胁的人员以及采取其他救助措施

B. 迅速控制危险源，标明危险区域，封锁危险场所，划定警戒区，实行交通管制以及其他控制措施

C. 强制隔离使用器械相互对抗或者以暴力行为参与冲突的当事人，妥善解决现场纠纷和争端，控制事态的发展

D. 组织公民参加应急救援和处置工作，要求具有特定专长的人员提供服务

E. 保障食品、饮用水、药品、燃料等基本生活必需品的供应

14. 据群众反映，人民调解委员会得知李刚和他父亲李江因为赡养费的问题发生了纠纷。李江愤恨自己辛辛苦苦白疼了儿子40多年，李刚却觉得父亲做的都是应该的，而自己生活并不是很宽裕，不需要给父亲赡养费。李江准备把儿子告上法院。人民调解委员会工作人员认为可以进行调解，李江却坚决不同意。以下说法不正确的有（   ）。

A. 为避免矛盾激化，应该强制李江进行调解

B. 为了维护亲情，应说服李江进行调解

C. 李江已经明确表示拒绝调解，不得调解

D. 调解难度太大，不得调解

E. 为了树立良好的家庭风气，应该强制李江进行调解

15. 《中华人民共和国突发事件应对法》规定，对突发事件的处理，不履行法定职责的由其上级行政机关责令改正；有（   ）情形的，根据相关因素，对负有责任的领导人和其他直接负责人员依法予以处分。

A. 未及时组织开展生产自救、恢复重建等善后工作的

B. 未按规定及时采取措施处置突发事件或者处置不当，造成后果的

C. 未按规定及时发布突发事件警报、采取预警期的措施，导致损害发生的

D. 截留、挪用、私分或者变相私分应急救援资金、物资的

E. 在处理突发事件时征用单位和个人的财产处理结束后及时归还的

参考答案 ··

一、单项选择题

1. B 　　考点：《中华人民共和国人民调解法》第十七条、第二十条、第二十三条
2. C 　　考点：信访工作体制
3. D 　　考点：信访事项的受理
4. C 　　考点：调解协议的效力
5. B 　　考点：《中华人民共和国突发事件应对法》第九十条
6. A 　　考点：调解协议的确认
7. C 　　考点：调解协议的效力
8. D 　　考点：人民调解法规与政策相关规定
9. C 　　考点：《中华人民共和国突发事件应对法》第七十四条
10. D 　　考点：人民调解的程序——结束调解

二、多项选择题

11. ACDE 　　考点：《中华人民共和国突发事件应对法》第二条
12. ABCD 　　考点：《信访工作条例》第十七条
13. ABDE 　　考点：《中华人民共和国突发事件应对法》第七十三条
14. ABDE 　　考点：人民调解的程序——受理纠纷
15. ABCD 　　考点：《中华人民共和国突发事件应对法》第九十五条

单元 3 易错题

一、单项选择题

1. 下列关于人民调解工作，正确的说法是（　　）。

A. 调解协议一旦达成即具有法律强制力

B. 调解以国家强制力作保证

C. 调解是起诉的必经程序

D. 当事人可以要求更换调解委员

2. 人民调解是一项具有中国特色的司法辅助制度。下列申请人民调解的条件中，不属于必备条件的是（　　）。

A. 有明确的申请调解人　　　　　B. 有申请人的书面申请

C. 有具体的调解要求　　　　　　D. 有提起申请调解的事实根据

二、多项选择题

3. 县级以上人民政府信访工作机构应当就（　　）事项向本级人民政府定期提交信访情况分析报告。

A. 受理信访事项的数据统计、信访事项涉及领域以及被投诉较多的机关

B. 转送、督办情况以及各部门采纳改进建议的情况

C. 提出的政策性建议及其被采纳情况

D. 上级机关对接下来工作的指导情况

E. 信访工作机构的人员、经费及相关运作情况

4. 对信访事项有权处理的行政机关经调查核实，应当依照有关法律、法规、规章及其他有关规定，分别作出（　　）处理，并书面答复信访人。

A. 请求事实清楚，符合法律、法规、规章或者其他有关规定的，予以支持

B. 请求事由合理但缺乏法律依据的，应当对信访人做好解释工作

C. 请求缺乏事实根据或者不符合法律、法规、规章或者其他有关规定的，不予支持

D. 请求事由合理但缺乏法律依据的，转由下级部门协商处理

E. 请求缺乏事实根据或者不符合法律、法规、规章或者其他有关规定的，依法追究相关法律责任

参考答案

一、单项选择题

1. D　　考点：人民调解的原则和调解协议的效力

　　　　解析：调解协议需司法确认才有强制力，A 选项错误；调解靠自愿非强制力，B 选项错误；调解不是起诉必经程序，C 选项错误。当事人可依民主性原则更换调解委员，所以 D 选项正确。故选 D。

2. B　　考点：人民调解的程序

　　　　解析：明确申请人、具体要求、事实根据对调解很关键。而书面申请不是必需的，口头申请也可行，故选 B。

二、多项选择题

3. ABC　　考点：《信访工作条例》第四十一条

　　　　　解析：县级信访机构报告是让本级政府掌握情况。受理数据等能分析热点，转送等反映成效，政策性建议可供决策参考。上级指导和经费运作不在此报告重点。故选 A、B、C。

4. ABC　　考点：《信访工作条例》第三十二条

　　　　　解析：处理信访时，事实清楚合法的支持，合理无依据的进行解释，缺乏事实或不符规定的不支持。转下级协商无依据，本题不涉及追究责任，故选 A、B、C。

单元 4 闯关题

一、单项选择题

1. 根据《中华人民共和国人民调解法》，关于调解协议的说法，正确的是（   ）。

A. 达成调解协议前，当事人不得要求终止调解

B. 经人民调解委员会调解达成的调解协议具有法律约束力

C. 调解协议书自双方当事人签名、盖章或者按指印起生效

D. 调解协议书生效后，当事人之间就调解协议书内容发生争议的，人民调解委员会应当再次调解

2. 小张与邻居小王因楼道堆物引发争执，小张在未取得小王同意的情况下，擅自将小王堆放在楼道内的旧报纸和空饮料瓶清除出楼道，导致矛盾进一步升级。两人所在社区调解委员会主任老杨得知后立即派出调解员小姜前去调解。根据《中华人民共和国人民调解法》，下列关于该争执调解的说法，正确的是（   ）。

A. 小张、小王应接受小姜调解

B. 小姜可直接邀请楼里其他邻居参与调解

C. 小王认为小姜偏袒小张，可以申请由老杨来调解

D. 小张、小王达成口头协议后，小姜应为其制作调解协议书

3. 小李夫妇因生活琐事发生争吵并欲提出离婚诉讼，调解员老张得知后主动前去调解，小李冷静后愿意接受调解，但其妻子觉得双方感情已经破裂。老张坚持认为年轻人因一时冲动离婚很可惜，仍坚持要调解。根据《中华人民共和国人民调解法》，老张的行为违反了（   ）原则。

A. 依法申请调解 　　　　　B. 尊重当事人隐私

C. 当事人自愿调解 　　　　D. 尊重当事人诉讼调解

4. 根据《信访工作条例》，落实信访工作责任，要坚持（   ）、一岗双责，属地管理，分级负责。

A. 党政同责 　　B. 政府主导 　　C. 依法依规 　　D. 群众路线

5. 小赵和小张是一对恋人，后来分手，由于之前小张以结婚为由向小赵索要了一些贵重东西，现在分手后小赵想要回当初赠送的礼物，小张却不同意。后来经人民调解委员会的调解，双方就退还的礼物达成协议。不久后小张觉得自己若归还礼物有点吃亏，便不再履行达成的协议，认为协议并没有经过法律程序，没有法律约束力，只要自己不愿意就可以不执行。下列有关此调解协议的说法，正确的是（   ）。

A. 调解协议并没有法律约束力，可以不执行

B. 此调解协议具有法律约束力，双方应该遵守

C. 各个地方主要根据当地的情形作出判决，没有明确的说法

D. 调解协议没有法律约束力，但可以作为法律调解的参考，对法律调解进行指导

6. 老王和老张年轻时在一起上班，并住在单位盖的小区里，后因一点小事闹矛盾，整天抬头不见低头见的，两人很别扭。这件事被人民调解委员会的赵大妈知道了，赵大妈找老张和老王调解，下列说法正确的是（   ）。

A. 赵大妈是调解委员会的成员，老王和老张必须接受调解

B. 如果调解达成协议，则老王和老张必须按照协议执行

C. 即使达成调解协议也不具备国家强制力

D. 人民调解作为法律的补充手段也具有强制性，神圣不可侵犯

7. 突发事件，是指突然发生，造成或者可能造成严重社会危害，需要采取应急处置措施予以应对的自然灾害、事故灾难、公共卫生事件和（   ）。

A. 社会安全事件　　　B. 社会动荡　　　C. 意外事件　　　D. 违法违规事件

8. 小刚、小敏夫妇二人因家庭琐事经常争吵，小敏提出离婚，小刚则以孩子需父母照顾为由不同意离婚，并向社区人民调解委员会提出了调解申请，人民调解员王阿姨、张阿姨来到小刚家中调解。根据《中华人民共和国人民调解法》，关于小刚、小敏调解事项的说法，正确的是（   ）。

A. 小刚、小敏应当接受调解

B. 小刚若担心女性调解员偏袒小敏，可申请一名男性调解员加入调解

C. 考虑到王阿姨、张阿姨年纪较大，调解情况可由小敏或小刚记录

D. 人民调解委员会可自行决定在社区公众号发布调解过程的详细信息

9. 为保证办事效率，及时处理百姓的信访事项问题，行政机关及其工作人员办理信访事项，应当恪尽职守、秉公办事，查明事实、分清责任，宣传法制、教育疏导，及时妥善处理，不得推诿、敷衍、拖延。因此若无特殊情况，信访事项应当自受理之日起（   ）内办结。

A. 15 日　　　　　　B. 1 个月　　　　　　C. 半年　　　　　　D. 60 日

10. 以下不属于当事人在人民调解活动中的权利的是（   ）。

A. 选择或者接受人民调解员

B. 接受调解、拒绝调解或者要求终止调解

C. 要求调解公开进行或者不公开进行

D. 如实陈述纠纷事实

二、多项选择题

11. 根据《信访工作条例》，关于信访工作的说法，正确的有（   ）。

A. 信访工作是党的群众工作的重要组成部分

B. 信访工作是党和政府了解民情、集中民智、维护民利、凝聚民心的一项重要工作

C. 信访工作是各级机关、单位及其领导干部、工作人员接受群众监督、改进工作作风的重要途径

D. 信访工作是各级机关、单位及其工作人员处理诉讼请求的一种重要方式

E. 信访工作坚持源头治理化解矛盾，着力点放在源头预防和前端化解

12. 甲省气象台监测到近期本省将出现极端天气，其中甲省辖区内的乙市有可能发生自然灾害，引发突发事件，遂及时通知乙市气象局，并向甲省人民政府报告。根据《中华人民共和国突发事件应对法》，可以向乙市发布突发事件预警的有（   ）。

A. 甲省气象台　　　　　　　　　B. 乙市气象局

C. 甲省人民政府　　　　　　　　D. 乙市人民政府

E. 乙市应急管理指挥中心

13. 根据《中华人民共和国人民调解法》，下列关于当事人在调解中的权利和义务的

说法中，正确的有（　　　）。

A. 当事人应当如实陈述纠纷事实　　　B. 当事人如接受调解，不得终止

C. 当事人可以选择自己信任的调解员　　D. 当事人应当尊重对方当事人行使权利

E. 调解是否公开，要尊重当事人的意愿

14.《中华人民共和国突发事件应对法》规定，社会安全事件发生后，组织处置工作的人民政府应当立即组织有关部门针对事件的性质和特点，依照有关法律、行政法规和国家其他有关规定，采取下列（　　　）应急处置措施。

A. 强制隔离使用器械相互对抗或者以暴力行为参与冲突的当事人，妥善解决现场纠纷和争端，控制事态发展

B. 对特定区域内的建筑物、交通工具、设备、设施以及燃料、燃气、电力、水的供应进行控制

C. 封锁有关场所、道路，查验现场人员的身份证件，限制有关公共场所内的活动

D. 保障食品、饮用水、燃料等基本生活必需品的供应

E. 加强对易受冲击的核心机关和单位的警卫，在国家机关、军事机关、国家通讯社、广播电台、电视台、外国驻华使领馆等单位附近设置临时警戒线

15. 我国是法治国家，不管是依法判决还是依法调解都应有相应的原则，依法调解原则也是人民调解的依据，主要包括（　　　）。

A. 人民调解必须在法律允许的范围内进行

B. 人民调解的结果必须符合社会公德

C. 人民调解必须遵循以事实为依据、以法律为准绳的法定原则

D. 调解的结果和当事人的权利义务的确定，必须符合法律、法规和国家政策

E. 调解程序必须符合相关的法律规定

参考答案

一、单项选择题

1. B	考点：调解协议的内容、效力及确认	
2. C	考点：《中华人民共和国人民调解法》第二十条、第二十三条、第二十八条	
3. C	考点：人民调解的原则	
4. A	考点：《信访工作条例》第五条	
5. B	考点：调解协议的效力	
6. C	考点：人民调解法规与政策相关规定	
7. A	考点：突发事件的概念	
8. B	考点：当事人在人民调解活动中的权利	
9. D	考点：信访事项的办理期限	
10. D	考点：当事人在人民调解活动中的权利	

二、多项选择题

11. ABCE　　考点：《信访工作条例》第三条、第五条

12. CD　　考点：《中华人民共和国突发事件应对法》第六十四条

13. ACDE　　考点：当事人在调解中的权利与义务

14. ABCE　　考点：《中华人民共和国突发事件应对法》第七十四条

15. ACDE　　考点：人民调解的原则

第七章

我国社区矫正、禁毒和治安管理处罚法规与政策

7

【本章复习提示】●──────────

社区矫正、禁毒和治安管理处罚都是社会工作的重要领域。我国的社区矫正、禁毒和治安管理处罚等方面的法规与政策分别对社区服刑人员、吸毒人员以及违反治安管理人员的行为及其处罚进行了规定。了解和熟悉相关政策和法规，既是做好相关社会工作的重要保证，也对社会稳定、社会和谐及社会发展具有重大意义。本章主要通过对社区矫正法规与政策、禁毒法规与政策、治安管理处罚法规与政策的考查，来检测考生对我国社区矫正、禁毒和治安管理处罚法规与政策的掌握情况。

单元1 基础题

一、单项选择题

1. 社区矫正对象杨某，因工作需要经常到本省其他市县出差，遂向社区矫正机构提出经常性跨市、县活动的书面申请并获准。根据《社区矫正法实施办法》，该申请获得批准一次的有效期为（　　　）。

　　A. 1 个月　　　　　　　　B. 3 个月　　　　　　　　C. 6 个月　　　　　　　　D. 12 个月

2. 判处管制，其社区矫正执行地已确定，根据《中华人民共和国社区矫正法》，钱某应当自判决生效之日起最迟（　　　）日内到执行地社区矫正机构报到。

　　A. 5　　　　　　　　　　B. 7　　　　　　　　　　C. 10　　　　　　　　　　D. 15

3. 根据《中华人民共和国社区矫正法》，下列社区矫正对象，经县级司法行政部门负责人批准，可以对其使用电子定位装置，加强监督管理的是（　　　）。

　　A. 到邻市探亲，已报经社区矫正机构批准的小强

　　B. 因迁居变更执行地的小李

　　C. 生病住院的小王

　　D. 拟提请撤销缓刑的小赵

4. 为从源头打击制毒贩毒，严防国外毒品的流入，我国实行严格的毒品管制，下列不属于我国毒品管制要求的是（　　　）。

　　A. 原植物种植管制

　　B. 毒品查缉

　　C. 对吸毒史人员、贩毒人员的严格管制

　　D. 麻醉药品、精神药品及易制毒化学品管制

5. 根据《中华人民共和国社区矫正法》，社区矫正对象符合刑法规定的减刑条件的，应当由（　　　）提出减刑建议。

　　A. 村（居）民委员会　　　　　　　　B. 社区矫正机构

　　C. 派出所　　　　　　　　　　　　　C. 基层人民法院

6. 小刘（河北人）由于参与打架斗殴被判处缓刑，在缓刑期间收到大学同学（上海人）的婚宴邀请，于是准备动身前往上海玩 3 天。下列关于小刘做法正确的是（　　　）。

　　A. 可以自由前往　　　　　　　　　　B. 不得前往

　　C. 需要报请司法所批准才可以前往　　D. 需要报请法院批准才可以前往

7. 根据《中华人民共和国禁毒法》，下列吸毒成瘾人员，公安机关可以直接对其做出强制隔离的是（　　　）。

　　A. 小王，15 周岁，拒绝接受社区禁毒管理

　　B. 小李，17 周岁，严重违反社区禁毒协议

　　C. 小张，22 周岁，怀孕 3 个月

　　D. 小赵，32 周岁，孩子 9 个月

8. 为维护社会治安秩序，保障公共安全，保护公民、法人和其他组织的合法权益，规范和保障公安机关及其人民警察依法履行治安管理职责，《中华人民共和国治安管理处

罚法》规定了治安管理处罚的种类，不包括（　　）。

A. 警告　　　　　　B. 罚款　　　　　　C. 枪毙　　　　　　D. 行政拘留

9. 根据《中华人民共和国禁毒法》，下列关于禁毒工作的说法，错误的是（　　）。

A. 禁毒工作经费由中央财政全额保障

B. 国家鼓励对禁毒工作的社会捐赠，并依法给予税收优惠

C. 国家对麻醉药品、精神药品和易制毒化学品的进口、出口实行许可制度

D. 国家鼓励公民举报毒品违法犯罪行为，各级人民政府和有关部门应对举报有功人员给予表彰和奖励

10. 根据《中华人民共和国禁毒法》，对吸毒成瘾人员，公安机关可责令其接受社区戒毒。社区戒毒的期限是（　　）。

A. 6 个月　　　　　　B. 1 年　　　　　　C. 2 年　　　　　　D. 3 年

二、多项选择题

11. 根据《中华人民共和国治安管理处罚法》，公安机关对违反治安管理行为有关的场所可以检查。检查时，人民警察应遵守的规定包括（　　）。

A. 不得少于 2 人

B. 出示工作证件

C. 出示派出所开具的出警证明文件

D. 有至少 1 名居（村）民委员会委员陪同

E. 出示县级以上人民政府公安机关开具的检查证明文件

12. 根据《关于对判处管制、宣告缓刑的犯罪分子适用禁止令有关问题的规定（试行）》，人民法院可以根据犯罪情况，禁止判处管制、宣告缓刑的犯罪分子在管制执行期间、缓刑考验期限内接触一类或几类人员。下列关于禁止接触特定人员的说法，正确的有（　　）。

A. 禁止接触同案犯

B. 禁止接触犯罪人近亲属

C. 未经对方同意，禁止接触证人及其法定代理人、近亲属

D. 未经对方同意，禁止接触被害人及其法定代理人、近亲属

E. 未经对方同意，禁止接触控告人、批评人、举报人及其法定代理人、近亲属

13. 根据《关于对判处管制、宣告缓刑的犯罪分子适用禁止令有关问题的规定（试行）》，人民法院可以根据犯罪情况，禁止判处管制、宣告缓刑的犯罪分子在管制执行期间、缓刑考验期限内进入的区域、场所是（　　）。

A. 禁止进入夜总会、酒吧、迪厅、网吧等娱乐场所

B. 机场、火车站等人流密集的公共场所

C. 未经执行机关批准，禁止进入举办大型群众性活动的场所

D. 其他确有必要禁止进入的区域、场所

E. 禁止进入中小学校区、幼儿园园区及周边地区，确因本人就学、居住等原因，经执行机关批准的除外

14. 需要强制隔离戒毒的是（　　）。

A. 15 岁在校生

B. 21 岁在社区戒毒期间复吸

C. 27 岁在社区康复期间再次注射毒品

D. 35 岁，社区戒毒期间，严重违反戒毒协议，4 次抗拒检查

E. 哺乳 8 个月孩子的妇女

15. 20 世纪 80 年代以来，在国际毒潮的侵袭下，已经禁绝的毒品祸害在我国卷土重来。面对国际社会毒品的泛滥、国内毒品形势的日益严峻，党和政府高度重视禁毒工作，作出了巨大的努力。禁毒法规定，禁毒工作实行（　　　）的方针。

A. 预防为主　　　　　　B. 从严从重打击　　　　　C. 综合治理

D. 禁贩、禁吸　　　　　E. 禁种、禁制

参考答案

一、单项选择题

1. C　　　考点：《社区矫正法实施办法》第二十九条
2. C　　　考点：接收——时限规定
3. D　　　考点：电子定位监管
4. C　　　考点：毒品管制
5. B　　　考点：《中华人民共和国社区矫正法》第三十三条
6. C　　　考点：社区矫正对象跨市、县活动及执行地变更规定
7. B　　　考点：强制隔离戒毒决定的几种情形
8. C　　　考点：治安管理处罚的种类
9. A　　　考点：禁毒法规与政策相关规定
10. D　　考点：社区戒毒

二、多项选择题

11. ABE　　考点：《中华人民共和国治安管理处罚法》第八十七条
12. ACDE　考点：《关于对判处管制、宣告缓刑的犯罪分子适用禁止令有关问题的规定（试行）》第五条
13. ACDE　考点：《关于对判处管制、宣告缓刑的犯罪分子适用禁止令有关问题的规定（试行）》第四条
14. BCD　考点：强制隔离戒毒
15. ACDE　考点：禁毒方针

单元 2 提高题

一、单项选择题

1. 根据《中华人民共和国社区矫正法》，下列人员，应当依法对其实行社区矫正的是（　　）。

A. 取保候审的犯罪嫌疑人　　　　　　B. 免于起诉人员
C. 刑满释放人员　　　　　　　　　　D. 被判处管制的罪犯

2. 根据《中华人民共和国治安管理处罚法》，违反治安管理的行为对他人造成损害的，行为人或监护人应当依法承担（　　）责任。

A. 行政　　　　　B. 刑事　　　　　C. 检察　　　　　D. 民事

3. 根据《中华人民共和国禁毒法》，强制隔离戒毒的最长期限为（　　）年。

A. 3　　　　　B. 4　　　　　C. 5　　　　　D. 6

4. 小张（北京人）由于触犯法律被判处缓刑，在社区矫正缓刑期间由于老家的父母（住在山西）需要人员照顾，所以小张想回山西居住，好照顾父母。下列说法不正确的是（　　）。

A. 只要缓刑期间小张不再触犯法律，即可回山西居住，无须申请
B. 需要提前 1 个月提出书面申请
C. 如果得到审批，小张应 7 日内到新居住地县级司法行政机关报到
D. 若得不到批准，小张不得随意变更居住地

5. 按照我国相关规定吸毒检测分为：现场检测、实验室检测、实验室复检。有时为了办案需要现场检测，对现场检测说法错误的是（　　）。

A. 由县级以上公安机关或者其派出机构进行
B. 对现场检测结果有异议的，应当现场提出实验室检测申请
C. 应当出具检测报告，由检测人签名，并加盖检测的公安机关的印章
D. 检测结果应当当场告知被检测人，并由被检测人在检测报告上签名

6. 《中华人民共和国禁毒法》规定，对吸毒成瘾人员，公安机关可以责令其接受社区戒毒，同时通知吸毒人员户籍所在地或者现居住地的城市街道办事处、乡镇人民政府。社区戒毒的期限为（　　）。

A. 1 年　　　　　B. 2 年　　　　　C. 3 年　　　　　D. 4 年

7. 《中华人民共和国禁毒法》规定了强制隔离戒毒的具体范畴，并由县级以上人民政府公安机关作出强制隔离戒毒的决定。下列关于强制隔离戒毒说法不正确的是（　　）。

A. 拒绝接受社区戒毒的
B. 社区戒毒失败的
C. 在社区戒毒期间吸食、注射毒品的
D. 经社区戒毒、强制隔离戒毒后再次吸食、注射毒品的

8. 小张，26 周岁，患有间歇性精神疾病，发病时不能控制自己行为。某日，小张发病期间违反了治安管理规定。根据《中华人民共和国治安管理处罚法》，关于对小张处理的说法，正确的是（　　）。

A. 不予处罚，但是应当责令其监护人严加看管和治疗

B. 从重处罚，同时处罚其监护人

C. 从轻处罚，但是应从重处罚其监护人

D. 减轻处罚，责令其监护人送医治疗

9. 根据《中华人民共和国治安管理处罚法》，违反治安管理行为人有下列情形，应当从重处罚的是（　　）。

A. 出于他人胁迫或诱骗的

B. 已满 14 周岁不满 18 周岁的

C. 6 个月内曾受过治安管理处罚的

D. 主动消除违法后果但未获被侵害人谅解的

10. 小王，17 周岁，违反治安管理规定。根据《中华人民共和国治安管理处罚法》，应当对小王（　　）。

A. 从重处罚，同时处罚其监护人

B. 从轻处罚，但应当从重处罚其监护人

C. 不予处罚，但应当责令其监护人严加管教

D. 从轻或减轻处罚

二、多项选择题

11. 吸毒人员吴某，30 周岁，因戒毒情况良好，经强制隔离戒毒机关批准，提前解除强制隔离戒毒。吴某表示愿意接受禁毒社会工作者提供的康复服务，巩固戒毒效果。根据《国家禁毒委员会办公室 中央综治办 公安部等关于加强禁毒社会工作者队伍建设的意见》，禁毒社会工作者可以开展的工作有（　　）。

A. 调查了解吴某行动趋向、生活状况、社会关系、现实表现等情况，开展心理社会需求评估

B. 定期开展吸毒现场检测，确保吴某未违反社区戒毒康复规定

C. 为吴某提供心理咨询和心理疏导、认知行为治疗等专业服务

D. 为吴某链接生活、就业等方面的政府资源与社会资源

E. 协助解决生活困难，提升生计发展能力，改善社会支持网络，促进社会融入

12. 吸毒成瘾，是指吸毒人员因反复使用毒品而导致的慢性复发性脑病，表现为不顾不良后果、强迫性寻求及使用毒品的行为，同时伴有不同程度的个人健康及社会功能损害。《吸毒成瘾认定办法》规定，吸毒人员同时具备以下（　　）情形的，公安机关认定其吸毒成瘾。

A. 经人体生物样本检测证明其体内含有毒品成分

B. 贩卖毒品的

C. 有证据证明其有使用毒品行为

D. 有戒断症状或者有证据证明吸毒史

E. 接触过毒品的

13. 根据《中华人民共和国治安管理处罚法》，下列违反治安管理行为人，经查其行为的违法事实清楚、证据确凿，可以对其当场作出治安管理处罚决定的有（　　）。

A. 何某，醉酒后扰乱公园秩序，拟处以警告

B. 王某，在车站扰乱运营秩序，强行闯卡上车，拟处以 100 元罚款

C. 李某，擅自进入铁路防护网，影响行车安全，拟处以 200 元罚款

D. 赵某，在高速公路服务区强行向过往司机售卖玻璃水，拟处以 300 元罚款

E. 张某，盗窃路面井盖，拟处以 3 日拘留

14.《中华人民共和国治安管理处罚法》对部分特别人员的治安管理处罚进行了规定，下列说法正确的是（　　）。

A. 已满 14 周岁不满 18 周岁的人违反治安管理的，从轻或者减轻处罚

B. 盲人违反治安管理的，可以从轻、减轻或者不予处罚

C. 不满 14 周岁的人违反治安管理的，不予处罚，但应当责令其监护人严加管教

D. 行政拘留处罚合并执行的，最长不超过 30 日

E. 醉酒的人违反治安管理的，应当给予处罚

15. 行政拘留是对违反治安管理处罚条例的一种处罚方式，但为了照顾到特殊的人群，（　　）依法应当给予行政拘留处罚的，不执行行政拘留处罚。

A. 已满 14 周岁不满 16 周岁的

B. 公职人员

C. 已满 16 周岁不满 18 周岁，初次违反治安管理的

D. 怀孕或者哺乳自己不满 1 周岁婴儿的

E. 60 周岁以上的

参考答案

一、单项选择题

1. D	考点：社区矫正的对象	
2. D	考点：《中华人民共和国治安管理处罚法》第八条	
3. A	考点：强制隔离戒毒	
4. A	考点：社区矫正对象跨市、县活动及执行地变更规定	
5. B	考点：现场检测	
6. C	考点：社区戒毒	
7. B	考点：强制隔离戒毒	
8. A	考点：治安管理处罚的适用——部分特别人员违反治安管理的适用	
9. C	考点：治安管理处罚的适用——减轻处罚或不予处罚、从重处罚的情形	
10. D	考点：《中华人民共和国治安管理处罚法》第十二条	

二、多项选择题

11. ACDE	考点：禁毒社会工作者的职责任务	
12. ACD	考点：吸毒成瘾的认定	
13. ABC	考点：《中华人民共和国治安管理处罚法》第二十三条	
14. ABCE	考点：《中华人民共和国治安管理处罚法》第十二条、第十四条、第十五条、第十六条	
15. ACD	考点：治安管理处罚的适用——部分特别人员违反治安管理的适用	

单元 3　易错题

一、单项选择题

1. 根据《吸毒检测程序规定》，被检测人对现场检测结果有异议的，可以在被告知检测结果之日起 3 日内，向现场检测的公安机关提出（　　）申请。

A. 现场复检　　　B. 行政复议　　　C. 行政申诉　　　D. 实验室检测

2. 戒毒人员小王在社区戒毒期间严重违反社区戒毒协议，再次吸食、注射毒品。根据《中华人民共和国禁毒法》，此时参与社区戒毒的工作人员应当及时（　　）。

A. 通知小王亲属　　　　　　　　　B. 通知社区居民委员会

C. 向公安机关报告　　　　　　　　D. 向司法行政部门报告

二、多项选择题

3. 根据《吸毒检测程序规定》，吸毒检测是运用科学技术手段对涉嫌吸毒的人员进行生物医学检测，为公安机关认定吸毒行为提供科学依据的活动。吸毒检测分为（　　）。

A. 现场检测　　　B. 半衰期检测　　　C. 实验室检测

D. 间隔检测　　　E. 实验室复检

参考答案

一、单项选择题

1. D　　考点：吸毒检测程序规定

解析：被检测人对现场检测结果有异议时，由于现场复检可能无法保证足够的准确性和公正性，行政复议和申诉并非此阶段的正确途径，而实验室检测能利用更专业的设备和技术复核，所以应向公安机关提出实验室检测申请。故选 D。

2. C　　考点：社区戒毒

解析：社区戒毒人员再次吸毒，情况严重，超出社区工作人员处理范围，公安机关有执法权和专业手段处理此类违法情况，故应及时向其报告，通知亲属或居委会无法有效解决问题，司法行政部门在此并非直接受理部门。故选 C。

二、多项选择题

3. ACE　　考点：吸毒检测程序规定

解析：吸毒检测旨在为认定吸毒行为提供依据，现场检测可快速初筛，实验室检测保证精准度，实验室复检用于对实验室检测结果存疑时复查，而半衰期检测和间隔检测与吸毒认定的常规检测流程无关，不能作为吸毒检测的分类。故选 A、C、E。

单元4 闯关题

一、单项选择题

1. 根据《中华人民共和国治安管理处罚法》，下列违反治安管理行为人中，依法应当给予行政拘留处罚，但不执行行政拘留处罚的是（　　）。

A. 冯某，男，17 周岁，多次违反治安管理

B. 陈某，男，20 周岁，初次违反治安管理

C. 楚某，女，30 周岁，有一个 1 岁半的女儿

D. 魏某，女，72 周岁，独居老人

2. 某公安院校开展案例教学，设定了下面一些公安机关办案人员办理治安案件调查取证的情节，其中符合《中华人民共和国治安管理处罚法》规定的做法是（　　）。

A. 由于案情特殊，办案人员未将张某的传唤原因和处所告知其家属

B. 因为案情复杂，办案人员决定将李某的询问查证时间延长至 36 小时

C. 办案人员询问 14 周岁的违反治安管理行为人何某时，未通知其监护人到场

D. 办案人员询问违反治安管理行为的聋哑人蒋某时，请了一位手语老师来帮忙

3. 根据《中华人民共和国禁毒法》，设置戒毒医疗机构应当符合国务院卫生行政部门规定的条件，报所在地的省、自治区、直辖市人民政府（　　）批准，并报同级公安机关备案。

A. 民政部门

B. 卫生行政部门

C. 司法行政部门

D. 市场监督管理部门

4. 《中华人民共和国治安管理处罚法》规定了一些违反治安管理应从重处罚的情形，你觉得不应该从重处罚的是（　　）。

A. 有较严重后果的

B. 对报案人打击报复的

C. 出于他人胁迫或者诱骗的

D. 6 个月内曾受过治安管理处罚的

5. 公安机关认为暂缓执行行政拘留不致发生社会危险的，由被处罚人或者其近亲属提出符合《中华人民共和国治安管理处罚法》规定条件的担保人，或者按每日行政拘留 200 元的标准缴纳保证金，行政拘留的处罚决定暂缓执行。不属于担保人应该符合的条件是（　　）。

A. 与本案无牵连

B. 与被处罚者有血缘关系

C. 享有政治权利，人身自由未受到限制

D. 有能力履行担保义务

6. 小威由于违反治安管理处罚条例被公安机关强制限制人身自由，可是 3 天后正式决定才下来，那么小威最多再被行政拘留（　　）天。

A. 14　　　　B. 15　　　　C. 16　　　　D. 17

7. 《中华人民共和国治安管理处罚法》规定，受到罚款处罚的人应当自收到处罚决定书之日起 15 日内，到指定的银行缴纳罚款。但是，有下列（　　）情形的，人民警察可

以当场收缴罚款。

    A. 被处 50 元以下罚款，被处罚人对罚款无异议的

    B. 担心过后不缴罚款的

    C. 警察和被处罚人相识的

    D. 现场混乱，担心有漏网的

    8. 服刑人员郑某，因突发重病保外就医住院，获准暂予监外执行。郑某入狱前户籍在某市甲区，居住地在该市乙区，郑某父母户籍地在该市丙县，长期居住在该市丁区二女儿家中，在郑某出院后将其接回二女儿家共同生活。根据《中华人民共和国社区矫正法》，郑某暂予监外执行期间的社区矫正执行地为（　　）。

    A. 甲区   B. 乙区   C. 丙县   D. 丁区

    9. 根据《中华人民共和国禁毒法》相关规定，对于自愿接受戒毒治疗的吸毒人员，公安机关对其（　　）。

    A. 不予处罚   B. 减轻处罚   C. 从轻处罚   D. 正常处罚

    10.《中华人民共和国治安管理处罚法》中，对违反治安管理行为的追溯时效是（　　）。

    A. 3 个月   B. 6 个月   C. 1 年   D. 2 年

二、多项选择题

    11. 为保证办案的公正，人民警察在办理治安案件过程中，遇有下列（　　）情形之一的，应当回避；违反治安管理行为人、被侵害人或者其法定代理人也有权要求他们回避。

    A. 是本案当事人或者当事人的近亲属的

    B. 本人或者其近亲属与本案有利害关系的

    C. 中途接手案件的

    D. 与本案当事人有其他关系，可能影响案件公正处理的

    E. 曾办过冤假错案的

    12. 违反治安管理有（　　）情形之一的，从重处罚。

    A. 有较严重后果的

    B. 教唆、胁迫、诱骗他人违反治安管理的

    C. 对报案人、控告人、举报人、证人打击报复的

    D. 1 年内曾受过治安管理处罚的

    E. 不配合调查的

    13.《中华人民共和国禁毒法》规定的毒品管制包括（　　）。

    A. 禁止种植罂粟、古柯植物、大麻植物以及国家规定管制的可以用于提炼加工毒品的其他原植物

    B. 禁止走私或者非法买卖、运输、携带、持有未经灭活的毒品原植物种子或者幼苗

    C. 未经许可，不得擅自进入国家确定的麻醉药品药用原植物种植企业的提取加工场所

    D. 村民委员会、居民委员会发现非法种植毒品原植物的，应当向当地公安机关报告，并采取措施保护现场

    E. 地方各级人民政府发现非法种植毒品原植物的，应当立即采取措施予以制止、铲除

14. 根据《中华人民共和国禁毒法》，下列吸毒成瘾人员中，适用强制隔离戒毒的有（　　）。

A. 小强，17周岁，高中学生

B. 小张，25周岁，患有传染性疾病

C. 小赵，28周岁，怀孕6个月

D. 老王，45周岁，残疾人

E. 老李，65周岁，患有慢性疾病

15. 关于治安案件的办案期限，正确的有（　　）。

A. 公安机关传唤后应当及时询问查证，询问查证的时间不得超过12小时，情况复杂、可能适用行政拘留处罚的，询问查证的时间不得超过24小时

B. 公安机关传唤后应当及时询问查证，询问查证的时间不得超过8小时，情况复杂、可能适用行政拘留处罚的，询问查证时间不得超过24小时

C. 公安机关办理治安案件的期限自受理之日起不得超过30日，案情重大、复杂的，经公安机关负责人批准可以延长15日

D. 公安机关办理治安案件的期限自受理之日起不得超过15日，案情重大、复杂的，经公安机关负责人批准可以延长30日

E. 公安机关办理治安案件的期限自受理之日起不得超过30日，案情重大、复杂的，经上一级公安机关批准可以延长30日

参考答案

一、单项选择题

1. D	考点：治安管理处罚的适用
2. D	考点：治安管理处罚程序
3. B	考点：戒毒医疗机构
4. C	考点：治安管理处罚的适用
5. B	考点：治安管理处罚程序（执行）
6. D	考点：治安管理处罚程序
7. A	考点：治安管理处罚程序（决定）
8. D	考点：社区矫正执行地
9. A	考点：《中华人民共和国禁毒法》第六十二条
10. B	考点：违反治安管理行为的追究时效

二、多项选择题

11. ABD	考点：治安管理处罚程序（调查）
12. ABC	考点：治安管理处罚的适用
13. BCE	考点：毒品管制
14. ABDE	考点：强制隔离戒毒决定的几种情形
15. BE	考点：《中华人民共和国治安管理处罚法》第八十三条、第九十九条

第八章

我国烈士褒扬与优抚安置法规与政策

8

【本章复习提示】

　　本章主要考查烈士褒扬、军人抚恤优待、退役军人安置以及军队离退休干部安置法规与政策。重点复习烈士评定及评定机关、褒扬金标准、领取人的确定；抚恤优待对象及残疾抚恤标准；退出现役军人的安置方式如退役金、安排工作等；军队离退休干部的政治待遇和生活待遇等。复习方法多样。需要背诵记忆，例如烈士褒扬金和残疾抚恤金标准，退出现役军人安置方式等；烈士褒扬、抚恤优待、退役军人安置、军队离退休干部安置的主要内容需要提炼概括；还可以对比分析烈士褒扬与抚恤优待、退役军人自主就业与安排工作之间的异同；学习举一反三，例如烈士褒扬金、残疾抚恤金的计算，推广应用到类似情形。

单元1 基础题

一、单项选择题

1. 残疾军人张某退役后被安置在甲县某事业单位工作，根据《中华人民共和国退役军人保障法》张某的残疾抚恤金由甲县（　　）发放。

A. 民政局
B. 卫生健康委员会
C. 退役军人工作主管部门
D. 残疾人联合会

2. 根据《军队离休退休干部服务管理办法》，军休干部服务管理应当坚持的原则是（　　）。

A. 以人为本、分类保障、就近就便、融入社会
B. 贡献为本、分层保障、意愿为先、优先叠加
C. 政治关心、生活照顾、服务优先、依法管理
D. 政治关心、生活照顾、情绪慰藉、综合保障

3. 根据《烈士褒扬条例》，烈士证书以（　　）名义制发。

A. 退役军人工作主管部门
B. 民政部
C. 人力资源和社会保障部
D. 党和国家功勋荣誉表彰工作委员会办公室

4. 根据《军人抚恤优待条例》，义务兵服现役期间，其家庭由批准入伍地（　　）发给优待金，同时按照规定享受其他优待。

A. 县级人民政府
B. 市级人民政府退役军人工作主管部门
C. 县级人民政府民政部门
D. 县级人民政府退役军人工作主管部门

5. 根据《中华人民共和国英雄烈士保护法》，每年（　　）为烈士纪念日，国家在首都北京天安门广场人民英雄纪念碑前举行纪念仪式。

A. 4月5日
B. 8月1日
C. 9月30日
D. 10月1日

6. 根据《烈士褒扬条例》，国家对烈士遗属给予的抚恤优待应当随经济社会的发展逐步提高。烈士褒扬和烈士遗属抚恤优待经费列入预算，应当按照规定用途使用，接受（　　）的监督。

A. 财政部门、民政部门
B. 财政部门、审计机关
C. 民政部门、审计机关
D. 退役军人工作主管部门、财政部门

7. 根据《军队离休退休干部服务管理办法》，军休干部管理委员会是在军休机构内（　　）。

A. 由地方政府部门设立的服务管理军休干部的机构
B. 由军队政治机关设立的服务管理军休干部的部门
C. 军休干部自愿组成，为实现会员共同意愿的社会团体
D. 军休干部自我教育、自我管理、自我服务的群众性组织

8. 根据《军人抚恤优待条例》，关于军人优待的说法，正确的是（　　）。

A. 现役军人凭有效证件免费乘坐境内运行的长途公共汽车
B. 现役军人凭有效证件乘坐境内运行的客轮，减收正常票价20%
C. 残疾军人凭《中华人民共和国残疾军人证》乘坐境内运行的民航班机，减收正常

票价30%

D. 残疾军人凭《中华人民共和国残疾军人证》乘坐境内运行的火车，减收正常票价50%

9. 烈士遗属中的持证人由烈士遗属协商确定，协商不通的（　　）。

A. 由县级人民政府退役军人工作主管部门代为妥善保管

B. 按配偶、子女、父母（抚养人）顺序确定持证人

C. 按子女、配偶、父母（抚养人）顺序确定持证人

D. 按父母（抚养人）、配偶、子女顺序确定持证人

10. 根据《军人抚恤优待条例》，服现役期间获得功勋荣誉表彰的军人被评定为烈士、确认为因公牺牲或者病故的，其遗属在应当享受的一次性抚恤金的基础上，由县级人民政府退役军人工作主管部门按照一定比例增发一次性抚恤金。增发比例根据荣誉称号和立功等级有所不同。服现役期间多次获得功勋荣誉表彰的烈士、因公牺牲军人、病故军人，其遗属由县级人民政府退役军人工作主管部门按照其中（　　）的增发比例，增发一次性抚恤金。

A. 平均　　　　B. 累加　　　　C. 最高　　　　D. 最低

二、多项选择题

11. 根据《退役军人事务部等20部门关于加强军人军属、退役军人和其他优抚对象优待工作的意见》，下列人员可以享受免费乘坐市内公共汽车、电车和轨道交通工具的有（　　）。

A. 现役军人　　　B. 退役军人　　　C. 残疾军人

D. 现役军人家属　E. 烈士遗属

12. 根据《退役军人安置条例》，为妥善安置退役军士，国家采取（　　）等多种方式相结合的安置制度。

A. 自主就业　　B. 安排工作　　C. 退休　　D. 供养　　E. 保送读研

13. 根据《烈士褒扬条例》，烈士子女接受教育时，按照国家有关规定可以享受的优待有（　　）。

A. 就读公办幼儿园的，按照规定享受资助政策

B. 报考普通高中、中等职业学校的，免试录取

C. 报考高等学校本、专科的，按照国家有关规定予以优待

D. 报考研究生的，在同等条件下优先录取

E. 公办学校就读的，按照规定享受资助政策

14. 士官小张，28岁，服役，10年后退出现役，自主就业，服役期间荣立三等功，具备领取一次性退役金资格。根据《退役军人安置条例》，小张一次性退役金应当（　　）。

A. 按标准增发5%　　　　　　　B. 按退役时年龄核算

C. 按10年服役年限计算　　　　D. 按安置地人均收入加以调节

E. 按国家规定免征个人所得税

15. 根据《军队离休退休干部服务管理办法》的相关规定，下列关于军休干部管理委员会的说法，正确的有（　　）。

A. 军休干部管理委员会是在军休机构内军休干部自我教育、自我管理、自我服务的群众性组织

B. 军休机构内设有军休干部管理委员会的，军休机构党组织应当加强对军休干部管理委员会的领导

C. 军休干部管理委员会的成员由军休干部推选产生

D. 军休干部管理委员会应当定期向军休机构党组织报告工作情况

E. 军休干部管理委员会的活动经费由军休干部自行筹集

参考答案

一、单项选择题

1. C	考点：残疾抚恤的对象
2. C	考点：军休干部服务管理基本原则
3. D	考点：《烈士褒扬条例》第十二条
4. A	考点：《军人抚恤优待条例》第四十二条
5. C	考点：烈士纪念日
6. B	考点：《烈士褒扬条例》第四条
7. D	考点：军休干部管理委员会
8. D	考点：《军人抚恤优待条例》第五十二条
9. D	考点：烈士证书的发放
10. C	考点：《军人抚恤优待条例》第十六条

二、多项选择题

11. AC	考点：交通优待
12. ABCD	考点：《退役军人安置条例》第五条
13. ACDE	考点：《烈士褒扬条例》第二十八条
14. AC	考点：《退役军人安置条例》第二十一条、第二十二条
15. ABD	考点：《军队离休退休干部服务管理办法》第二十二条

单元 2 提高题

一、单项选择题

1. 2019 年 9 月，已被某大学录取的肖某，还未报到便应征入伍。2021 年 9 月，肖某退役，决定推迟入学，先利用在部队学到的一技之长创业一段时间。根据《中华人民共和

国退役军人保障法》，肖某最迟可以在（　　）前到该大学办理入学手续。

    A. 2022 年 9 月   B. 2023 年 9 月   C. 2024 年 9 月   D. 2025 年 9 月

2. 张某在甲省乙市丙县抗洪抢险中牺牲，丙县人民政府提出了评定张某为烈士的报告。根据《烈士褒扬条例》，该评定烈士的报告应由（　　）审查评定。

    A. 退役军人事务部   B. 甲省人民政府

    C. 甲省退役军人事务厅   D. 乙市人民政府

3. 根据《军队离休退休干部服务管理办法》，下列关于军队离休退休干部服务管理说法错误的是（　　）。

    A. 举行新接收军休干部的迎接仪式

    B. 按时发放军休干部离退休费和津贴补贴

    C. 协助做好军休干部的医疗保障工作

    D. 主办军休干部去世后的丧葬事宜和遗产处理

4. 根据《军人抚恤优待条例》，下列现役军人死亡，应当批准为烈士的是（　　）。

    A. 赵某，在执行任务中由于意外事件死亡

    B. 张某，因参加武器装备科研试验牺牲

    C. 孙某，因战致残后因旧伤复发死亡

    D. 李某，在工作岗位上因病猝然死亡

5. 林某，甲省乙县应征入伍，在一次武器装备科研试验中受伤致残。军队相关部门为其配制了假肢并安排了康复训练。康复训练结束后，林某继续服役。现因工作生活需要，林某需要配制轮椅。根据《军人抚恤优待条例》，林某的轮椅由（　　）负责解决。

    A. 林某所在部队师级单位   B. 林某所在部队军级以上单位

    C. 甲省人民政府民政部门   D. 乙县人民政府民政部门

6. 烈士岳某，牺牲前为进城务工人员，妻子为镇中心小学教师，两人育有一子。岳某的父母长年在外打工，8 年前离婚。父母离婚后，岳某和妹妹由父亲抚养，与奶奶共同生活。奶奶现已 70 岁，仍在照顾岳某妹妹的日常生活。根据《烈士褒扬条例》，岳某的烈士褒扬金应发放给岳某的（　　）。

    A. 奶奶、父亲、母亲、妻子   B. 奶奶、父亲、妻子、妹妹

    C. 父亲、母亲、妻子、妹妹   D. 父亲、母亲、妻子、儿子

7. 根据《烈士褒扬条例》，烈士遗属属于《工伤保险条例》以及相关规定适用范围的，在享受烈士褒扬金外，还可以享受一次性工亡补助金以及相当于烈士本人（　　）个月基本工资的烈士遗属特别补助金。

    A. 10   B. 20   C. 30   D. 40

8. 现役军人小张在一次抢险救灾任务中失踪，后经法定程序宣告小张死亡。根据有关规定，部队对小张应当按（　　）对待。

    A. 因公牺牲   B. 烈士   C. 因公失踪   D. 病故

9. 陆某在部队服现役的时间为 12 年，退役后被安排至某机关单位上班，但因为单位的问题，陆某在家待业 1 年，单位按照不低于本单位同等条件人员平均工资 80% 的标准逐月发给陆某生活费，所以陆某在退役 1 年后才正式上班，上班后在该单位工作了 20 年。根据相关规定，至今陆某的工龄为（　　）。

    A. 12 年   B. 20 年   C. 32 年   D. 33 年

10. 因战三级残疾军人程云，退役后旧伤复发，残情加重，向住所地县退役军人工作主管部门申请调整残疾等级，县退役军人工作主管部门将相关材料逐级上报省退役军人工作主管部门，省退役军人工作主管部门作出准予调整程云残疾等级为一级的决定，该决定已送达县退役军人工作主管部门但未送达程云本人时，程云因旧伤复发去世。根据《军人抚恤优待条例》，县退役军人工作主管部门对程云及其遗属正确的处理方式是（　　　）。

A. 确认程云为病故，其遗属享受病故军人遗属抚恤待遇

B. 确定程云为因公牺牲，其遗属享受因公牺牲军人遗属抚恤待遇

C. 给予程云因战致残一级军人抚恤，由其遗属代为享受，期限为 12 个月

D. 继续给予程云因战致残三级军人抚恤，由其遗属代为享受，期限为 18 个月

二、多项选择题

11. 烈士老张有一子张某，无其他近亲属，张某未婚未育，现已年迈，入住当地退役军人工作主管部门所属的光荣院。日前，网络主播王某在网上丑化烈士老张，造成了恶劣影响，不仅侵害了老张的名誉、荣誉，也损害了社会公共利益。根据《中华人民共和国英雄烈士保护法》，对王某的行为，可以依法向人民法院提起诉讼的主体有（　　　）。

A. 张某
B. 张某所入住的光荣院

C. 当地退役军人工作主管部门
D. 当地公安机关

E. 当地检察机关

12. 根据《中华人民共和国军人地位和权益保障法》，下列人员，属于军人家属的有（　　　）。

A. 齐某，65 周岁，退休教师，现役军人的养父

B. 楚某，55 周岁，农民，退役军人的父亲

C. 蒋某，45 周岁，公司员工，原配偶为军人但已故

D. 韩某，21 周岁，全日制本科生，现役军人的儿子

E. 赵某，10 周岁，某小学学生，现役军人的继子

13. 根据《中华人民共和国退役军人保障法》，对退役的义务兵，国家采取（　　　）等方式妥善安置。

A. 供养
B. 复员
C. 自主就业

D. 安排工作
E. 逐月领取退役金

14. 关于烈士遗属享受定期抚恤金的陈述，下列情况符合《军人抚恤优待条例》规定的是（　　　）。

A. 烈士小王的父母无劳动能力和生活费来源，可享受定期抚恤金

B. 烈士小周的配偶收入水平低于当地居民的平均生活水平，可享受定期抚恤金

C. 烈士段某的子女均已满 18 岁且有工作，可享受定期抚恤金

D. 烈士张某生前供养的妹妹未满 18 周岁且正在上学，可享受定期抚恤金

E. 王奶奶是烈士遗属，她去世后增发 10 个月其原享受的定期抚恤金作为丧葬补助费

15. 关于现役军人残疾抚恤的对象，下列说法正确的是（　　　）。

A. 王某因战致残，残疾等级被评定为六级，可享受抚恤

B. 谢某因公致残，残疾等级被评定为六级，可享受抚恤

C. 杨某因公致残，残疾等级被评定为十级，可享受抚恤

D. 小李为义务兵，因病致残，残疾等级被评定为八级，可享受抚恤

E. 小丁为初级士官，因病致残，残疾等级被评定为六级，可享受抚恤

参考答案

一、单项选择题

1. B　　　考点：《中华人民共和国退役军人保障法》第三十五条
2. B　　　考点：《烈士褒扬条例》第九条
3. D　　　考点：军休干部服务管理内容
4. B　　　考点：《军人抚恤优待条例》第十一条
5. B　　　考点：《军人抚恤优待条例》第三十五条
6. D　　　考点：《烈士褒扬条例》第十五条
7. D　　　考点：《烈士褒扬条例》第十六条
8. B　　　考点：《军人抚恤优待条例》第十一条
9. D　　　考点：《退役军人安置条例》第七十四条
10. B　　　考点：《军人抚恤优待条例》第三十二条

二、多项选择题

11. AE　　考点：烈士荣誉保护
12. AE　　考点：抚恤优待对象的认定——现役军人家属
13. ACD　　考点：《中华人民共和国退役军人保障法》第二十三条
14. ABD　　考点：《军人抚恤优待条例》第十九条
15. ABCE　　考点：《军人抚恤优待条例》第二十七条

单元3　易错题

一、单项选择题

1. 王勇是战备航行飞行员，在执行飞行任务时不幸牺牲。服现役期间，王勇所在部队为其缴纳了工伤保险费，王勇牺牲当年的一次性工亡补助金标准为5万元；服现役期间，王勇每月的工资津贴为3000元，且王勇牺牲时上一年度全国城镇居民人均可支配收入为2万元。根据《军人抚恤优待条例》的规定，除烈士褒扬金外，其遗属能享受的一次性抚恤金为（　　）。

A. 5万元　　　　B. 17万元　　　　C. 52万元　　　　D. 60万元

二、多项选择题

2. 孙某，退出现役的二级残疾军人，双下肢高位缺失，日常生活需护理且需经常医

疗处置，在一家荣誉军人康复医院由国家集中供养。根据《军人抚恤优待条例》规定，孙某可享受的待遇包括（　　）。

A. 残疾抚恤金　　　　B. 护理费　　　　　C. 定期旅游

D. 配制轮椅　　　　　E. 安排子女工作

参考答案

一、单项选择题

1. C　　考点：烈士一次性抚恤金

解析：《军人抚恤优待条例》第十条规定，烈士遗属享受烈士褒扬金、一次性抚恤金，并可以按照规定享受定期抚恤金、丧葬补助、一次性特别抚恤金等。第十五条规定，按照以下标准发给其遗属一次性抚恤金：烈士和因公牺牲的，为上一年度全国城镇居民人均可支配收入的 20 倍加本人 40 个月的基本工资；病故的，为上一年度全国城镇居民人均可支配收入的 2 倍加本人 40 个月的基本工资。

在本题情境中，$20000 \times 20 = 400000$ 元，$3000 \times 40 = 120000$ 元，$120000 + 400000 = 520000$ 元，故选 C。

二、多项选择题

2. AD　　考点：残疾军人抚恤的标准及待遇

解析：《军人抚恤优待条例》第二十四条规定，残疾军人享受残疾抚恤金，并可以按照规定享受供养待遇、护理费等。第三十四条规定，对退出现役时分散供养的一级至四级、退出现役后补办或者调整为一级至四级、服现役期间因患精神障碍评定为五级至六级的残疾军人发给护理费。第三十五条规定，残疾军人因残情需要配制假肢、轮椅、助听器等康复辅助器具，正在服现役的，由军队军级以上单位负责解决；退出现役的，由省级人民政府退役军人工作主管部门负责解决，所需经费由省级人民政府保障。

在本题情境中，孙某是退出现役的二级残疾军人，双下肢高位缺失，由国家集中供养，故享受残疾抚恤金，不享受护理费，A 选项正确，B 选项错误。因残情需要配制轮椅等康复辅助器具，D 选项正确。故选 A、D。

单元 4 闯关题

一、单项选择题

1. 根据《中华人民共和国英雄烈士保护法》的规定，对侵害英雄烈士的姓名、肖像、名誉、荣誉的行为，英雄烈士的近亲属可以依法向人民法院提起诉讼。英雄烈士没有近亲属或者近亲属不提起诉讼的，（ ）依法对侵害英雄烈士的姓名、肖像、名誉、荣誉，损害社会公共利益的行为向人民法院提起诉讼。

　　A. 退役军人工作主管部门　　　　　B. 烈士生前所在军队

　　C. 检察机关　　　　　　　　　　　D. 人民政府

2. 根据《中华人民共和国退役军人保障法》，烈士纪念设施的修缮、保护和管理由（ ）负责。

　　A. 文化和旅游管理部门　　　　　　B. 城市建设行政主管部门

　　C. 退役军人工作主管部门　　　　　D. 民政部门

3. 根据《中华人民共和国兵役法》，士兵服现役的时间自（ ）之日起算。

　　A. 个人报名材料审核通过　　　　　B. 个人入伍通知书送达

　　C. 征集工作机构现场登记　　　　　D. 征集工作机构批准入伍

4. 根据《中华人民共和国退役军人保障法》，下列安置方式，可适用于退役义务兵的是（ ）。

　　A. 供养　　　　　　B. 退休　　　　　　C. 创业　　　　　　D. 逐月领取退役金

5. 根据《中华人民共和国退役军人保障法》，退役军人的政治、生活等待遇与其（ ）挂钩。

　　A. 所在部队建设发展　　　　　　　B. 安置地经济社会发展

　　C. 服现役期间所做贡献　　　　　　D. 退役后所作贡献

6. 根据《中华人民共和国英雄烈士保护法》，县级以上地方人民政府、军队有关部门应当在（ ）举行纪念活动。

　　A. 清明节　　　　B. 建军节　　　　C. 烈士纪念日　　　D. 国庆节

7. 根据《中华人民共和国退役军人保障法》，各地应当设置一定数量的基层公务员职位，面向服役满（ ）年的高校毕业生退役军人招考。

　　A. 2　　　　　　　B. 3　　　　　　　C. 4　　　　　　　D. 5

8. 根据《军队离休退休干部服务管理办法》，军休机构实行（ ）负责制，对重大问题实行科学决策、民主决策。

　　A. 集体　　　　　　　　　　　　　B. 军休干部管理委员会

　　C. 退役军人事务部　　　　　　　　D. 法定代表人

9. 根据《烈士褒扬条例》，烈士子女在报考（ ）时，可以按照国家有关规定优先录取。

　　A. 普通高中　　　　　　　　　　　B. 中等职业学校

　　C. 高等学校本、专科　　　　　　　D. 高等学校研究生

10. 退役士官关某，2009 年 9 月应征入伍，2018 年 10 月退役，服役期间立二等功，

2019 年 5 月由政府安排到某企业工作。关某准备在 2019 年 10 月申请带薪年休假。根据《退役军人安置条例》《职工带薪年休假条例》，关某 2019 年的带薪年休假为（　　）天。

A. 0　　　　　　B. 5　　　　　　C. 10　　　　　　D. 15

二、多项选择题

11. 根据《中华人民共和国退役军人保障法》，对退役的军官，国家采取（　　）安置。

A. 退休　　　　　　　　B. 转业　　　　　　　　C. 自主择业

D. 逐月领取退役金　　　E. 复员

12. 宋某从甲市某高校社会工作专业毕业后，进入该市"爱联盟"社会工作服务中心工作，同时还是该市志愿者协会注册志愿者。2019 年 3 月，宋某参加甲市志愿者协会活动，到乙市开展精准扶贫志愿服务，其间为抢救落水儿童献出生命。群众提议为宋某申报烈士。根据《烈士褒扬条例》，为宋某申报烈士，由（　　）向主管部门提供宋某牺牲情节的材料。

A. 宋某的妻子　　　　　　　　B. 甲市志愿者协会

C. 被救儿童的父母　　　　　　D. 宋某毕业的高校

E. "爱联盟"社会工作服务中心

13. 根据《军队离休退休干部服务管理办法》，下列关于军休机构的说法正确的有（　　）。

A. 引进志愿服务进入军休所

B. 推进军休老年大学建设

C. 军休机构应当加强基础设施建设，设置会议室、活动室、阅览室、荣誉室等场所

D. 建立以军休干部满意度为主要内容的服务管理工作监督考评体系

E. 以日间值班、适时联系、轮流包户的方式提供日常服务保障

14. 根据《军人抚恤优待条例》，现役军人死亡，评定为烈士的有（　　）。

A. 因执行任务遭犯罪分子杀害的

B. 在执行任务中因病猝然死亡的

C. 受国家派遣在维持国际和平任务中牺牲的

D. 在抢险救灾任务中失踪，经法定程序宣告死亡的

E. 在边海防执勤任务中失踪，经法定程序宣告死亡的

15. 关于烈士遗属的优待，下列说法正确的有（　　）。

A. 烈士遗属可以享受相应的医疗优待、入伍优待、教育优待、就业优待、住房优待、供养优待

B. 年满 55 周岁的孤老烈士遗属本人自愿的，可以在光荣院、敬老院集中供养

C. 家住农村的烈士遗属住房有困难的，由当地人民政府帮助解决

D. 烈士遗属从事个体经营的，工商、税务等部门应当免除各类登记费及税费

E. 烈士的子女符合公务员考录条件的，在同等条件下优先录用为公务员

参考答案

一、单项选择题

1. C	考点：烈士荣誉保护	
2. C	考点：《中华人民共和国退役军人保障法》第六十四条	
3. D	考点：《中华人民共和国兵役法》第二十九条	
4. A	考点：《中华人民共和国退役军人保障法》第二十三条	
5. C	考点：《中华人民共和国退役军人保障法》第五条	
6. C	考点：烈士纪念日	
7. D	考点：《中华人民共和国退役军人保障法》第四十三条	
8. D	考点：军休干部服务管理内容	
9. D	考点：《烈士褒扬条例》第二十八条	
10. C	考点：《退役军人安置条例》第七十四条、《职工带薪年休假条例》第三条	

二、多项选择题

11. ABDE	考点：《中华人民共和国退役军人保障法》第二十一条	
12. ABCE	考点：《烈士褒扬条例》第九条	
13. ABCD	考点：《军队离休退休干部服务管理办法》第十八条、第二十条、第二十六条、第三十五条相关内容	
14. ACDE	考点：《军人抚恤优待条例》第十一条	
15. ACE	考点：烈士遗属优待的相关规定	

第九章

我国城乡基层群众自治和社区建设法规与政策

9

【本章复习提示】

　　本章主要内容为我国城乡基层群众自治和社区建设的法规与政策。重点包括城市社区居民自治法规与政策，如居民委员会的组织设置、主要职能，居民自治的内容等；农村村民自治法规与政策，如村民委员会的性质和职能，村民委员会选举流程，村民代表会议等；城乡社区建设法规与政策，如社区建设的特征和任务，农村社区建设试点等。复习时要注意记忆法规中的重要数字，如相关比例、时间等；重点掌握居民自治与村民自治的具体内容，如民主选举、民主协商、民主决策等。详细了解居民委员会与村民委员会在选举流程、组织运作等方面的区别；运用比较法学习城市社区与农村社区在自治制度上的异同。本章内容记忆点较多，可刷题增强记忆并及时总结。

单元 1 **基础题**

一、单项选择题

1. 根据中共中央办公厅、国务院办公厅《关于加强和改进城市社区居民委员会建设工作的意见》，居民入住率达到（   ）的新建住宅区，应及时成立居民委员会。

A. 20%   B. 30%   C. 40%   D. 50%

2. 根据《中华人民共和国城市居民委员会组织法》，关于居民委员会的说法，正确的是（   ）。

A. 居民委员会的设立、撤销、规模调整由县级人民政府民政部门决定

B. 居民委员会委员可以由每个居民小组派 1 名代表选举产生

C. 居民委员会向街道办事处负责并报告工作

D. 居民委员会任期为 5 年，其成员可以连选连任

3. 根据《中华人民共和国村民委员会组织法》，村民委员会成员应当接受村民会议或者村民代表会议对其展开履行职责情况的民主评议，民主评议由（   ）主持。

A. 乡镇人民政府   B. 村级党组织

C. 村务监督机构   D. 村民选举委员会

4. 根据《中华人民共和国城市居民委员会组织法》，居民会议讨论制定居民公约并报程序备案后，应当由（   ）监督执行。

A. 民政部门   B. 街道办事处

C. 居民委员会   D. 居民代表会议

5. 人数较多或者居住分散的村，可以设立村民代表会议，讨论决定村民会议授权的事项。根据《中华人民共和国村民委员会组织法》，关于村民代表会议的说法，正确的是（   ）。

A. 村民代表会议每季度召开一次，由村民委员会主任召集

B. 有 1/10 以上的村民代表提议，应当召集村民代表会议

C. 召集村民代表会议，应当提前 5 天通知村民代表

D. 村民代表会议有 2/3 以上的组成人员参加方可召开

6. 根据《关于加强和改进城市基层党的建设工作的意见》，关于提升党组织领导基层治理工作水平的说法，正确的是（   ）。

A. 社会组织负责人由"两委"决定

B. 整合党建、综治、城管等各类网格

C. 业主委员会成员由"两委"成员担任

D. 重点依托大型商超建好党群服务中心

7. 根据《中华人民共和国城市居民委员会组织法》，下列事项，属于居民委员会任务的是（   ）。

A. 开展义务教育   B. 增加居民收入

C. 落实住房保障   D. 调解民间纠纷

8. 社区全体居民实行自我管理、自我教育、自我服务、自我监督，这体现了居民委员会的（　　）。

    A. 基层性　　　　　　B. 群众性　　　　　　C. 自治性　　　　　　D. 广泛性

9. 某社区居民委员会为了推进居民自治，根据居民居住状况分设了 20 个居民小组。根据《中华人民共和国城市居民委员会组织法》，居民小组组长应由（　　）。

    A. 居民小组推选产生　　　　　　　　B. 户代表会议协商产生

    C. 居民代表会议推选产生　　　　　　D. 居民会议选举产生

10. 根据《民政部　财政部关于加快推进社区社会工作服务的意见》，鼓励社会工作专业人才通过（　　）进入城市社区党组织、社区居民自治组织、业主委员会。

    A. 任命　　　　　　B. 选举　　　　　　C. 竞聘　　　　　　D. 考试

二、多项选择题

11. 根据《中华人民共和国村民委员会组织法》，下列关于村民委员会选举的说法，正确的有（　　）。

    A. 候选人的名额应当等于或多于应选名额

    B. 有登记参加选举的村民超过 1/3 投票，选举有效

    C. 候选人获得参加投票的村民超过 1/3 的选票，始得当选

    D. 选举村民委员会由登记参加选举的村民直接提名候选人

    E. 村民选举委员会应当组织候选人与村民见面，由候选人介绍履行职责的设想，回答村民提出的问题

12. 居民委员会的任务是（　　）。

    A. 办理本居住地区居民的公共事务和公益事业

    B. 调解民间纠纷

    C. 打击社区犯罪

    D. 协助人民政府或者它的派出机关做好与居民利益有关的公共卫生、计划生育、优抚救济、青少年教育等项工作

    E. 组织居民委员会的换届选举

13. 根据《中共中央　国务院关于加强基层治理体系和治理能力现代化建设的意见》，关于加强村（居）民委员会规范化建设的说法，正确的有（　　）。

    A. 坚持党组织领导基层群众自治组织的制度

    B. 建立基层群众性自治组织法人备案制度

    C. 增强村居委会行政执行能力

    D. 增强村居委会仲裁调解能力

    E. 加强集体资产管理

14. 根据《中华人民共和国村民委员会组织法》的有关规定，下列事项中，经村民会议讨论决定后方可办理的有（　　）。

    A. 本村享受误工补贴的人员及补贴标准

    B. 本村公益事业的经费筹集方案及建设承包方案

    C. 征地补偿费的使用、分配方案

    D. 宅基地的使用方案

E. 本村享受医疗救助的人员

15. 社区党的建设一直是 W 社区多年来的工作重点，并且在这方面积累了一定的经验。下列关于城市社区党的建设的说法，正确的有（   ）。

A. 定期排查流动党员，实行组织关系一方隶属、参加多重组织生活

B. 注重发挥离退休党员作用

C. 农村在以建制村为主设置党组织的基础上，在农民专业合作社、专业协会、产业链全面建设党组织

D. 推动市、区两级机关和企事业单位党组织、在职党员到社区报到全覆盖

E. 党组织通过给群团组织派任务、提要求，促进党组织和群团组织资源共用、功能衔接

参考答案

一、单项选择题

1. D   考点：居民委员会的组织设置
2. D   考点：《中华人民共和国城市居民委员会组织法》中"居民委员会"的相关规定
3. C   考点：村务公开和民主评议
4. C   考点：民主决策、民主管理、民主监督
5. D   考点：《中华人民共和国村民委员会组织法》中"村民代表会议"的相关规定
6. B   考点：城市社区党的建设
7. D   考点：依法组织居民开展自治活动
8. C   考点：居民委员会的性质
9. A   考点：居民委员会的组织设置
10. B   考点：社区社会工作服务

二、多项选择题

11. DE   考点：村民委员会选举
12. ABD   考点：居民委员会的主要职能
13. ABE   考点：加强村（居）民委员会规范化建设
14. ABCD   考点：村民会议职责
15. ABDE   考点：城市社区党的建设

单元 2 提高题

一、单项选择题

1. 张村举行村民委员会换届选举。根据《中华人民共和国村民委员会组织法》，下列人员，有可能当选张村村民委员会成员的是（   ）。

A. 小李，17 周岁，由张村 1/3 村民联名推荐

B. 老张，58 周岁，已连续 2 次当选张村村民委员会成员

C. 小张，20 周岁，户籍不在张村，在张村居住未满 1 年

D. 老夏，56 周岁，户籍在张村，现居住在李村并已参加了李村的换届选举

2. 甲社区辖区现有 20 个居民小组，500 户，18 周岁以上居民 2000 人，50 家企业事业单位。日前，为修订居民公约，社区居委会拟召集居民会议。根据《中华人民共和国城市居民委员会组织法》，下列出席情形，符合召开居民会议条件的是（   ）。

A. 18 周岁以上居民 900 人出席

B. 200 户各派 1 名代表出席

C. 20 个居民小组各选举代表 2~3 人出席

D. 30 家企业事业单位负责人出席

3. 2019 年 10 月，某村换届选举中，王某当选为村民委员会主任，后因个人原因主动辞职，2020 年 8 月，张某经过法定程序被选为该村村民委员会主任。根据《中华人民共和国村民委员会组织法》，张某的任期应当到（   ）。

A. 2022 年 10 月　　　B. 2024 年 10 月　　　C. 2023 年 8 月　　　D. 2025 年 8 月

4. 某社区居民委员会申请开展残疾人公益项目，需要经费 10 万元，根据中共中央办公厅、国务院办公厅《关于加强和改进城市社区居民委员会建设工作的意见》，关于该笔经费来源渠道的说法，正确的是（   ）。

A. 由所在地政府财政拨付

B. 由居民会议讨论，按照自愿原则向社区居民筹集

C. 由街道办事处向驻社区企事业单位筹集

D. 由残疾人联合会向受益残疾人群体募集

5. 根据《中共中央　国务院关于加强和完善城乡社区治理的意见》，关于健全完善城乡社区治理体系的说法正确的是（   ）。

A. 充分发挥基层党组织领导核心作用

B. 有效发挥基层政府负责作用

C. 注重发挥基层群众性自治组织参与作用

D. 统筹发挥社会力量协商作用

6. 在居民委员会换届选举过程中，提名候选人是很重要的一环。下列 4 种提名方式中，不符合《中华人民共和国城市居民委员会组织法》规定的是（   ）。

A. 选民自荐　　　　　　　　　　B. 选民海选产生

C. 居民联名提名　　　　　　　　D. 政府或其派出机关指定

7. 某村拟举行村民委员会选举，该村村民老赵与其数名在县城打工的亲戚均登记参加选举。亲戚们因工作繁忙无法回村投票，委托老赵代为投票。根据《村民委员会选举规程》，老赵最多可以接受（　　）名近亲属委托代为投票。

A. 1　　　　　　　　B. 2　　　　　　　　C. 3　　　　　　　　D. 4

8. 前山村有选举权的选民为 1050 人，本届选民为 1000 人。村民委员会换届选举时，全村发出的全部选票数为 620 张，收回的有效选票数为 600 张。候选人要获得（　　）以上赞成票，才有资格当选。

A. 301 张　　　　　　B. 311 张　　　　　　C. 310 张　　　　　　D. 526 张

9. 某村有村民代表 60 名，该村村民委员会擅自将石灰石开采权转让给无相关资质企业，开采导致地面明显沉降，村民住房开裂损坏。村民在开展维权的同时，拟联名罢免村民委员会成员。根据村民委员会组织法，该村（　　）名以上的村民代表联名，即可提出罢免村民委员会成员的要求，启动罢免程序。

A. 5　　　　　　　　B. 10　　　　　　　C. 15　　　　　　　D. 20

10. 下列关于社区服务的含义，理解错误的是（　　）。

A. 以公共服务、便民利民服务、志愿服务为主要内容

B. 要动员社区力量，开发利用社区资源，走社区服务社会化的道路

C. 不包括对驻社区单位提供便民利民的有偿性生活服务

D. 以满足社区居民生活需求、提高社区居民生活质量为目标

二、多项选择题

11. 根据《关于加强城乡社区协商的意见》，关于确定协商主体的说法，正确的有（　　）。

A. 涉及行政村、社区公共事务和居民切身利益的事项，由村（社区）党组织、村（居）民委员会牵头，组织利益相关方进行协商

B. 涉及两个以上行政村、社区的重要事项，单靠某一村（社区）无法开展协商时，由乡镇、街道党委（党工委）牵头组织开展协商

C. 涉及两个以上行政村、社区的重要事项，单靠某一村（社区）无法开展协商时，由基层政府及其派出机关牵头组织开展协商

D. 人口较多的自然村、村民小组，在村党组织的领导下组织居民进行协商

E. 人口较多的自然村、村民小组，在村委会的领导下组织居民进行协商

12. 村民张某夫妇已参加选民登记，但张某因住院无法参加村民委员会换届选举，打算委托妻子代替他投票，根据《村民委员会选举规程》，关于张某受委托投票的说明正确的有（　　）。

A. 张某可以委托妻子代替他投票

B. 如果张某妻子被提名为村民委员会的候选人，则其不得接受张某的委托投票

C. 张某妻子可以接受委托，但接受委托的人数不得超过 5 人

D. 张某应当办理书面委托手续

E. 村民选举委员会应当公布张某等委托人和张某妻子受委托人的名单

13. 西里社区居民委员会至今已成立 12 年。关于其组织体系的内部设置，下列说法正确的有（　　）。

　　A. 西里社区居民委员会可分设若干居民小组，小组组长由居民委员会主任指派

　　B. 西里社区居民委员会应健全社区居民委员会下属的委员会设置，提高公共服务的能力

　　C. 西里社区居民委员会应选齐配全居民小组组长、楼院门栋长，积极开展楼院门栋居民自治

　　D. 西里社区居民委员会有足够能力承担应尽职责，可不另设社区服务站

　　E. 西里社区服务站在社区党组织和社区居民委员会统一领导和管理下开展工作

14. 王晓热衷于志愿服务，课余时间在某社区服务中心做志愿者，志愿服务累计时间已有 600 小时，该服务中心还有很多像王晓一样热衷于志愿服务活动的志愿者。下列关于建立社区志愿服务激励保障机制的说法，正确的有（　　）。

　　A. 该社区服务中心应制定志愿者星级认定制度，对志愿者进行认定

　　B. 按照相关规定，王晓可被认定为四星级志愿者

　　C. 该社区服务中心应建立志愿者嘉许制度，对优秀志愿者进行褒扬和嘉奖，授予荣誉称号

　　D. 该社区服务中心应建立志愿服务回馈制度，志愿者可利用参加志愿服务的工时，适度换取一定的社区服务，同时在就学、就业、就医等方面享受优惠或优待

　　E. 志愿服务回馈需与志愿者参加志愿服务的工时等价，以发挥志愿者的积极性

15. 新坪村地处城乡接合部，18 周岁以上的村民有 720 人，240 户家庭，村民代表共 240 人。修高铁时政府需征用新坪村的部分土地，针对征地赔偿一事，村民提议召开村民会议，现场有 580 人参加了投票。下列关于村民会议的说法，正确的有（　　）。

　　A. 村民会议由村民委员会召集

　　B. 有 72 位以上的村民或者 80 位以上的村民代表提议，应当召集村民会议

　　C. 召开村民会议，应当有本村 361 名 18 周岁以上村民，或者至少有 121 户代表参加

　　D. 关于征地赔偿所作的决定应当至少有 291 位到会村民投票通过

　　E. 召集村民会议，应当提前 5 天通知村民

参考答案

一、单项选择题

1. B	考点：	关于选民登记的相关规定
2. C	考点：	《中华人民共和国城市居民委员会组织法》和《关于加强和改进城市社区居民委员会建设工作的意见》中对召开居民会议的规定和要求
3. B	考点：	村民委员会选举
4. B	考点：	民主决策、民主管理、民主监督
5. A	考点：	健全完善城乡社区治理体系

6. D	考点：民主选举
7. C	考点：选举竞争和投票选举
8. A	考点：选举有效性确认和确认当选
9. D	考点：村民委员会的罢免
10. C	考点：城乡社区服务的含义

二、多项选择题

11. ABD	考点：民主协商
12. ABDE	考点：委托投票
13. BCDE	考点：居民委员会的组织设置
14. ACD	考点：建立社区志愿服务激励保障机制
15. ABD	考点：召开村民会议

单元 3 易错题

一、单项选择题

1. 下列社区社会工作服务的主要内容中，不属于农村社区服务重点的是（　　）。

A. 空心村落　　　　B. 空巢家庭　　　　C. 留守妇女　　　　D. 低收入家庭

二、多项选择题

2. 某城市社区共有住户 600 户，18 周岁以上的居民 1500 人，共分设 30 个居民小组，成立了业主委员会，聘用了一家物业管理公司。根据《中华人民共和国城市居民委员会组织法》，若该社区（　　）提议，应当召集居民会议。

A. 业主委员会
B. 150 名满 18 周岁的居民
C. 120 户居民
D. 10 个居民小组
E. 物业管理公司

参考答案

一、单项选择题

1. D　　考点：社区社会工作服务的主要任务

解析：在农村社区，以空心村落、空巢家庭、留守人群为重点，为留守儿童提供生活、学习、心理和安全等方面服务，为留守老人提供生活照料、代际沟通、精神慰藉、文化娱乐等方面服务，为留守妇女提供安全教育、技能培训、能力提升、关系调适等方面服务。故选 D。

二、多项选择题

2. CD　　考点：对召开居民会议的规定或要求

解析：居民会议由居民委员会召集和主持。有 1/5 以上的 18 周岁以上的居民 1/5 以上的户或者 1/3 以上的居民小组提议，应当召集居民会议，A、E 选项错误。本题中，1500×1/5＝300（人），B 选项错误；600×1/5＝120（户），C 选项正确；30×1/3＝10（个），D 选项正确。故选 C、D。

单元 4　闯关题

一、单项选择题

1. 为繁荣发展乡村文化，某镇社会工作站拟在中国农民丰收节当天举办以乡村优秀传统文化保护为主题的宣传活动，根据《中华人民共和国乡村振兴促进法》，中国农民丰收节为每年农历的（　　）。

　A. 谷雨日　　　　B. 芒种日　　　　C. 立秋日　　　　D. 秋分日

2. 根据《中华人民共和国民法典》，居民委员会、村民委员会属于（　　）。

　A. 营利法人　　　　　　　　　　B. 非营利法人

　C. 特别法人　　　　　　　　　　D. 非法人组织

3. 根据《中华人民共和国乡村振兴促进法》，建立健全党委领导、政府负责、民主协商、社会协同、公众参与、法治保障、科技支撑的现代乡村社会治理体制和（　　）相结合的乡村社会治理体系。

　A. 自治、法治、德治　　　　　　B. 自治、法治、共治

　C. 自治、善治、德治　　　　　　D. 法治、德治、善治

4. 根据《中华人民共和国城市居民委员会组织法》，召集和主持居民会议的主体是（　　）。

　A. 社区党组织　　　　　　　　　B. 居民委员会

　C. 业主委员会　　　　　　　　　D. 街道办事处

5. 根据《中华人民共和国村民委员会组织法》，村民委员会的选举，由（　　）主持。

　A. 乡镇人民政府　　　　　　　　B. 上届村民委员会

　C. 村务监督机构　　　　　　　　D. 村民选举委员会

6. 根据《中华人民共和国村民委员会组织法》，关于村民会议的说法，正确的是（　　）。

　A. 有 1/10 以上的村民提议，应当召集村民会议

　B. 召集村民会议，应当提前 5 天通知村民

　C. 召开村民会议，应当有过半数以上的户的代表参加

　D. 村民会议所作决定，应当经到会人数的 2/3 以上通过

7. 根据《中共中央　国务院关于加强和完善城乡社区治理的意见》，对基层群众性自治组织承担的社区工作事项清单和协助政府的社区工作事项清单之外的其他事项，街道办事处（乡镇政府）可通过向基层群众性自治组织等（　　）方式提供。

A. 购买服务　　　　B. 转移职能　　　　C. 协商共治　　　　D. 分派任务

8. 根据《中华人民共和国村民委员会组织法》，关于村民委员会选举的说法，正确的是（　　）。

A. 候选人获得全体村民过半数选票，始得当选

B. 选举村民委员会，有登记参加选举的村民过半数投票，选举有效

C. 当选人数不足应选名额，选举无效

D. 选举结果应当在选举结束，7 个工作日内公布

9. 根据《中华人民共和国乡村振兴促进法》，全国乡村振兴促进工作的统筹协调、宏观指导和监督检查，由国务院（　　）主管部门负责。

A. 发展改革　　　　B. 文化旅游　　　　C. 农业农村　　　　D. 自然资源

10. 根据《中共中央　国务院关于加强基层治理体系和治理能力现代化建设的意见》，加强基层治理体系和治理能力现代化建设，要坚持（　　）理念，强化系统治理、依法治理、综合治理、源头治理。

A. 体系化治理　　　B. 全周期管理　　　C. 智能化管理　　　D. 全方位管理

二、多项选择题

11. 根据《中华人民共和国城市居民委员会组织法》，产生居民委员会主任、副主任和委员的方式有（　　）。

A. 由本居住地区每户派代表选举产生

B. 由本居住地区全体有选举权的居民选举产生

C. 由本居住地区半数以上的居民和驻社区单位代表选举产生

D. 根据居民意见，由每个居民小组选举代表 2~3 人选举产生

E. 根据居民意见，由每个居民小组和业主委员会推举代表选举产生

12. 红棉里社区是一个综合社区，社区内配有卫生服务站、活动中心、图书室、健身器材等各类服务设施，以满足社区居民的多元需求。下列关于社区综合服务设施建设的说法，正确的有（　　）。

A. 要将社区居民委员会工作用房和居民公益性服务设施建设纳入城市规划、土地利用规划和社区发展相关专项规划

B. 新建住宅小区和旧城区连片改造居民区的建设单位必须按照国家有关标准要求，将公共服务设施配套建设纳入建设工程规划设计方案

C. 老城区和已建成居住区没有社区居民委员会工作用房和居民公益性服务设施的或者不能满足需要的，由街道办事处负责建设

D. 提倡"一室多用"，提高使用效益

E. 社区居民委员会办公服务设施的供暖、水电、煤气、电信等费用全免

13. 某社区居民委员会正在制定工作经费预算。根据中共中央办公厅、国务院办公厅《关于加强和改进城市社区居民委员会建设工作的意见》，下列经费预算中，可向街道办事处申请纳入财务预算的有（　　）。

A. 工作经费　　　　B. 人员报酬　　　　C. 居民互助经费

D. 服务设施建设经费　　　　　　E. 社区信息化建设经费

14. 广州市某社会工作服务机构通过竞标的方式承接了某街道家庭综合服务中心的运营，为扩大服务的覆盖范围、为居民提供多样性的服务，"专业社会工作者+志愿者"是该机构开展社区服务时秉持的服务模式。根据相关规定，在社区志愿服务方面，该社会工作机构应着重把握的几点是（　　）。

A. 要根据社区居民构成，培育不同类型、不同层次的社区志愿服务组织

B. 依托社区综合服务设施，建立志愿服务站点，搭建志愿者、服务对象和服务项目对接平台

C. 建立社区志愿服务记录制度，把志愿者的积极性保护好、发挥好

D. 建立社区志愿服务激励保障机制，使其参与志愿服务所付出的时间得到最大限度的回馈

E. 坚持培训与服务并重的原则，根据志愿服务项目的要求，通过集中辅导、座谈交流、案例分析等方式，对志愿者进行培训

15. 2021年《中共中央　国务院关于加强基层治理体系和治理能力现代化建设的意见》指出，建设（　　）的基层治理共同体。

A. 人人参与　　　　B. 人人有责　　　　C. 人人尽责

D. 人人享有　　　　E. 人人共享

参考答案

一、单项选择题

1. D　　　考点：《中华人民共和国乡村振兴促进法》第七条

2. C　　　考点：《中华人民共和国民法典》第九十六条

3. A　　　考点：《中华人民共和国乡村振兴促进法》第四十一条

4. B　　　考点：民主决策、民主管理、民主监督

5. D　　　考点：村民委员会选举

6. A　　　考点：召开村民会议

7. A　　　考点：《中共中央　国务院关于加强和完善城乡社区治理的意见》中"有效发挥基层政府主导作用"的相关规定

8. B　　　考点：村民委员会选举

9. C　　　考点：《中华人民共和国乡村振兴促进法》第十条

10. B　　　考点：《中共中央　国务院关于加强基层治理体系和治理能力现代化建设的意见》的"工作原则"

二、多项选择题

11. ABD　　考点：居民自治的基本内容

12. ABD　　考点：城市社区综合服务设施建设

13. ABDE　　考点：居民委员会与政府组织的关系

14. ABCE　　考点：社区志愿服务

15. BCD　　考点：《中共中央　国务院关于加强基层治理体系和治理能力现代化建设的意见》的"工作原则"

第十章

我国公益慈善事业与志愿服务法规与政策

10

【本章复习提示】

本章主要介绍了公益慈善事业与志愿服务方面的法规和政策，公益慈善组织的分类、慈善募捐与捐赠、慈善信托、救灾捐赠、彩票管理等；以及志愿服务中的权利义务、组织管理、记录证明、激励保障制度等内容。考点主要集中在慈善募捐规定、税收优惠政策、彩票管理、志愿服务特征、志愿者权利义务等方面。尤其是慈善募捐、志愿服务权利义务等具体内容。

复习时建议要牢记公益慈善组织的分类标准（如公募基金会、非公募基金会、社会团体、社会服务机构等），志愿服务记录管理的主要内容（如记录时间的计算标准、服务证明的申请程序）等，还要注意细节，例如慈善捐赠的税收优惠政策，注重申请程序、扣除比例等；理解志愿服务的自愿性和公益性特征，掌握志愿者和志愿组织的权利义务；多做题目训练，强化对法规政策与实际案例的运用能力；还需要继续扩充相关法规政策的学习，跟进最新变化。

单元1 基础题

一、单项选择题

1. 某基金会于 2015 年成立，近日拟申请认定为慈善组织。根据《慈善组织认定办法》，该基金会申请认定为慈善组织，应当经（　　）表决通过。

A. 理事长办公会　　　B. 职工代表大会　　　C. 理事会　　　D. 监事会

2. 为促进广覆盖、多层次、宽领域开展志愿服务，某市将志愿服务事业纳入国民经济和社会发展规划。根据《志愿服务条例》，该市志愿者应当由该市（　　）合理安排。

A. 慈善协会　　　　　B. 志愿服务协会　　　C. 青年联合会　　D. 人民政府

3. 根据《中华人民共和国慈善法》，慈善信托的受托人应当在慈善信托文件签订之日起 7 日内，将相关文件向慈善信托的（　　）所在地县级以上人民政府民政部门备案。

A. 委托人　　　　　　B. 受托人　　　　　　C. 监察人　　　　D. 受益人

4. 为了筹集社会公益基金，促进社会公益事业的发展，我国境内允许发售彩票，根据《彩票管理条例》，彩票应经（　　）特许发行。

A. 国务院　　　　　　　　　　　　B. 国务院财政部门

C. 国务院民政部门　　　　　　　　D. 国务院体育行政部门

5. 根据《财政部　税务总局　民政部关于公益性捐赠税前扣除有关事项的公告》，社会组织评估等级为（　　）以上（含），且符合其他有关要求的，可按程序申请公益性捐赠税前扣除资格。

A. 2A　　　　　　　　B. 3A　　　　　　　　C. 4A　　　　　　D. 5A

6. 根据《志愿服务记录与证明出具办法（试行）》，志愿服务组织应当在志愿服务活动结束后（　　）个工作日内完成志愿服务情况和评价情况记录。

A. 10　　　　　　　　B. 5　　　　　　　　C. 7　　　　　　D. 15

7. 根据《中华人民共和国慈善法》，关于慈善组织终止时清算的说法，正确的是（　　）。

A. 慈善组织终止的情形出现后，其登记的民政部门应当成立清算组进行清算并向社会公告

B. 慈善组织清算后的剩余财产，应当按照慈善组织发起人的约定进行分配

C. 慈善组织发起人对慈善组织剩余财产没有约定的，剩余财产归国家所有

D. 慈善组织清算结束后，应当向办理其登记的民政部门办理注销登记，并由民政部门向社会公告

8. 根据《中华人民共和国慈善法》《慈善组织保值增值投资活动管理暂行办法》对慈善组织开展保值、增值活动的说法，正确的是（　　）。

A. 慈善组织可以直接购买股票

B. 慈善组织可以用政府资助的财产进行投资

C. 慈善组织可以利用捐赠款进行保值、增值投资

D. 投资人身保险产品

9. 根据《志愿服务条例》，以下（ ）说法是正确的。

A. 志愿者年龄不低于 18 岁

B. 志愿者必须通过志愿组织进行注册

C. 如果志愿者不能及时参加志愿活动，应该提前告知志愿服务组织

D. 志愿者不得领取补贴，但可以适当对服务对象收取费用

10. 根据《中华人民共和国公益事业捐赠法》，在发生自然灾害时，以下可以作为捐款受赠人的是（ ）。

A. 居民委员会或者村民委员会

B. 街道办事处

C. 乡（镇）人民政府

D. 县级人民政府民政部门

二、多项选择题

11. 根据《中华人民共和国慈善法》及相关规定，下列关于公益慈善事业募捐与捐赠的说法，正确的有（ ）。

A. 慈善组织接受捐赠，应当向捐赠人开具由财政部门统一监（印）制的捐赠票据

B. 捐赠人要求签订书面捐赠协议的，慈善组织可以拒绝

C. 捐赠人通过广播、电视、报刊、互联网等媒体公开承诺捐赠，捐赠人拒不交付的，慈善组织可以依法向人民法院申请支付令

D. 捐赠人签订书面捐赠协议后经济状况显著恶化，严重影响其生产经营或者家庭生活的，可以不再履行捐赠义务

E. 慈善组织违反捐赠协议的，捐赠人可以要求其改正

12. 根据《中华人民共和国信托法》及相关规定，下列关于受托人的权利与义务的说法，正确的有（ ）。

A. 受托人有权依照信托文件的约定或者法律的规定收取适当的报酬

B. 受托人可以将信托财产转为固有财产，只要不损害受益人利益

C. 受托人因违背管理职责或者处理信托事务不当对第三人所负债务，应当由其固有财产承担

D. 受托人应当每年定期将信托财产的管理运用、处分及收支情况，报告委托人和受益人

E. 受托人因处理信托事务所支出的费用、对第三人所负债务，以信托财产承担

13. 根据《彩票管理条例实施细则》，关于彩票发行与销售管理部分，下列说法正确的有（ ）。

A. 国务院财政部门负责全国的彩票监督管理工作

B. 福利彩票发行机构和体育彩票发行机构分别负责全国的福利彩票、体育彩票发行和组织销售工作

C. 彩票发行机构经所在的省、自治区、直辖市人民政府批准可以发行、销售福利彩票、体育彩票之外的其他彩票

D. 彩票销售机构负责本行政区域福利彩票、体育彩票销售系统的建设、运营和维护

E. 彩票发行机构、彩票销售机构可以委托单位、个人代理销售彩票，且应当与接受委托的彩票代销者签订彩票代销合同

14. 根据《志愿服务条例》及相关规定，关于志愿服务组织的权利与义务，下列说法正确的有（　　）。

A. 志愿服务组织应当根据自己的章程组织开展志愿服务活动

B. 志愿服务组织可以通过接受社会捐赠、资助等形式，筹集开展志愿服务活动的经费

C. 志愿服务组织有权要求志愿者必须完成所有分配的任务

D. 志愿服务组织应当如实记录志愿者的服务时间、内容等信息

E. 志愿服务组织可以向志愿者收取一定费用用于购买保险

15. 根据《志愿服务条例》及相关规定，关于志愿者的权利与义务，下列说法正确的有（　　）。

A. 志愿者有权拒绝超出约定范围的志愿服务

B. 志愿者应当按照约定提供志愿服务

C. 志愿者有权要求志愿服务组织提供必要的培训和安全保障

D. 志愿者应当自行承担参与志愿服务活动所产生的费用

E. 志愿者有权获得志愿服务记录证明

参考答案

一、单项选择题

1. C	考点：《慈善组织认定办法》第六条	
2. D	考点：志愿服务激励保障制度——促进措施	
3. B	考点：《中华人民共和国慈善法》第四十五条	
4. A	考点：彩票管理的规定	
5. B	考点：《财政部　税务总局　民政部关于公益性捐赠税前扣除有关事项的公告》四（八）	
6. A	考点：志愿服务记录与证明出具的基本程序	
7. D	考点：《中华人民共和国慈善法》第十八条	
8. C	考点：《中华人民共和国慈善法》第五十五条、《慈善组织保值增值投资活动管理暂行办法》第七条	
9. C	考点：志愿者的义务	
10. D	考点：受赠人的权利与义务	

二、多项选择题

11. ACDE	考点：《中华人民共和国慈善法》第三十八条、第四十一条、第四十二条	
12. ACDE	考点：受托人的权利和义务	
13. ABDE	考点：彩票管理的规定	
14. ABD	考点：志愿服务组织的权利与义务	
15. ABCE	考点：志愿者的权利与义务	

单元2 提高题

一、单项选择题

1. 国内某大学于2005年经登记成立校友基金会，多年来一直利用校友捐款开展公益服务，社会反响良好。2019年，该校友基金会拟通过互联网开展公开募捐。根据《中华人民共和国慈善法》，关于该基金会公开募捐的说法，正确的是（   ）。

A. 该基金会在该大学官网发布募捐信息后，可开展公开募捐活动

B. 该基金会于《中华人民共和国慈善法》公布前设立，可直接开展公开募捐活动

C. 该基金会报经上级教育行政部门同意后，可开展公开募捐活动

D. 该基金会经认定为慈善组织并取得公开募捐资格后，可开展公开募捐活动

2. 根据《中华人民共和国慈善法》，下列慈善组织的募捐行为，属于慈善募捐中定向募捐的是（   ）。

A. 甲校友基金会为资助家庭贫困大学生通过互联网募集捐款

B. 乙文化教育基金会通过慈善展览向理事会成员募集捐款

C. 丙社会团队为患罕见病儿童在街头设置募集捐款

D. 丁社会工作服务机构在商场举办了手工艺品义卖募集捐款

3. 某企业向一家慈善组织捐赠了一批物资用于支持该地区教育项目。在捐赠过程中，以下说法错误的是（   ）。

A. 该企业有权要求慈善组织开具由财政部门统一监（印）制的捐赠票据，并享受税收优惠

B. 该企业可以与慈善组织签订书面捐赠协议，明确捐赠物资的种类、数量、质量、用途和交付时间

C. 慈善组织可以未经该企业同意，将部分捐赠物资用于其他公益项目

D. 该企业有权查询、复制其捐赠物资管理使用的有关资料，慈善组织应当及时主动向企业反馈有关情况

4. 阳光志愿者协会注册地为甲省乙市，根据《志愿服务记录与证明出具办法（试行）》，该协会应当按照统一的信息数据标准，将志愿者的志愿服务信息录入（   ）的志愿服务信息系统。

A. 国务院民政部门指定　　　　　　　B. 甲省志愿服务联盟建立

C. 乙市志愿服务联合会建立　　　　　D. 阳光志愿者协会自建

5. 刘某，慈善事业热心人士，2022年资助边远地区儿童教育公益项目6万元，个人申报的应纳税所得额为20万元，根据《中华人民共和国个人所得税法》，计算刘某2022年应纳税所得额时，可以从其申报的应纳税所得额中扣除（   ）万元。

A. 3　　　　　　　　B. 4　　　　　　　　C. 5　　　　　　　　D. 6

6. 某集团董事长与某慈善组织负责人商谈后决定拟举办一场大型文艺演出，承诺将所有收入捐赠给该慈善组织的"关爱留守儿童"公益项目，同时作了一些口头约定，根据《中华人民共和国慈善法》，下列口头约定中，错误的是（   ）。

A. 举办活动前，双方应当签订捐赠协议

B. 举办活动中，可以放置集团烟草产品广告牌

C. 活动结束后，该集团应按协议履行捐赠义务

D. 活动结束后，捐赠情况应当及时向社会公开

7. 律师李某是某公益信托项目受托人，根据《中华人民共和国信托法》，下列关于李某行为的说法中正确的是（　　）。

A. 李某不得辞去该项目受托人

B. 李某不得在该项目中获取报酬

C. 李某应当接受公益事业管理机构对其个人财产的检查

D. 李某应当在该信托项目终止 15 日内，向公益事业管理机构报告终止事由

8. 大学生王某为注册志愿者，利用业余时间参加在养老院开展的志愿服务活动，在服务时，不小心将服务对象撞倒，产生医疗费用，根据《中国注册志愿者管理办法》，该费用应由（　　）承担。

A. 王某　　　　B. 王某就读高校　　　　C. 养老院　　　　D. 志愿服务组织

9. 某基金会发起甲县灾后应急支持项目，高某捐赠 500 箱矿泉水、500 顶帐篷，双方订立捐赠协议约定捐赠的物资用于甲县受灾群众生活安置。应急工作结束后，尚有 100 顶高某所捐赠帐篷未使用，需要改变用途。根据《中华人民共和国公益事业捐赠法》，关于该基金会改变 100 顶帐篷用途的说法，正确的是（　　）。

A. 应当将其转交甲县政府

B. 应当将其用于灾后应急专业人员技术培训

C. 应当与高某协商确定其用途

D. 应当将其变更、变卖，全部收入用于灾后重建工作

10. 某社会服务机构开展农村留守老人关爱服务，需要招募几名志愿者为患有白内障的老人进行义诊。根据《志愿服务条例》，该机构此次招募志愿者的下列做法中，错误的是（　　）。

A. 在招募海报中写明开展服务的内容、时间、地点等信息

B. 向报名的志愿者说明服务中可能存在的风险

C. 招募未接触过相关医学知识的大学一年级新生

D. 直接与某志愿服务组织合作，由志愿服务组织负责招募志愿者

二、多项选择题

11. 根据《志愿服务条例》，成为注册志愿者的途径有（　　）。

A. 通过志愿服务组织进行注册

B. 通过国务院民政部门指定的志愿服务信息系统自行注册

C. 向社区居民委员会报到

D. 在社区志愿服务队登记

E. 前往街道志愿服务职能科室备案

12. 老李经常参加社区组织的治安巡逻志愿服务活动。根据《志愿服务记录办法》，老李的下列信息，应当被记录的有（　　）。

A. 身份证号码

B. 参加治安巡逻志愿服务培训的学时

C. 参加治安巡逻志愿服务的具体日期

D. 从住处到治安巡逻志愿服务场所往返交通时间

E. 因治安巡逻志愿服务所获得的表彰奖励

13. 某志愿服务组织因服务范围及内容扩大，新招募了一批志愿者。下列关于志愿者培训管理的说法，正确的有（　　）。

A. 在开展志愿服务活动前，应对志愿者进行必备知识和安全须知等内容的培训

B. 该组织根据志愿服务活动的需要安排志愿者，志愿者须服从安排

C. 对拒不履行义务的志愿者，该组织可取消其注册志愿者身份

D. 该组织应建立健全注册志愿者档案或信息管理系统

E. 该组织需为志愿者办理必要的保险

14. 王迪是某高校的学生，课余时间在某志愿服务组织从事残疾人志愿服务。以下关于王迪作为志愿者的权利和义务的说法，正确的有（　　）。

A. 王迪这个学期课程紧张，他可以根据实际情况减少参加志愿服务的时间与次数

B. 对该志愿服务组织拓展的其他超出约定范围的服务，王迪可以拒绝

C. 其他组织需要招募志愿者，该组织可以把王迪的个人信息告知对方

D. 在服务过程中，某位老人向王迪透露了自己早年的隐私，王迪对其所在的服务组织不必保守秘密

E. 王迪须维护志愿者、志愿服务组织的形象和声誉，传播志愿服务理念

15. 根据《慈善组织保值增值投资活动管理暂行办法》，下列关于慈善组织开展保值、增值活动的说法，正确的有（　　）。

A. 慈善组织可以直接购买股票

B. 慈善组织可以投资名义向个人、企业提供借款

C. 慈善组织可以投资人身保险产品

D. 慈善组织可以将财产委托给受金融监督管理部门监管的机构进行投资

E. 慈善组织在开展投资活动时有违法违规行为，致使慈善组织财产损失的，相关人员应当承担相应责任

参考答案

一、单项选择题

1. D　　考点：《中华人民共和国慈善法》第二十二条

2. B　　考点：《中华人民共和国慈善法》第二十九条

3. C　　考点：捐赠人的权利与义务

4. A　　考点：志愿服务记录与证明出具基本原则

5. D　　考点：公益性捐赠税前扣除规定——个人所得税

6. B　　考点：《中华人民共和国慈善法》第四十条

7. D　　考点：受托人的权利和义务

8. D　　考点：《中国注册志愿者管理办法》第十四条

9. C　　　考点：捐赠人的权利——监督

10. C　　　考点：招募注册的规定

二、多项选择题

11. AB　　　考点：《志愿服务条例》第七条

12. ABCE　　考点：《志愿服务记录办法》第五至八条、第十一条

13. ACDE　　考点：志愿者培训管理

14. ABE　　　考点：志愿者的权利与义务

15. DE　　　考点：《慈善组织保值增值投资活动管理暂行办法》第四条、第七条、第十四条

单元3 易错题

多项选择题

1. 张某承诺向某慈善组织捐赠 10 万元，并签订了书面捐赠协议，但后来拒不交付。根据《中华人民共和国慈善法》，若这笔捐赠款项在协议中约定用于（　　），该慈善组织可依法向人民法院申请支付令。

A. 促进教育　　　　　B. 防治污染　　　　　C. 扶贫、济困

D. 恤病、优抚　　　　E. 事故灾难救助

2. 2022 年 3 月，某慈善组织启动为期 1 年的绿化治沙项目。辛某向该项目捐款 5000 元并签署捐赠协议。2024 年 3 月，辛某到项目实施地出差，得知该绿化治沙项目尚未实施。根据《中华人民共和国慈善法》，辛某有权（　　）。

A. 向该慈善组织查询自己的捐款管理使用情况

B. 要求复制自己捐款管理使用的有关资料

C. 要求该慈善组织遵守捐赠协议

D. 索回捐款并要求支付双倍赔偿金

E. 向办理该慈善组织登记的民政部门投诉

参考答案

多项选择题

1. CDE　　　考点：捐赠人的义务

解析：《中华人民共和国慈善法》第四十一条规定，捐赠人应当按照捐赠协议履行捐赠义务。捐赠人违反捐赠协议逾期未交付捐赠财产，有下列情形之一的，慈善组织或者其他接受捐赠的人可以要求交付；捐赠人拒不交付的，慈善组织和其他接受捐赠的

人可以依法向人民法院申请支付令或者提起诉讼：

（1）捐赠人通过广播、电视、报刊、互联网等媒体公开承诺捐赠的；（2）捐赠财产用于本法第三条第一项至第三项规定的慈善活动，并签订书面捐赠协议的。《中华人民共和国慈善法》第三条第一项至第三项规定的慈善活动包括：（1）扶贫、济困；（2）扶老、救孤、恤病、助残、优抚；（3）救助自然灾害、事故灾难和公共卫生事件等突发事件造成的损害。CDE属于上述慈善活动，因此可以申请。故选C、D、E。

2. ABC　考点：捐赠人的权利

解析：《中华人民共和国慈善法》第四十二条规定，捐赠人有权查询、复制其捐赠财产管理使用的有关资料，慈善组织应当及时主动向捐赠人反馈有关情况，A、B选项正确。慈善组织违反捐赠协议约定的用途，滥用捐赠财产的，捐赠人有权要求其改正；拒不改正的，捐赠人可以向县级以上人民政府民政部门投诉、举报或者向人民法院提起诉讼，E选项错误。《中华人民共和国公益事业捐赠法》第十八条规定，受赠人与捐赠人订立了捐赠协议的，应当按照协议约定的用途使用捐赠财产，C选项正确。故选A、B、C。

单元 4　闯关题

一、单项选择题

1. 甲、乙、丙、丁四个社会组织均于《中华人民共和国慈善法》公布前成立，根据《慈善组织公开募捐管理办法》，可以申请公开募捐资格证书的是（　　）。

A. 甲，公募基金会，持有标明慈善组织属性的登记证书

B. 乙，非公募基金会，登记满8年，连续两次被评为5A级社会组织，慈善组织认定申请审核中

C. 丙，社会团体，具有公益性捐赠税前扣除资格，尚未申请慈善组织认定

D. 丁，社会工作服务机构，认定为慈善组织刚满1年

2. 某国企为甲省乙市丙县丁镇某公办小学全资捐款建设图书馆，根据《中华人民共和国公益事业捐赠法》，该国企可以捐出图书馆工程项目的名称，报（　　）批准。

A. 甲省民政部门　　　　　　　B. 乙市教育行政部门

C. 丙县人民政府　　　　　　　D. 丁镇人民代表大会

3. 甲市拟进一步加强当地志愿服务行政管理工作，根据《志愿服务条例》，负责该市志愿服务行政管理工作的是（　　）。

A. 市文明办　　B. 团市委　　C. 市民政局　　D. 市青年联合会

4. 甲社会工作服务机构在乙社区培育了一支志愿服务队，为乙社区的高龄老年人服务。根据《志愿服务记录与证明出具办法（试行）》，该志愿者服务队应当在（　　）指

导下，记录志愿者的志愿服务信息。

    A. 甲社会工作服务机构   B. 乙社区居民委员会

    C. 乙社区所属的街道办事处   D. 乙社区所在的县级民政部门

5. 根据《中华人民共和国慈善法》，除捐赠协议对管理费用另有约定外，慈善组织中具有公开募捐资格的基金会年度管理费用不得超过当年总支出的（　　），特殊情况难以符合前述规定的，应当报告其登记的民政部门并向社会公开说明情况。

    A. 12%   B. 15%   C. 8%   D. 10%

6. 老范夫妇年老体弱，无儿无女，多年来接受某慈善组织的援助，近期老范夫妇计划利用自己的部分财产委托慈善组织建立信托，请问老范夫妇应该利用（　　）形式建立委托。

    A. 口头   B. 书面   C. 录音   D. 录像

7. 根据《财政部　国家税务总局关于非营利组织企业所得税免税收入问题的通知》，下列非营利组织的收入属于免税收入的是（　　）。

    A. 承接政府购买服务取得的收入   B. 提供教育培训服务取得的收入

    C. 接受其他单位或个人捐赠的收入   D. 投资理财取得的收入

8. 根据《中华人民共和国慈善法》，下列人员中，可以担任慈善组织负责人的是（　　）。

    A. 甲，限制民事行为能力人

    B. 乙，因故意犯罪被判刑，刑满释放刚刚满 3 年

    C. 丙，某社会团体原会计，该社会团体 3 年前被依法取缔

    D. 丁，某社会服务机构原负责人，该机构 2 年前被吊销登记证书

9. 某协会是依法设立的具有公开募捐资格的慈善组织，正在为一项为期三年的教育慈善项目开展公开募捐活动。根据《中华人民共和国慈善法》，该项目自启动之日起至项目结束之日止，该协会应当至少（　　）次公开项目实施情况。

    A. 3   B. 6   C. 9   D. 12

10. 根据《慈善组织信息公开办法》，慈善组织应当将其接受捐赠的金额和用途在（　　）上向社会公开。

    A. 民政部门提供的统一的信息平台   B. 业务主管部门的门户网站

    C. 慈善组织自己的移动客户端   D. 慈善组织自己的官方公众号

二、多项选择题

11. 按照甲志愿服务组织安排，社会工作硕士研究生小张到乙街道老年协会开展志愿服务。根据《志愿服务记录与证明出具办法（试行）》，小张获得志愿服务记录证明的方法有（　　）。

    A. 小张所在学校出具   B. 甲志愿服务组织出具

    C. 乙街道办事处出具   D. 乙街道老年协会出具

    E. 小张自行在志愿服务信息系统中打印

12. 老张 2019 年底创办了其互联网众筹平台，但尚未获得公开募捐资格。2020 年春节前，老张通过该众筹平台开展了"为山区人员送温暖"公开募捐活动，募得资金 150 万元、衣服 800 件、棉被 500 条。根据《中华人民共和国慈善法》，民政部门对此次募捐行

为可以作出的处理有（　　　）。

A. 予以警告，责令停止募捐活动

B. 对可以退还的募集财产，责令退还捐赠人

C. 对难以退还的募集财产，予以收缴，转给其他慈善组织用于慈善目的

D. 对老张处 10 万元罚款

E. 对该众筹平台网络服务商处 30 万元罚款

13. 根据《志愿服务条例》，志愿服务组织在组织志愿者参加志愿服务时，应尽的义务有（　　　）。

A. 招募志愿者

B. 对志愿者开展相关岗前培训

C. 根据志愿服务时长发放津贴、补贴

D. 向报名的志愿者说明服务中可能发生的风险

E. 安排与志愿者的年龄、知识、技能和身体状况相适应的活动

14. 随着社会的进步与发展，越来越多的有社会责任感的企业、经营者参与公益事业，其在回馈社会的同时，也能根据规定享受到一些政策优惠。下列关于税收优惠政策的规定，正确的有（　　　）。

A. 某公司用于公益性捐赠的支出，在年度总收入 12% 以内的部分，准予在计算应纳税所得额时扣除

B. 某私营企业用于公益性捐赠的支出，在年度利润总额 12% 以内的部分，准予在计算应纳税所得额时扣除

C. 某个体工商户捐赠额未超过其申报的应纳税所得额 12% 的部分，可以从其应纳税所得额中扣除

D. 某个体工商户捐赠额未超过其申报的应纳税所得额 30% 的部分，可以从其应纳税所得额中扣除

E. 境外向公益性社会团体和公益性非营利的事业单位捐赠的用于公益事业的物资，依照法律、行政法规的规定减征或者免征进口关税和进口环节的增值税

15. 某市志愿服务基金会在年度预算中计划分配资金用于以下项目，根据相关法律法规，下列项目符合志愿服务基金使用范围的有（　　　）。

A. 资助本市环保志愿服务项目

B. 举办全市志愿服务理念宣传活动

C. 为本市志愿者提供专业技能培训

D. 奖励作出突出贡献的志愿服务组织和志愿者

E. 用于基金会办公设备更新

参考答案

一、单项选择题

1. A　　　考点：《慈善组织公开募捐管理办法》第九条

2. C　　　　　考点：捐赠人的权利

3. C　　　　　考点：《志愿服务条例》第五条

4. B　　　　　考点：《志愿服务记录与证明出具办法（试行）》第二十六条

5. D　　　　　考点：《中华人民共和国慈善法》第六十一条

6. B　　　　　考点：对公益慈善信托设立的特别规定

7. C　　　　　考点：《财政部　国家税务总局关于非营利组织企业所得税免税收入问题的通知》中"非营利组织免税收入的范围"

8. C　　　　　考点：《中华人民共和国慈善法》第十六条

9. D　　　　　考点：《中华人民共和国慈善法》第七十九条

10. A　　　　考点：《慈善组织信息公开办法》第三条

二、多项选择题

11. BE　　　　考点：志愿服务记录与证明出具制度

12. ABCD　　考点：《中华人民共和国慈善法》第一百一十三条

13. ABDE　　考点：志愿服务组织的义务

14. BDE　　　考点：税收优惠政策规定

15. ABCD　　考点：志愿服务基金的管理使用

第十一章

我国社会组织法规与政策

11

【本章复习提示】

　　本章主要介绍社会团体、民办非企业单位、基金会、社区社会组织管理法规与政策，包括：社会团体的成立登记条件、民办非企业单位的成立登记条件、基金会设立的条件、社区社会组织的发展重点、社会组织评估的条件等。社会团体的成立登记条件，如会员数量、活动资金等是历年题目的热点。基金会理事会组成和职责，是基金会管理的核心考点。社区社会组织发展重点、社会组织评估等级和有效期等是近年来新增的考点。此外，社会团体、民办非企业单位、基金会的成立登记条件和程序，以及注销、撤销情形都属于高频考点，须加强记忆。

单元1 基础题

一、单项选择题

1. 根据《民政部　财政部关于取消社会团体会费标准备案规范会费管理的通知》，关于社会团体会费的说法，正确的是（　　）。

A. 会费标准的额度可具有浮动性

B. 会员代表大会可制定会费标准

C. 理事会可修改会费标准

D. 会费标准制定修改可采取举手表决方式进行

2. 根据《民政部关于大力培育发展社区社会组织的意见》，应当加快发展生活服务类、公益慈善类和（　　）社区社会组织。

A. 物业维权类　　　B. 理财服务类　　　C. 婚姻中介类　　　D. 居民互助类

3. 根据《财政部　税务总局关于非营利组织免税资格认定管理有关问题的通知》，关于非营利组织免税资格的说法，正确的是（　　）。

A. 非营利组织免税优惠资格的有效期为3年

B. 社会团体享受免税的资格由其所在地市场监督管理部门审核确认并公布

C. 纳税信用等级由税务部门评定为C级的民办非企业单位，其免税资格应予以取消

D. 获得免税资格的基金会，工作人员平均工资薪金水平不得超过税务登记所在地的市级以上地区的同行业同类组织平均工资水平的1.5倍

4. 根据《基金会管理条例》，对基金会注销后剩余财产的下列处置措施中，正确的是（　　）。

A. 上交登记管理机关　　　　　　　B. 上交业务主管单位

C. 退还基金会的发起人或捐赠人　　D. 按照章程的规定用于公益目的

5. 根据《基金会管理条例》，关于基金会理事的说法正确的是（　　）。

A. 基金会理事会的理事人数为5~30人

B. 具有近亲属关系的理事不得同时在理事会任职

C. 理事每届任期不得超过5年，连任不得超过两届

D. 在基金会领取报酬的理事不得超过理事总人数的1/3

6. 某医疗社会团体符合非营利组织免检资格申请条件，根据《财政部　税务总局关于非营利组织免税资格认定管理有关问题的通知》，该社会团体免检资格申请是由（　　）依法按照管理权限联合进行审核确认、并定期予以公示。

A. 财政，卫生行政部门　　　　　　B. 税务，民政部门

C. 民政，卫生行政部门　　　　　　D. 财务，税务部门

7. 根据《基金会管理条例》规定，下列（　　）拥有决策权。

A. 董事会　　　　　B. 监事会　　　　　C. 理事会　　　　　D. 会员代表大会

8. 某集团拟定成立非公募教育基金会。根据《基金会管理条例》，该基金会的原始基金不得低于（　　）万元人民币。

A. 200　　　　　　　B. 400　　　　　　　C. 600　　　　　　　D. 800

9. 某慈善组织为具有公开募捐资格的基金会，其 2021 年总收入 2000 万元，总支出 1800 万元，根据《中华人民共和国慈善法》，该组织 2021 年慈善管理行政费用最高为（　　）。

A. 200 万元　　　　　　B. 180 万元　　　　　　C. 160 万元　　　　　　D. 120 万元

10. 根据《民办非企业单位登记暂行办法》，由企事业单位、社会团体和其他社会力量举办的民办非企业单位，应当申请（　　）登记。

A. 民办非企业单位（法人）　　　　　　B. 民办非企业单位（合伙）

C. 民办非企业单位（个体）　　　　　　D. 民办非企业单位（合资）

二、多项选择题

11. 根据《社会组织评估管理办法》，某志愿服务联合会于 2021 年 6 月参加等级评估，被民政部门评为 3A 级社会组织。下列该组织的做法，正确的有（　　）。

A. 将评估等级证书作为信誉证明出示

B. 将评估等级牌匾悬挂在其办公室明显位置

C. 要求自动获得公益性捐赠税前扣除资格

D. 计划在评估等级有效期满前 2 年申请重新参加等级评估

E. 要求民政部门简化年度检查程序

12. 全面实现行业协会商会与行政机关脱钩，是加快转变政府职能、促进行业协会商会规范发展的重要举措。根据《行业协会商会与行政机关脱钩总体方案》，脱钩改革的主要任务和措施包括（　　）等内容。

A. 机构分离　　　　　　B. 职能分离　　　　　　C. 人员管理分离

D. 信息资源分离　　　　E. 资产财务分离

13. 根据《民办非企业单位登记暂行办法》，举办民办非企业单位应按照行（事）业类别申请登记。下列单位中，应当以教育部门为企业主管单位的有（　　）。

A. 民办幼儿园　　　　　　B. 民办专修学校　　　　　　C. 民办职业培训中心

D. 民办科学研究中心　　　E. 民办人才交流中心

14. 《民政部关于大力培育发展社区社会组织的意见》提出，培育发展社区社会组织的总体要求是（　　）。

A. 以满足群众需求为导向　　　　　　B. 以鼓励扶持为重点

C. 以能力提升为基础　　　　　　　　D. 以服务贫弱群体为目标

E. 以健康有序发展为基础

15. 《民政部关于大力培育发展社区社会组织的意见》进一步强调要加大对社区社会组织的培育扶持力度，明确重点发展（　　）社区社会组织。

A. 党建引领类　　　　　　B. 生活服务类　　　　　　C. 公益慈善类

D. 生活互助类　　　　　　E. 居民互助类

参考答案 ···

一、单项选择题

1. B	考点：财务制度	
2. D	考点：社区社会组织的发展重点	
3. C	考点：税收政策	
4. D	考点：基金会的终止	
5. D	考点：理事会的组成	
6. D	考点：税收政策	
7. C	考点：理事会的组成及职责	
8. A	考点：基金会的分类及其设立条件	
9. B	考点：基金会财产的管理	
10. A	考点：民事责任分类	

二、多项选择题

11. ABD	考点：年检与评估
12. ABCE	考点：行业协会商会与行政机关脱钩的实施行动
13. AB	考点：行业分类
14. ABC	考点：社区社会组织的发展重点
15. BCE	考点：加大对社区社会组织的培育扶持力度的措施

单元 2 提高题

一、单项选择题

1. 高某、张某和舒某取得社会工作者职业资格证书后，拟共同出资 10 万元，创办社会工作服务机构，提供青少年社会工作服务。根据社会组织登记管理相关规定，创办该机构应当申请（　　）登记。

A. 社会团体　　　　B. 民办非企业单位　　　　C. 基金会　　　　D. 特别法人

2. 王某共筹集了价值 120 万元的合法财产，用于开办民办非企业单位，根据《民办非企业单位登记暂行办法》，这些财产中的非国有资产份额不得低于（　　）万元，方符合申请登记条件。

A. 40　　　　　　　B. 60　　　　　　　　C. 80　　　　　　　D. 90

3. 小王与几位同学合作成立了一家民办非营利性艺术培训机构。根据《民办非企业单位年度检查办法》，关于该机构年检的说法，正确的是（　　）。

A. 该机构应于 3 月 31 日前将年检材料报送登记管理机关

B. 若该机构年检结论为"年检不合格"，应当进行整改，整改期限为半年

C. 若该机构连续 2 年"年检不合格"，登记管理机关应撤销其登记并公告

D. 若该机构更换登记证书，原有年检记录可以删除

4. 根据《社会组织评估管理办法》，关于社会组织评估的说法，正确的是（　　）。

A. 乙基金会符合参加评估条件，应当实行规范化建设评估

B. 丙社会团体获得了 3A 级评估等级，可以简化年度检查程序

C. 丁基金会被取消评估等级后，5 年内不得提出评估申请

D. 甲社会团体上年度年度检查不合格，评估机构对其不予评估

5. 某基金会使用胡某的定向捐赠资金实施大学生资助计划，对部分来自最低生活保障家庭的在读全日制大学生给予生活费救助。该基金会与救助者签署的资助协议规定，受助者上课出勤率低于 90% 时，可以解除资助协议，受助者贾某上课出勤率不足 60%。根据《基金会管理条例》，有权解除该资助协议的是（　　）。

A. 胡某

B. 贾某所在学校

C. 该基金会

D. 贾某所在学校上级主管部门

6. 某民办非企业机构于 2023 年 6 月进行登记，关于其年检说法正确的是（　　）。

A. 该机构应该在 2024 年 4 月 30 日前将材料提交业务主管部门

B. 该机构应该在 2024 年 6 月 30 日前将材料报送登记机关

C. 该机构应该参加 2023 年年检

D. 该机构表现突出，应该给该机构"年检优秀"的评价

7. 某省社会工作协会为促进同领域会员交流，拟设立青少年社会工作专业委员会作为分支机构。根据《社会团体登记管理条例》，关于该青少年社会工作专业委员会的说法，正确的是（　　）。

A. 具有法人资格

B. 应当制定该专业委员会章程

C. 可以在该专业委员会下设市级分会

D. 可以在该社会工作协会授权的范围内发展会员

8. 某社会团体近期进行了换届。根据《民政部关于社会团体登记管理有关问题的通知》，下列人员中无须向登记管理机关办理备案手续的是（　　）。

A. 新当选会长的甲

B. 新当选副会长的乙

C. 继续担任秘书长的丙

D. 继续担任常务副秘书长的丁

9. 根据《财政部　民政部关于加强和完善基金会注册会计师审计制度的通知》，下列重大公益项目中，应当实施专项审计的是（　　）。

A. 甲基金会通过义卖义演获得 22 万元用于帮助留守儿童，该收入超过基金会当年捐赠总收入的 1/5

B. 乙基金会对预防艾滋病项目支出 33 万元，该支出超过基金会当年总支出的 1/5

C. 丙基金会接受企业捐赠 44 万元用于古村落文化保护，该收入超过基金会当年捐赠总收入的 1/5

D. 丁基金会对帮扶救助失独老人项目支出 55 万元，该支出超过基金会当年总支出的 1/5

10. 某基金会召开理事会，对章程修改一事进行表决。该基金会共有理事 18 名，出席该次理事会的理事为 15 名。根据《基金会管理条例》，在表决中至少（　　）名理事同

意，该章程修改方为有效。

A. 7　　　　　　　B. 8　　　　　　　C. 9　　　　　　　D. 10

二、多项选择题

11. 赵某拟发起成立地方性社会团体"甲市乡村振兴促进会"，该促进会由个人和单位会员混合组成，根据《社会团体登记管理条例》，申请成立应当具备的条件有（　　　）。

A. 有独立承担民事责任的能力　　　　B. 会员总数不少于 50 个

C. 有相应的组织机构、固定的住所　　D. 有不少于 10 万元的活动资金

E. 有与其业务活动相适应的专职工作人员

12. 根据《基金会管理条例》，基金会监事的下列行为中，正确的有（　　　）。

A. 监事甲，从基金会领取必要的薪酬和工作经费

B. 监事乙，依照章程规定的程序检查基金会会计资料

C. 监事丙，连任基金会两任监事，任期和理事任期相同

D. 监事丁，就一笔教学仪器捐赠的合理性向理事会提出质询

E. 监事戊，将本人的小汽车以明显低于市场的价格出售给基金会

13. 为了增强社区社会组织的服务功能，某社区计划开展一系列活动。下列措施有助于实现这一目标的有（　　　）。

A. 鼓励社区社会组织参与社区公共服务项目的承接

B. 社区社会组织的活动范围应限于社区内部

C. 为社区社会组织提供必要的培训和能力建设支持

D. 建立社区社会组织与居民之间的沟通反馈机制

E. 减少社区社会组织的活动资金，以提高资金使用效率

14. 根据《基金会管理条例》及相关规定，关于基金会财产的管理，下列说法正确的有（　　　）。

A. 基金会的财产及其他收入受法律保护，任何单位和个人不得私分、侵占、挪用

B. 基金会应当根据章程规定的宗旨和公益活动的业务范围使用其财产

C. 基金会的财产不能用于投资

D. 基金会应当依法进行会计核算，建立健全内部会计监督制度

E. 基金会的年度工作报告应当包括财务会计报告、注册会计师审计报告，以及开展募捐、接受捐赠、提供资助等活动的情况

15. 根据《社会团体登记管理条例》的规定，社会团体在申请成立时，符合相关条件的有（　　　）。

A. 25 个组织作为单位会员和 30 名个人作为个人会员申请成立杰克逊音乐研究会

B. 60 名个人作为个人会员申请成立交谊舞学会

C. 某单位的 100 名个人作为个人会员，筹集到 2 万元活动资金申请成立地方性社会团体

D. 某市 80 名个人作为个人会员，筹集到 12 万元活动资金，申请成立全国性的社会团体，业务范围在全国进行

E. A 市 60 名个人作为个人会员，打算在 A 市人民政府的登记管理机关申请成立省级社会团体，业务范围在 A 市进行

参考答案

一、单项选择题

1. B   考点：民办非企业单位的含义
2. C   考点：成立民办非企业单位的条件
3. C   考点：《民办非企业单位年度检查办法》中"年检的效力"相关规定
4. D   考点：社会组织评估
5. C   考点：基金会财产的管理
6. C   考点：年检的范围
7. D   考点：分支机构、代表机构的设立
8. D   考点：变更登记
9. D   考点：专项审计
10. D   考点：理事会的职责

二、多项选择题

11. ABCE   考点：成立社会团体的条件
12. BCD   考点：监事及其职责
13. ACD   考点：增强社区社会组织的服务功能
14. ABDE   考点：《基金会管理条例》中"基金会财产的管理"的相关规定
15. ABD   考点：成立社会团体的条件

单元 3 易错题

单项选择题

某公司注册地为甲省乙市丙区，拟投入原始资金500万元成立地方性公募基金会，拟任法定代表人为乙市居民，住所地拟设在乙市丁区，根据《基金会管理条例》，该公司应当向（ ）人民政府民政部门提出登记申请。

A. 甲省   B. 乙市   C. 丙区   D. 丁区

参考答案

单项选择题

A   考点：《基金会管理条例》总则

解析：《基金会管理条例》第六条规定，国务院民政部门和省、自治区、直辖市人民政府民政部门是基金会的登记管理机关。故选 A。

单元 4　闯关题

一、单项选择题

1. 根据《基金会管理条例》，关于基金会理事长的说法，正确的是（　　）。

A. 基金会理事长，可由现职国家工作人员兼任

B. 基金会理事长，可同时担任其他社会组织的法定代表人

C. 担任基金会理事长的外国人，每年在中国内地居留时间不得少于 6 个月

D. 因犯罪被判拘役，刑期执行完毕之日起未逾 5 年的，不能担任基金会理事长

2. 根据《民办非企业单位登记暂行办法》，下列情形，符合民办非企业单位申请登记条件要求的是（　　）。

A. 活动场所使用权限不超过 1 年的

B. 合法财产中国有资产份额占 1/4 的

C. 章程草案中载明盈利可分配的

D. 章程草案中载明解体时财产返还出资人的

3. 下列社会团体、基金会和民办非企业等单位可申请参加评估的是（　　）。

A. 甲基金会，取得社会组织登记证书 1 年，未参加过社会组织评估

B. 乙社会团体，获得的评估等级满 2 年有效期

C. 丙社会工作机构，取得社会组织登记证书满 2 年，未参加过社会组织评估

D. 丁基金会，获得的评估等级满 1 年有效期

4. 根据中共中央办公厅印发《关于加强社会组织党的建设工作的意见（试行）》，行业特征明显、管理体系健全的行业，可依托（　　）建立行业党组织。

A. 行业协会商会　　　　　　　　B. 行业龙头企业

C. 行业主管部门　　　　　　　　D. 登记管理机关

5. 根据《民政部关于贯彻落实国务院取消全国性社会团体分支机构、代表机构登记行政审批项目的决定有关问题的通知》，关于社会团体分支机构的说法，正确的是（　　）。

A. 社会团体可在分支机构下再设立分支机构

B. 社会团体可以设立分支机构的名义收取管理费

C. 社会团体的分支机构不得以法人组织的名称命名

D. 社会团体的分支机构可根据需要结合实际制订章程

6. 根据《基金会名称管理规定》，经本人同意后，下列基金会拟使用自然人姓名作为基金会字号的情形，正确的是（　　）。

A. 甲非公募基金会使用当红影星何某的姓名作为字号

B. 乙非公募基金会使用曾因犯罪被判处剥夺政治权利的王某的姓名作为字号

C. 丙公募基金会使用"全国五一劳动奖章"获得者陈某的姓名作为字号

D. 丁公募基金会使用著名企业家李某的姓名作为字号

7. 根据《民办非企业单位登记管理暂行条例》，设立非营利性民办教育类服务机构应当依法到所在地县级以上地方人民政府（　　）部门申请办理登记。

A. 工商　　　　　　　B. 税务　　　　　　　C. 民政　　　　　　　D. 教育

8. 根据《社会团体登记管理条例》，下列社会团体的变动事项中，应向登记管理机关申请变更登记的是（　　）。

A. 甲社会团体中设立常务理事会　　　　B. 乙社会团体的一名副理事长辞职

C. 丙社会团体将住所从城中心搬至城郊　　D. 社会团体的会员由50个增加到60个

9. 根据《基金会管理条例》，下列基金会中，理事会人数符合规定的是（　　）。

A. 甲基金会，理事人数3人　　　　　　B. 乙基金会，理事人数5人

C. 丙基金会，理事人数30人　　　　　　D. 丁基金会，理事人数50人

10. 下列关于社区社会组织的说法正确的是（　　）。

A. 民政部门彩票公益金支持资助社区社会组织开展纠纷调解、生活救助、减灾救灾、留守人员关爱等项目

B. 推动政府资金、社会资金等资金资源向城市社区社会组织和服务项目倾斜

C. 重点培育为老年人、妇女、困难家庭、严重精神障碍患者等特定群体服务的社区社会组织

D. 中央财政支持社会组织参与社会服务项目将加大对公益慈善类社会组织的支持力度

二、多项选择题

11. 根据《社会组织评估管理办法》，关于社会组织评估等级管理的说法，正确的有（　　）。

A. 甲社会团体获得4A级评估等级，可优先获得政府奖励

B. 乙基金会获得4A级评估等级，可优先获得政府购买服务

C. 丙社会团体获得4A级评估等级，可优先接受政府职能转移

D. 丁民办非企业单位获得4A级评估等级，可在年度检查时简化程序

E. 戊基金会获得4A级评估等级，可自动获得公益性捐赠税前扣除资格

12. 根据《财政部　国家税务总局关于非营利组织免税资格认定管理有关问题的通知》，下列关于基金会申请免税资格认定条件的说法，正确的有（　　）。

A. 基金会申请前年度的检查结论为"基本合格"

B. 投入人对投入基金会的财产不保留任何财产权利

C. 基金会对取得的应纳税收入与免税收入分别核算

D. 基金会注销后剩余财产用于公益性或者非营利性目的

E. 基金会工作人员平均工资薪金水平不得超过上年度税务登记所在地人均工资水平的2倍

13. 根据《社会团体登记管理条例》规定，下列拟成立的社会团体中，活动资金符合社会团体法人登记条件的有（　　）。

A. 某全国性的学会，活动资金6万元

B. 甲省某学术性团体，活动资金5万元

C. 乙省某社区社会组织联合会，活动资金4万元

D. 丙省某保护流经省内两相邻城市河流的环保促进会，活动资金3万元

E. 丁省某村的农村专业经济协会，活动资金2万元

14. 根据《基金会管理条例》，基金会理事会决议的下列事项中，须经出席理事表决且 2/3 以上通过方为有效的有（   ）。

    A. 选举秘书长   B. 基金会的合并

    C. 专职理事的报酬   D. 基金会分支机构的设立

    E. 章程规定的重大募捐活动

15. 某非公募基金会理事会有理事 9 人，上一年度基金余额为 1500 万元，根据《基金会管理条例》，该基金会下列行为中符合规定的有（   ）。

    A. 理事会表决中经 5 名理事赞同修改了章程

    B. 基金会确定了本年的公益事业预算支出为 130 万元

    C. 理事会表决中经 7 名理事的同意罢免了秘书长

    D. 理事会表决同意领取报酬理事人数增加到 4 人

    E. 理事会表决同意理事每届任期由 4 年改为 5 年

参考答案

一、单项选择题

1. D	考点：《基金会管理条例》第二十三条、第二十四条
2. B	考点：民办非企业单位成立登记的条件
3. C	考点：社会组织评估办法
4. A	考点：中共中央办公厅印发《关于加强社会组织党的建设工作的意见（试行）》中"社会组织党建"的相关规定
5. C	考点：分支机构、代表机构的设立
6. A	考点：《基金会名称管理规定》第六条、第七条
7. C	考点：《民办非企业单位登记管理暂行条例》第五条
8. C	考点：变更登记
9. B	考点：理事会的组成要求
10. C	考点：大力培育发展社区社会组织的要求

二、多项选择题

11. ABCD	考点：《社会组织评估管理办法》第二十八条
12. BCDE	考点：《财政部　国家税务总局关于非营利组织免税资格认定管理有关问题的通知》中"免税资格认定"相关规定
13. BCD	考点：成立社会团体的条件
14. ABE	考点：理事会的职责
15. BCE	考点：理事会的职责和基金会财产的管理

第十二章

我国劳动就业和劳动关系法规与政策

12

【本章复习提示】

本章主要介绍劳动法相关内容，包括：就业促进原则和政策支持；就业服务与援助；劳动合同的订立、变更、解除、终止；工资、工作时间和休息休假规定；劳动保护与职业培训规定；劳动保障监察和劳动争议处理；集体协商和集体合同。重点较多，例如：平等就业、照顾特殊群体和限制未成年人就业等就业促进原则；公共就业服务和职业中介服务内容；劳动合同必备条款，解除和终止规定；最低工资标准、加班工资和休假规定；职业病防治、特殊群体保护；仲裁和行政监察的管辖和程序；集体协商代表产生和集体合同订立程序。

复习方法建议如下：重点记忆平等就业原则、劳动合同必备条款、加班工资支付标准等；理解年休假、特殊人群保护的具体要求，能结合题目情境做出正确选择；对比分析公共就业服务与职业中介服务、经济补偿与经济赔偿、调解与仲裁的区别。

单元1 基础题

一、单项选择题

1. 某企业与该企业工会在集体协商过程中发生争议。根据《集体合同规定》，当事人一方可以（　　）。

A. 向人民法院提起诉讼

B. 向司法行政部门申请裁决

C. 直接向劳动争议仲裁委员会申请仲裁

D. 书面向劳动保障行政部门提出协调处理申请

2. 根据《就业服务与就业管理规定》，职业中介机构的下列做法，正确的是（　　）。

A. 介绍17周岁的未成年人就业

B. 转让职业中介许可证

C. 短暂扣押劳动者的居民身份证

D. 向劳动者收取押金

3. 根据《集体合同规定》，用人单位和职工任何一方就签订集体合同有关事项提出集体协商要求的，另一方应当在收到集体协商要求之日起（　　）日内以书面形式予以回应。

A. 5　　　　　　　　B. 10　　　　　　　　C. 20　　　　　　　　D. 30

4. 根据《中华人民共和国劳动合同法》，关于非全日制用工的说法，正确的是（　　）。

A. 非全日制用工双方当事人应当订立书面协议

B. 非全日制用工双方当事人不得约定试用期

C. 非全日制用工双方当事人任何一方终止用工需提前3日通知对方

D. 非全日制用工计酬标准不得低于用人单位所在地在岗员工平均工资水平

5. 根据《最低工资规定》，最低工资标准（　　）至少调整一次。

A. 每年　　　　　　B. 每两年　　　　　　C. 每三年　　　　　　D. 每五年

6. 根据《中华人民共和国劳动法》，下列用人单位延长用工时间正确的有（　　）。

A. 用人单位由于生产经营需要，经职工代表大会讨论决定后可以延长工作时间，一般每日不得超过1小时

B. 用人单位由于生产经营需要，经与工会和劳动者协商后可以延长工作时间，一般每日不得超过1小时

C. 因特殊原因需要延长工作时间的，经单位负责人批准后可以延长工作时间，每日不得超过3小时

D. 因特殊原因需要延长工作时间的，经劳动行政部门批准后可以延长工作时间，每日不得超过3小时

7. 根据《劳动保障监察条例》，劳动保障行政部门对违反劳动保障法律、法规或者规章行为的调查，应当自立案之日起（　　）个工作日内完成。

A. 30　　　　　　　　B. 45　　　　　　　　C. 60　　　　　　　　D. 90

8. 根据《最低工资规定》，关于最低工资标准的说法，正确的是（　　）。

A. 最低工资标准应由县级人民政府确定

B. 最低工资标准一般采用月最低工资标准和小时最低工资标准的形式

C. 最低工资标准不得低于当地上年度职工月平均工资的30%

D. 最低工资标准至少每年调整一次

9. 根据《中华人民共和国劳动争议调解仲裁法》，劳动争议申请仲裁的时效期间为（　　）。

 A. 3个月   B. 6个月   C. 1年   D. 2年

10. 根据《劳动保障监察条例》，下列事项中，属于劳动保障行政部门实施劳动保障监察范围的是（　　）。

 A. 机关工会维护职工权益的情况

 B. 企业代扣代缴员工个人所得税的情况

 C. 基金会为员工购买意外伤害保险的情况

 D. 公司遵守工作时间和休息休假规定的情况

二、多项选择题

11. 根据《集体合同规定》，协调处理集体协商争议的程序包括（　　）。

 A. 受理协调处理申请   B. 调查了解争议的情况

 C. 研究制定协调处理争议的方案   D. 对争议进行协调处理

 E. 制作新的集体合同

12. 根据《集体合同规定》，下列合同条款，集体协商双方可以进行协商的有（　　）。

 A. 工资标准   B. 休假安排   C. 工作时间

 D. 补充保险和福利   E. 基本医疗保险缴费比例

13. 根据《中华人民共和国劳动法》，省、自治区、直辖市人民政府确定和调整最低工资标准时，应当综合参考的因素有（　　）。

 A. 就业状况   B. 劳动生产率

 C. 社会平均工资水平   D. 本地居民收入差距状况

 E. 劳动者本人及平均赡养人口的最低生活费用

14. 根据《中华人民共和国劳动合同法》，关于单位裁员的说法，正确的有（　　）。

 A. 不得裁减患病且在规定医疗期内的职工

 B. 不得裁减在该单位连续工作满10年的职工

 C. 不得裁减处于孕期、产期、哺乳期的女职工

 D. 不得裁减家中有需要赡养的老人或者需要抚养的未成年人的职工

 E. 应优先留用与本单位订立无固定期限劳动合同的职工

15. 根据《中华人民共和国劳动合同法》，下列关于工作时间、休息休假的说法，正确的有（　　）。

 A. 用人单位应当保证劳动者每周至少休息1日

 B. 企业董事会可自行决定实行非标准工时制度

 C. 劳动者连续工作1年以上的，享受带薪年休假

 D. 用人单位由于生产经营需要，经与工会和劳动者协商可以延长工期

 E. 用人单位因特殊原因可以延长劳动时间，最多每月36小时

参考答案

一、单项选择题

1. D	考点：集体协商争议协调处理的主体	
2. A	考点：职业中介机构不得有的行为	
3. C	考点：集体协商的程序	
4. B	考点：非全日制用工	
5. B	考点：最低工资标准的调整	
6. B	考点：延长工作时间的一般规定	
7. C	考点：劳动保障监察的程序	
8. B	考点：最低工资保障制度	
9. C	考点：劳动仲裁的申请和受理	
10. D	考点：劳动保障监察机构的职责和监察事项	

二、多项选择题

11. ABCD	考点：集体协商争议协调处理的程序	
12. ABCD	考点：集体协商的内容	
13. ABCE	考点：最低工资标准的确定	
14. ACE	考点：用人单位提前解除劳动合同	
15. ACDE	考点：工作时间和休息休假的规定	

单元2 提高题

一、单项选择题

1. 某外贸集团准备调整部分人员工资，初拟了工资分配草案，征求法务部门参考意见，根据《中华人民共和国劳动法》，该草案的下列细则，正确的是（   ）。

A. 行政部门高级管理人员实行年薪制，每年分两次发放

B. 生产部门管理人员以企业股份形式支付工资，年终分红

C. 研发部门人员工资纳入项目经费，立项时预付一部分

D. 外贸销售部门员工与销售绩效挂钩，应以货币形式每月发放

2. 某公司员工田某发生工伤后，就工伤医疗费支付金额与公司发生争议。根据《中华人民共和国劳动争议调解仲裁法》，关于田某和公司双方处理劳动争议的说法，正确的是（   ）。

A. 双方应进行协商，如协商不成，公司可直接向人民法院提起诉讼

B. 双方可向劳动争议调解组织申请调解，如调解不成，田某可向人民法院提起诉讼

C. 双方可向劳动争议调解组织申请调解，如调解不成，公司可直接向人民法院提起诉讼

D. 双方可向劳动争议仲裁机构申请仲裁，如对裁决不服，田某可直接向人民法院提起诉讼

3. 某企业通过全体职工大会协商后订立了集体合同，按照规定应当自双方首席代表签字之日起（　　）内，由该企业将文本一式三份报送劳动保障行政部门审查。

A. 10 日　　　　　　B. 15 日　　　　　　C. 20 日　　　　　　D. 30 日

4. 李某就单位拖欠其劳务报酬，与所在单位达成调解协议，单位承诺 20 日内履行，现已逾期，根据《中华人民共和国劳动争议调解仲裁法》，李某可依法向（　　）申请支付令。

A. 劳动争议仲裁委员会　　　　　　B. 人力资源社会保障行政部门

C. 公安机关　　　　　　D. 人民法院

5. 下列四人与所在公司签订的劳动合同均未到期，根据《中华人民共和国劳动合同法》，四人所在公司应当向其支付经济补偿的是（　　）。

A. 赵某，所在公司认为其能力有限，提出解除劳动合同，赵某也觉得工作没什么意思，同意解除劳动合同

B. 钱某，因技术出众收到其他公司的高薪邀约，于是提前 30 日以书面形式通知所在公司，要求解除劳动合同

C. 孙某，劳动合同到期前，所在公司决定按照现有劳动合同约定条件与其续订劳动合同，但孙某要求提高待遇，双方未达成一致，合同按期终止

D. 李某，依法办理提前退休手续，开始享受基本养老保险待遇，劳动合同自动终止

6. 某贸易公司与叶某首次签订为期 3 年的劳动合同，合同执行 2 年 7 个月时，该贸易公司向叶某提出解除劳动合同，经协商一致，双方解除劳动合同。根据《中华人民共和国劳动合同法》，该贸易公司应当向叶某支付（　　）的经济补偿。

A. 2 个月工资　　　　　　B. 3 个月工资

C. 2 个半月工资　　　　　　D. 3 个半月工资

7. 2023 年 12 月，因公司拖欠工资，小谢与公司发生争议。2024 年 3 月底，公司与小谢劳动合同到期，双方未续签劳动合同，劳动关系终止。根据《中华人民共和国劳动争议调解仲裁法》，小谢如果要申请劳动争议仲裁最迟应在（　　）之前提出。

A. 2024 年 6 月底　　　　　　B. 2025 年 3 月底

C. 2024 年 9 月底　　　　　　D. 2024 年 12 月底

8. 根据《中华人民共和国就业促进法》，下列人员的创业计划中，有关部门应当在经营场地等方面给予照顾并免除行政事业性收费的是（　　）。

A. 残障人士小王，拟个体经营一家面包坊

B. 应届大学毕业生小李，拟开办一家服装厂

C. 退休工程师老张，拟开办一家高科技公司

D. 在一家餐厅工作的进城务工人员小刘，拟承包该餐厅

9. 陈某，46 岁，2018 年 5 月与某机械设备公司签订了为期 3 年的劳动合同，约定从事清洁工作。2019 年 10 月，该公司人事部门将陈某调至车间做数控车工。陈某不同意公司改变约定的劳动条件，而公司则要求陈某服从安排，双方发生纠纷。根据《中华人民共和国劳动合同法》，关于解决双方纠纷的说法，正确的是（　　）。

A. 公司可以解除劳动合同，但应向陈某支付经济补偿

B. 公司可以解除劳动合同，且无须向陈某支付经济赔偿

C. 陈某可以解除劳动合同，且应获得经济补偿

D. 陈某可以解除劳动合同，但不能获得经济补偿

10. 甲公司与冯某签订劳动合同，将其派遣到乙公司做保洁，一段时间后冯某发现乙公司自聘的保洁人员与其做同样的工作，但工资待遇更高，经劳动仲裁部门认定，冯某权益受到损害，根据《中华人民共和国劳动合同法》，关于对冯某的损害承担责任的说法，正确的是（　　）。

A. 甲公司独自对冯某受到的损害承担赔偿责任

B. 乙公司独自对冯某受到的损害承担赔偿责任

C. 甲公司和乙公司对冯某受到的损害承担连带赔偿责任

D. 甲公司和乙公司对冯某受到的损害按比例承担赔偿责任

二、多项选择题

11. 根据《中华人民共和国劳动合同法》，下列职工可以获得用人单位经济补偿的有（　　）。

A. 赵某，所在公司向其提出解除劳动合同，赵某同意解除

B. 钱某，严重违反所在公司的规章制度，该公司与其解除劳动合同

C. 孙某，所在公司未为其缴纳社会保险费，遂与该公司解除劳动合同

D. 李某，开始依法享受基本养老保险待遇，与所在公司的劳动合同终止

E. 周某，患病在医疗期满后不能从事原岗位工作，所在公司与其解除劳动合同

12. 老陈与某公司签订用工协议如下：老陈为非全日制临时工，每天工作 6 小时，每周工作 6 天，工资按月发放，期限半年，试用期 2 个月。公司负责人告知老陈，双方是劳务关系，所签协议是劳务合同。协议期满后，双方未续签，但老陈仍在公司工作，公司也按月向其支付工资。2 个月后的一天，公司通知老陈：双方用工协议早已到期，从明天起就不用来上班了。老陈不服，遂向公司讨要说法。根据《中华人民共和国劳动合同法》和《劳动合同法实施条例》，下列关于此用工关系的说法，正确的有（　　）。

A. 公司雇用老陈事实上是全日制用工

B. "试用期 2 个月"的条款不符合法律规定

C. "双方是劳务关系"的说法不成立，双方是劳动关系

D. 公司应当向老陈支付赔偿金

E. 公司应当向老陈支付经济补偿金

13. 根据《中华人民共和国就业促进法》，下列企业和人员依法享受国家税收优惠的有（　　）。

A. 甲公司吸纳符合国家规定条件的失业人员，达到规定的要求

B. 乙工厂，失业人员创办的小微企业

C. 老孙，61 周岁，从事个体经营

D. 丙公司集中使用残疾人

E. 小李，残疾人，从事个体经营

14. 某公司有入职职工 60 人，尚未成立工会，公司与职工拟进行集体协商签订集体合同。根据《集体合同规定》，关于该公司与职工集体协商，说法正确的有（　　）。

A. 职工一方的协商代表应当至少有40位职工同意

B. 双方代表人数应当对等，每方至少3人

C. 经双方一致同意，公司协商代表与职工协商代表可以相互兼任

D. 职工一方的首席代表应当从本方协商代表中民主推举产生

E. 公司一方的协商代表可以由公司法定代表人指派

15. 根据《中华人民共和国劳动法》，关于某自来水公司延长员工工作时间的说法，正确的有（　　　）。

A. 在供水旺季可以延长员工工作时间，但每月不得超过40小时

B. 因供水设施发生故障致大面积停水时，该公司可要求员工每日延长工作时间5小时

C. 该公司安排员工延长工作时间，应支付不低于劳动者正常工作时间工资的150%的工资报酬

D. 该公司安排员工休息日工作又不能安排补休，应支付不低于劳动者正常工作时间工资的200%的工资报酬

E. 该公司安排员工在国庆节工作，应支付不低于劳动者正常工作时间工资的300%的工资报酬

参考答案

一、单项选择题

1. D	考点：	工资水平和工资支付
2. D	考点：	劳动争议处理的原则、范围和机构
3. A	考点：	集体合同审查
4. D	考点：	劳动争议调解的程序、期限与效力
5. A	考点：	用人单位对劳动者的经济补偿
6. B	考点：	用人单位对劳动者的经济补偿
7. B	考点：	劳动仲裁的申请和受理
8. A	考点：	通过税费政策促进就业
9. C	考点：	用人单位对劳动者的经济补偿
10. C	考点：	劳务派遣协议

二、多项选择题

11. ACE	考点：	用人单位对劳动者的经济补偿
12. ABCE	考点：	非全日制用工
13. ABDE	考点：	通过税费政策促进就业
14. BDE	考点：	集体协商的代表
15. BCDE	考点：	延长工作时间的规定

单元 3 易错题

单项选择题

某企业有职工 600 名，该企业计划年底时召开全体职工大会讨论集体合同草案。根据相关规定，应当有（ ）以上的职工出席，且须经（ ）以上职工同意，集体合同草案方获通过。

A. 300 名，200 名   B. 300 名，300 名

C. 400 名，300 名   D. 400 名，400 名

参考答案

单项选择题

C   考点：集体合同的订立、变更、解除和终止

解析：根据相关知识点，职工代表大会或者全体职工讨论集体合同草案或专项集体合同草案，应当有 2/3 以上职工代表或者职工出席，且须经全体职工代表半数以上或者全体职工半数以上同意，集体合同草案或专项集体合同草案方获通过。故选 C。

单元 4 闯关题

一、单项选择题

1. 根据《中华人民共和国劳动合同法》，用人单位自用工之日起超过一个月不满一年未与劳动者订立书面劳动合同的，应当向劳动者每月支付（ ）倍的工资。

A. 1.5   B. 2   C. 2.5   D. 3

2. 赵某，生育三胞胎，正处于哺乳期。根据《女职工劳动保护特别规定》，赵某所在工作单位应当在每天的劳动时间内为赵某安排（ ）小时哺乳时间。

A. 1   B. 2   C. 3   D. 4

3. 根据《全国年节及纪念日放假办法》，关于公民放假的说法，正确的是（ ）。

A. 妇女节，妇女放假半天   B. 护士节，护士放假半天

C. 教师节，教师放假半天   D. 记者节，记者放假半天

4. 根据《职工带薪年休假条例》，下列职工，可以享受当年年休假的是（ ）。

A. 小贾，某小学教师，累计工作满 3 年

B. 小王，某个体工商户的雇工，累计工作满 5 年

C. 小秦，某机关干部，累计工作满 8 年，当年请病假累计 2 个半月

D. 小齐，某企业经理，累计工作满 15 年，当年请病假累计 4 个月

5. 根据《女职工劳动保护特别规定》，关于女职工产假的说法，正确的是（　　）。

A. 女职工生育双胞胎的，增加 10 天产假

B. 女职工怀孕 3 个月流产的，享受 15 天产假

C. 女职工怀孕 6 个月流产的，享受 30 天产假

D. 女职工生育享受 98 天产假，难产的，再增加 5 天产假

6. 根据《拖欠农民工工资"黑名单"管理暂行办法》，关于拖欠工资"黑名单"管理的说法，正确的是（　　）。

A. 人力资源社会保障行政部门将用人单位列入拖欠工资"黑名单"的，应提前电话告知

B. 自作出列入决定之日起，用人单位首次被列入拖欠工资"黑名单"的期限为 2 年

C. 人力资源社会保障行政部门决定将用人单位移出拖欠工资"黑名单"的，无须公示

D. 用人单位被移出拖欠工资"黑名单"管理的，相关部门联合惩戒措施即行终止

7. 根据《劳动保障监察条例》，用人单位向社会保险经办机构申报应缴纳的社会保险费数额时，瞒报工资总额或者职工人数的，由劳动保障行政部门责令改正，并处瞒报工资数额 1 倍以上（　　）倍以下的罚款。

A. 2　　　　　　　B. 3　　　　　　　C. 4　　　　　　　D. 5

8. 大学生陈某于 2023 年 2 月 1 日进入某科技公司实习，因表现优秀，该公司于 4 月 30 日与其签订劳动合同，约定陈某于当年 7 月上班。2023 年 7 月 15 日，陈某到该公司报到并开始工作。根据《中华人民共和国劳动合同法》，陈某与该公司建立劳动关系的时间是 2023 年（　　）。

A. 2 月 1 日　　　　B. 4 月 30 日　　　　C. 7 月 1 日　　　　D. 7 月 15 日

9. 根据《中华人民共和国劳动合同法》，下列属于劳动合同必备条款的是（　　）。

A. 试用期　　　　B. 专项培训　　　　C. 劳动保护　　　　D. 竞业限制

10. 某企业与本企业职工进行集体协商，马某为企业职工一方协商代表。根据《集体合同规定》，关于马某履行协商代表职责期间权利义务的说法，正确的是（　　）。

A. 马某应享受正常劳动工资　　　　B. 该企业工会不得取消马某协商代表资格

C. 该企业不得与马某解除劳动合同　　　　D. 该企业应当增加马某当年年休假的天数

二、多项选择题

11. 赵某于 2021 年 4 月入职某公司，公司口头告知其试用期为 3 个月，但未与其签订书面劳动合同，工作刚满 2 个月，公司通知赵某，因其请假较多，故与其解除劳动合同，赵某不服，根据《中华人民共和国劳动合同法》，关于赵某与公司劳动纠纷的说法，正确的有（　　）。

A. 因赵某处于试用期，公司可以随时解除与赵某的劳动合同

B. 公司可以解除与赵某的劳动合同，应当向赵某支付经济补偿

C. 公司辞退赵某构成违法解除劳动合同，应当向赵某支付赔偿金

D. 公司未与赵某订立书面劳动合同，应当向赵某支付 2 个月的 2 倍工资

E. 公司未与赵某订立书面劳动合同，应当向赵某支付 1 个月的 2 倍工资

12. 根据《保障农民工工资支付条例》，下列单位支付农民工工资的做法，正确的有（　　）。

A. 甲建筑公司以工地剩余水泥支付农民工工资

B. 乙建筑公司实行计件工资制，与农民工约定工资支付周期为1周

C. 丙建筑公司约定的支付日恰逢春节假期，于是在节前向农民工支付工资

D. 分包单位丁建筑公司拖欠的农民工工资，由施工总承包单位先行清偿

E. 戊建筑公司在申请注销登记前清偿拖欠的农民工工资

13. 根据《女职工劳动保护特别规定》，关于女职工劳动保护的说法，正确的有（　　）。

A. 怀孕女职工在劳动时间内进行产前检查，所需时间计入劳动时间

B. 对怀孕7个月以上的女职工，用人单位不得延长劳动时间

C. 女职工生育的医疗费用，未参加生育保险的，由职工个人支付

D. 对哺乳未满1周岁婴儿的女职工，用人单位不得延长劳动时间

E. 对哺乳未满1周岁婴儿的女职工，用人单位不得安排夜班

14. 李某与某公司签订了为期3年的劳动合同，合同到期前2个月，李某提出续约，但公司决定按时终止劳动合同，并在合同到期前1个月书面通知李某。根据《中华人民共和国劳动合同法》，关于李某与该公司劳动合同终止事宜的说法，正确的有（　　）。

A. 公司应当根据李某在公司的工作年限，按每满1年支付1个月工资的标准向其支付经济补偿

B. 公司应当按照本单位上年度职工月平均工资的标准核算李某的经济补偿

C. 公司应当在终止劳动合同时向李某出具终止劳动合同的证明

D. 公司应当在李某办结工作交接时向其支付经济补偿

E. 公司应当在终止劳动合同后20日内为李某办理档案和社会保险关系转移手续

15. 根据《集体合同规定》，下列合同内容中，集体协商双方可以进行协商的有（　　）。

A. 工作时间　　　　　B. 职业技能培训　　　　　C. 社会保险

D. 女职工特殊保护　　E. 休息休假

参考答案

一、单项选择题

1. B　　　考点：《中华人民共和国劳动合同法》第八十二条

2. C　　　考点：《女职工劳动保护特别规定》第九条

3. A　　　考点：《全国年节及纪念日放假办法》第三条

4. B　　　考点：年休假

5. B　　　考点：对女职工实行"四期"保护

6. D　　　考点：《拖欠农民工工资"黑名单"管理暂行办法》第六条、第九条、第十条、第十二条

7. B   考点：劳动保障监察的法律责任

8. D   考点：《中华人民共和国劳动合同法》第七条

9. C   考点：劳动合同的内容

10. A   考点：集体协商的代表

二、多项选择题

11. CE   考点：《中华人民共和国劳动合同法》和《劳动合同法实施条例》相关内容

12. BCDE   考点：《保障农民工工资支付条例》相关规定

13. ABDE   考点：《女职工劳动保护特别规定》第六条、第九条

14. ACD   考点：用人单位对劳动者的经济补偿以及劳动合同解除或终止的手续

15. ABDE   考点：集体协商的内容

第十三章

我国健康与计划生育法规与政策

13

【本章复习提示】

　　本章主要介绍我国在公共卫生、医疗服务、城市社区卫生服务、食品药品安全以及计划生育方面的法规与政策。重点内容是健康中国战略和"十四五"国民健康规划的目标框架；公共卫生体系建设，突发公共卫生事件应对机制，疾病预防控制体系建设；深化医药卫生体制改革，城乡医疗服务体制建设；城市社区卫生服务标准和内容，筹资与补偿机制；食品安全和药品安全法规政策体系建设；三孩政策及配套支持措施，人口与计划生育法修改要点。复习方法建议如下：重点记忆数据指标，如健康中国战略指标、医疗机构配备标准等；概括公共卫生体系、食品安全体系等框架性内容，提炼关键点；可以对比分析公立医院改革与民营医院发展状况。

单元1 基础题

一、单项选择题

1. 根据《中华人民共和国精神卫生法》，对已经发生自身伤害行为的严重精神障碍患者，经其（　　）同意，医疗机构应当对患者实施住院治疗。

　A. 近亲属　　　　　B. 监护人　　　　　C. 所在单位　　　　D. 所在（村）居民委员会

2. 根据《中华人民共和国人口与计划生育法》，托育机构有虐待婴幼儿行为的，其直接负责的主管人员和其他直接责任人员（　　）不得从事婴幼儿照护服务。

　A. 3 年　　　　　　B. 5 年　　　　　　C. 10 年　　　　　D. 终身

3. 根据《中华人民共和国精神卫生法》，关于心理健康促进和精神障碍预防的说法，正确的是（　　）。

　A. 各级教育行政部门应当对学生进行精神健康知识教育

　B. 各级人民政府制定的突发事件应急预案应当包含心理援助内容

　C. 心理咨询人员可以从事心理治疗或精神障碍的诊断、治疗

　D. 医务人员发现就诊者可能患有精神障碍时，应当将其安排至符合条件的医疗机构住院治疗

4. 根据《"健康中国 2030"规划纲要》，我国要创新医疗卫生服务供给模式，全面建立成熟完善的分级诊疗制度，形成（　　）、上下联动、急慢分治的合理就医秩序。

　A. 基层首诊、双向转诊　　　　　　B. 基层首诊、逐级转诊

　C. 自由首诊、向上转诊　　　　　　D. 自由首诊、向下转诊

5. 天福社区拟成立一家社区卫生服务站。根据《城市社区卫生服务站基本标准》，下列配备计划中，符合要求的是（　　）。

　A. 配置 2 张病床

　B. 安排建筑面积 120 平方米的服务用房

　C. 配备 1 名全科医学专业的执业医师

　D. 每名执业医师配备 1 名注册护士

6. 根据《国务院关于实施健康中国行动的意见》，属于健康中国行动的总体目标之一的是（　　）。

　A. 到 2030 年，全民健康素养水平大幅提升，健康生活方式基本普及

　B. 到 2030 年，提高医疗技术，全面消除慢性疾病

　C. 到 2030 年，增加医疗支出，实现全民免费医疗

　D. 到 2030 年，居民的健康指标达到世界领先水平

7. 根据《国务院关于实施健康中国行动的意见》，以下属于健康中国行动的 15 个专项行动之一的是（　　）。

　A. 促进青少年心理健康　　　　　　B. 提高老年人生活质量

　C. 推广全民健康体检　　　　　　　D. 加强心脑血管疾病防控

8. 我国卫生健康领域内首部基础性、综合性法律是（　　）。

　A.《中华人民共和国传染病防治法》

B. 《中华人民共和国基本医疗卫生与健康促进法》

C. 《中华人民共和国药品管理法》

D. 《中华人民共和国精神卫生法》

9. 根据《中华人民共和国国民经济和社会发展第十四个五年规划和二〇三五年远景目标纲要》，以下措施是为构建强大公共卫生体系而提出的是（   ）。

A. 建立稳定的公共卫生事业投入机制，改善疾控基础条件，强化基层公共卫生体系

B. 减少对公共卫生应急物资储备的投入，优化物资分配

C. 取消大型公共建筑预设平疫结合改造接口，减少建设成本

D. 弱化医疗机构的公共卫生责任，减少医防协同机制的创新

10. 根据《中华人民共和国传染病防治法》及其实施办法、《中华人民共和国职业病防治法》、《中华人民共和国国境卫生检疫法》以及《突发公共卫生事件应急条例》等相关法规，下列说法中县级以上地方人民政府在传染病等公共卫生事件的监测和预警中应承担的职责错误的是（   ）。

A. 建立和完善突发事件监测预警系统

B. 指定机构负责开展突发事件的日常监督

C. 在传染病暴发时，启动监测与预警系统

D. 开展防范突发公共卫生事件的应急知识教育和培训

二、多项选择题

11. 根据《中华人民共和国食品安全法》，下列关于食品安全事故处置的说法中，正确的有（   ）。

A. 县级以上地方人民政府应制定本行政区域的食品安全事故应急预案

B. 发生食品安全事故的单位应及时向事故发生地县级人民政府食品安全监督管理部门报告

C. 发生食品安全事故的单位应立即采取措施以防止事故扩大

D. 县级以上食品安全监督管理部门应立即会同有关部门组织对因食品安全事故导致人身伤害人员的救治

E. 县级以上食品安全监督管理部门应对事故现场进行卫生处理并组织调查

12. 根据提高疾病预防控制能力的相关内容，以下选项正确的是（   ）。

A. 减少医疗机构的公共卫生责任，以减轻其负担

B. 强化上级疾病预防控制机构对下级机构的业务领导和工作协同

C. 限制疾病预防控制机构对医疗机构的监督考核，以减少行政干预

D. 停止国家基本公共卫生服务项目的实施，以节约财政资源

E. 完善疾病预防控制部门与城乡社区联动机制

13. 根据《中华人民共和国职业病防治法》，以下关于职业病病人保障的说法中，正确的有（   ）。

A. 用人单位应当按照国家规定，安排职业病病人进行治疗、康复和定期检查

B. 用人单位对不适宜继续从事工作的职业病病人，应当调离原岗位并妥善安置

C. 职业病病人的诊疗、康复费用，按照国家有关工伤保险的规定执行

D. 用人单位没有依法参加工伤保险的，职业病病人可以向社会保险经办机构申请医

疗救助

E. 用人单位对从事接触职业病危害作业的劳动者，应当给予适当岗位津贴

14. 根据《中华人民共和国基本医疗卫生与健康促进法》及其相关规定，以下属于推动基层医疗卫生事业发展的选项有（　　）。

A. 国家建立健全由基层医疗卫生机构、医院、专业公共卫生机构等组成的医疗卫生服务体系

B. 国家推进分级诊疗和家庭医生签约服务，县级以上地方政府因地制宜建立医疗联合体等医疗服务合作机制

C. 国家采取定向免费培养、对口支援、退休返聘等措施，加强基层和艰苦边远地区医疗卫生队伍建设

D. 执业医师晋升为副高级技术职称的，应当有累计2年以上在县级以下或者对口支援的医疗卫生机构提供医疗卫生服务的经历

E. 国家对农村和边远贫困地区的医疗卫生事业进行财政投入，不包括城市地区

15. 根据应急预案的相关规定，以下说法正确的是（　　）。

A. 明确卫生行政部门等单位的职责和义务，确保应急处理准备充分

B. 政府其他有关部门在应急预案启动后，应立即到达规定岗位，采取控制措施

C. 国务院卫生行政主管部门负责报国务院批准后实施全国范围内的突发事件应急预案

D. 省级人民政府负责决定并实施本省范围内的突发事件应急预案，并向国务院报告

E. 应急处理指挥部在必要时，可以依法对传染病疫区实行封锁，但无权调集人员和物资

参考答案 ●●

一、单项选择题

1. B　　　考点：关于精神障碍患者的非自愿住院医疗问题

2. D　　　考点：完善积极生育支持措施

3. B　　　考点：建立心理健康促进和精神障碍预防制度

4. A　　　考点：实施健康中国战略——健康服务能力大幅提升

5. D　　　考点：《城市社区卫生服务站基本标准》

6. A　　　考点：实施健康中国战略相关规定——路线图

7. D　　　考点：《国务院关于实施健康中国行动的意见》相关规定

8. B　　　考点：《中华人民共和国基本医疗卫生与健康促进法》相关规定

9. A　　　考点：构建强大公共卫生体系

10. C　　　考点：突发公共卫生事件的监测预警系统

二、多项选择题

11. AC　　　考点：食品安全事故处置制度

12. BE　　　　考点：提高疾病预防控制能力
13. ABCE　　　考点：职业病诊断与职业病病人保障
14. ABC　　　　考点：依法推进健康中国建设——强基层
15. ABCD　　　考点：突发公共卫生事件应急预案的启动和执行

单元2 提高题

一、单项选择题

1. 小雪，执业医师，拟晋升副高级技术职称。根据《中华人民共和国基本医疗卫生与健康促进法》，小雪应当有累计1年以上在（　　　）以下或者对口支援的医疗卫生机构提供医疗卫生服务的经历。

A. 县级　　　　　　B. 市级　　　　　　C. 省级　　　　　　D. 国家级

2. 根据《艾滋病防治条例》，下列医疗机构的做法中，正确的是（　　　）。

A. 某医疗卫生机构对孕产妇提供艾滋病防治咨询和检测

B. 某口腔医院为患者做牙周炎治疗时，发现其感染艾滋病病毒，遂拒绝继续治疗

C. 某综合医院为15岁患者诊断时，发现其感染艾滋病病毒，为了保护未成年人隐私，未告知监护人

D. 某妇产医院未经患者本人同意，在医院通知栏中公开了本院艾病毒感染者的信息

3. 下列属于《"十四五"国民健康规划》和《"十四五"国家药品安全及促进高质量发展规划》提出的发展目标的是（　　　）。

A. 到2035年，我国药品监管能力达到国际先进水平，药品安全性、有效性、可及性明显提高

B. 到2035年，我国药品监管能力达到国内领先水平，药品安全性、有效性、可及性有所提升

C. 到2035年，我国药品创新研发能力达到国内领先水平，药品安全性、有效性、可及性有所提升

D. 到2035年，我国药品监管能力达到国际先进水平，注重药品安全性、有效性、可及性

4. 下列关于生育政策的说法正确的是（　　　）。

A. 取消社会抚养费，将入职、入学等与个人生育情况全面脱钩，但入户除外

B. 对之前违反法律法规规定生育三孩的，尚未调查或作出征收社会抚养费决定的，不再受理、处理

C. 对之前违反法律法规规定生育三孩的，已经依法作出征收社会抚养费决定并执行完毕的，可申请退还

D. 已经作出征收社会抚养费决定但尚未执行完毕的，已经征收部分可申请退还

5. 根据《"十四五"国民健康规划》中关于发展普惠托育服务体系的内容，以下措施正确的是（　　　）。

A. 将婴幼儿照护服务纳入经济社会发展规划，通过完善土地、住房、财政等支持政

策，引导社会力量参与

B. 限制国有企业参与普惠托育服务体系建设，以避免市场垄断

C. 减少中央预算内投资，鼓励私人资本独立建设托育服务机构

D. 降低每千人口拥有 3 岁以下婴幼儿托位数，以减轻政府财政负担

6. 根据国务院发布《个人所得税专项附加扣除暂行办法》，下列说法正确的是（　　）。

A. 纳税人获得每年 1 万元的子女教育专项扣除

B. 纳税人获得每年 1.2 万元的子女教育专项扣除

C. 纳税人获得每年 1.5 万元的子女教育专项扣除

D. 纳税人获得每年 2 万元的子女教育专项扣除

7. 根据全国突发事件应急预案的主要内容，预案中明确规定的选项是（　　）。

A. 突发事件应急处理指挥部的组成和相关部门的职责

B. 突发事件发生后，由媒体自行决定是否发布信息

C. 突发事件的监测与预警，但不包括信息的收集、分析、报告、通报制度

D. 突发事件应急处理专业队伍的建设和培训，但不包括物资和技术的储备与调度

8. 某化工厂的工人小张在工作中发现，工厂提供的防护口罩无法有效防止有害气体的吸入，且工作场所的通风系统存在故障。根据《中华人民共和国职业病防治法》，小张首先应该采取的保护自己职业健康的措施是（　　）。

A. 直接向劳动监察部门投诉工厂的违法行为

B. 要求工厂立即提供符合要求的防护口罩和修复通风系统

C. 拒绝继续在没有适当防护措施的环境中工作，并向工厂提出批评

D. 参与工厂的职业卫生工作民主管理，提出改善建议

9. 张三在某化工厂工作多年，因长期接触有害化学物质被诊断为职业病。根据《中华人民共和国职业病防治法》，该化工厂采取的措施中正确的是（　　）。

A. 即使张三不适宜继续从事原工作，但增加岗位津贴后可以继续

B. 调离张三的原岗位，安排其进行治疗和康复，并定期检查

C. 要求张三的诊疗和康复费用使用医保和个人支付

D. 拒绝张三工伤保险外的其他任何形式的赔偿

10. 李军一人在异乡的街头行为异常，疑似患有精神障碍，且有伤害他人的行为。根据《中华人民共和国精神卫生法》，下列做法正确的是（　　）。

A. 由李军的近亲属到来将其送往医疗机构进行精神障碍诊断

B. 李军户籍所在地的民政部门应当立即采取措施，将其送往医疗机构进行精神障碍诊断

C. 通知李军所在单位采取措施，将其送往医疗机构进行精神障碍诊断

D. 当地公安机关应当立即采取措施，将其送往医疗机构进行精神障碍诊断

二、多项选择题

11. 小林为专门从事心理咨询的人员。根据《中华人民共和国精神卫生法》，小林不可以在医疗机构内开展的服务有（　　）。

A. 提供心理咨询服务　　　　　　　　B. 开展心理治疗活动

C. 从事精神障碍的诊断　　　　　　　D. 为精神障碍患者开具处方

E. 为精神障碍患者提供外科治疗

12. 吴某，某制衣厂职工，因与女友分手精神受到刺激，在厂区花园里割腕自残，被警察发现并制止，但吴某仍然情绪激动，扬言要毁了自己。根据《中华人民共和国精神卫生法》，应当将吴某送往医疗机构进行精神障碍诊断的责任主体有（　　）。

A. 吴某近亲属　　　　　　　　　B. 吴某女友

C. 当地派出所　　　　　　　　　D. 当地民政部门

E. 吴某所在制衣厂

13. 某工厂的工人小张在工作中发现，工厂提供的职业病防护用品不符合防治职业病的要求，且工作环境存在严重的职业病危害。根据《中华人民共和国职业病防治法》，下列措施正确的是（　　）。

A. 要求工厂提供符合要求的职业病防护设施

B. 要求工厂提供符合要求的个人使用的职业病防护用品

C. 拒绝继续在没有适当防护措施的环境中工作

D. 向劳动监察部门检举工厂的违法行为

E. 要求工厂立即支付职业病诊疗费用，即使他尚未出现职业病症状

14. 某化工厂的工人小李在工作中发现，工厂的通风系统故障导致有害气体积聚，且工厂提供的防护手套无法有效防止化学物质的渗透。根据《中华人民共和国职业病防治法》，下列保护职工职业健康的措施正确的是（　　）。

A. 设置职业卫生管理机构，配备专职职业卫生管理人员，负责本单位的职业病防治工作

B. 制定职业病防治计划和实施方案，确保职业病防治工作的有序进行

C. 建立健全职业卫生档案和劳动者健康监护档案，记录小李的职业健康状况

D. 仅在职工出现职业病症状时，才进行职业健康检查

E. 建立健全工作场所职业病危害因素监测及评价制度，定期检测工作场所的有害气体浓度

15. 小赵在江苏省南京市的某化工厂上班，户籍在安徽省合肥市，目前经常居住在上海市。根据《中华人民共和国职业病防治法》，下列取得《医疗机构执业许可证》的医疗卫生机构中可以为小赵进行职业病诊断的是（　　）。

A. 江苏省南京市　　　　　　　　B. 安徽省合肥市

C. 上海市　　　　　　　　　　　D. 在安徽省内均可

E. 在江苏省内均可

参考答案

一、单项选择题

1. A　　　考点：依法推进健康中国建设——强基层

2. A　　　考点：艾滋病治疗与救助的规定

3. A　　　考点：药品安全法规与政策的"发展目标"

4. B　　考点：组织实施好三孩生育政策

5. A　　考点：发展普惠托育服务体系

6. B　　考点：完善积极生育支持措施

7. A　　考点：突发公共卫生事件应对的组织领导

8. B　　考点：职业病防治的法规与政策相关规定

9. B　　考点：职业病诊断与职业病病人保障

10. D　　考点：明确疑似精神疾病患者的送治权

二、多项选择题

11. BCDE　　考点：《中华人民共和国精神卫生法》第二十三条

12. ACE　　考点：明确疑似精神疾病患者的送治权

13. ABCD　　考点：职业病防治的法规与政策

14. ABCE　　考点：职业病防护

15. ABC　　考点：职业病诊断与职业病病人保障

单元 3　易错题

多项选择题

《中共中央　国务院关于优化生育政策促进人口长期均衡发展的决定》的主要目标是到2025年（　　　）。

A. 积极生育支持政策体系基本建立

B. 积极生育支持政策体系完全建立

C. 生育、养育、教育成本显著降低

D. 促进人口长期均衡发展的政策法规体系更加完善

E. 进入高生育水平阶段

参考答案 ·····································

多项选择题

AC　　考点：实施三孩生育政策及配套支持措施

解析：《中共中央　国务院关于优化生育政策促进人口长期均衡发展的决定》坚持以人民为中心、以均衡为主线、以改革为动力、以法治为保障的主要原则，设定的主要目标是：到2025年，积极生育支持政策体系基本建立，服务管理制度基本完备，优生优育服务水平明显提高，普惠托育服务体系加快建设，生育、养育、教育成本显著降低，生育水平适当提高，出生人口性别比趋于正常，人口结构逐步优化，人口素质进一步提升。到2035年，促进人口长期均衡发展的政策法规体系更加完善，服务管理机制运转高效，生育水平更加适度，人口结构进一步改善。优生优育、幼有所育服务水平与人民群众对美好生活的需要相适应，家庭发展能力明显提高，人的全面发展取得更为明显的实质性进展。故选A、C。

单元4 闯关题

一、单项选择题

1. 甲省乙县某医院发现其所在县发生了重大食物中毒事件。根据《突发公共卫生事件应急条例》，该医院应当在2小时内将此事向（　　）报告。

A. 甲省人民政府应急管理部门

B. 甲省人民政府卫生行政主管部门

C. 乙县人民政府应急管理部门

D. 乙县人民政府卫生行政主管部门

2. 根据《国务院关于实施健康中国行动的意见》，下列关于2030年健康中国任务的相关说法，正确的是（　　）。

A. 全国居民健康素养水平不低于30%

B. 全面无烟法规保护的人口比例达到50%以上

C. 婴儿死亡率控制在7.5‰以下

D. 适龄儿童免疫规划疫苗接种率保持在80%以上

3. 根据《乡镇卫生院管理办法（试行）》关于乡镇卫生院管理办法的说法，正确的是（　　）。

A. 乡镇卫生院应当根据本地实际情况自主设置临床和公共卫生等部门

B. 乡镇卫生院可以根据本地实际情况设置诊疗科目开展诊疗活动

C. 乡镇卫生院可以根据本地实际情况出租、承包内部科室

D. 乡镇卫生院的绩效考核应当由县人民医院和乡镇人民政府负责组织

4. 根据《国务院关于促进健康服务业发展的若干意见》，某省的下列做法，属于发展社区健康养老服务的是（　　）。

A. 引导开发与健康管理、养老等服务相关的保险产品

B. 推动三甲医院与老年护理院之间的转诊与合作

C. 鼓励医疗机构将护理服务延伸至居民家庭

D. 培育国家知名的中医药品牌和服务机构

5. 甲医院在给乙企业职工集体体检时，发现该企业职工老徐为疑似职业病病人，遂告知老徐并及时通知乙企业。乙企业及时安排对老徐进行诊断。根据《中华人民共和国职业病防治法》，老徐在诊断、医学观察期间的费用，由（　　）承担。

A. 老徐本人 　　　　　　　　　　　B. 乙企业

C. 基本医疗保险基金 　　　　　　　D. 工伤保险基金

6. 根据《关于加强心理健康服务的指导意见》，每所高等院校均应设立心理健康教育与咨询中心（室），按照师生比不少于（　　）配备从事心理辅导与咨询服务的专业教师。

A. 1∶1000　　　　　　B. 1∶2000　　　　　　C. 1∶3000　　　　　　D. 1∶4000

7. 根据《中华人民共和国职业病防治法》，劳动者被诊断患有职业病，但用人单位没有依法参加工伤保险的，其医疗和生活保障由（　　）承担。

A. 劳动者本人　　　　　　　　　　　B. 劳动者所在用人单位

C. 劳动者所在工会　　　　　　　　　D. 用人单位所在地卫生行政部门

8. 根据《突发公共卫生事件应急条例》，突发公共卫生事件发生后，具体负责组织突发公共卫生事件调查、控制和医疗救治工作的部门是县级以上地方人民政府（　　）。

A. 民政部门　　　　　　　　　　　　B. 公安机关

C. 司法行政部门　　　　　　　　　　D. 卫生行政主管部门

9. 某社区计划建立心理健康服务平台，以提升居民的心理健康水平。根据《中华人民共和国精神卫生法》及相关政策，该社区最应优先考虑的措施是（　　）。

A. 依托社区综合服务设施建立心理咨询（辅导）室，邀请专业心理咨询师定期坐诊

B. 要求社区内所有居民必须参加心理健康培训

C. 建立一个专门的心理健康网站，提供在线咨询服务

D. 购买高端心理测评设备，为居民提供心理评估服务

10. 某县计划在各行政村设置村卫生室并配置乡村医生。根据相关规定，下列做法符合要求的是（　　）。

A. 该县在每个行政村都设置了一所村卫生室，包括乡镇卫生院所在地的行政村

B. 该县在人口较多的行政村设置了两所村卫生室，但在乡镇卫生院所在地的行政村未设置村卫生室

C. 该县在每个行政村都设置了一所村卫生室，但距离相近的两个行政村可以共由 1 名乡村医生负责

D. 该县在人口较少的行政村设置了村卫生室，但两个行政村可以由 1 名有资质的乡村医生负责

二、多项选择题

11. 根据《中华人民共和国基本医疗卫生与健康促进法》，关于社会力量举办医疗卫生机构的说法，正确的有（　　）。

A. 社会力量可以选择设立非营利性或者营利性医疗卫生机构

B. 社会力量举办的医疗卫生机构可以对外出租、承包医疗科室

C. 社会力量可以与政府举办的医疗卫生机构合作举办非营利性医疗卫生机构

D. 社会力量举办的医疗卫生机构在基本医疗保险定点、医疗卫生人员职称评定等方面享有与政府举办的医疗卫生机构同等的权利

E. 社会力量举办的非营利性医疗卫生机构按照规定享受与政府举办的医疗卫生机构同等的税收、财政补助、用地、用水、用电、用气、用热等政策

12. 某街道拟新建一家社区卫生服务中心。下列设备、人员和用房等配置计划中，符合《城市社区卫生服务中心基本标准》的有（　　）。

A. 设置日间观察床位 10 张

B. 安排房屋建筑面积 1500 平方米

C. 设置以护理康复为主要功能的病床 60 张

D. 配备注册护士 10 名，其中 2 名具有中级以上任职资格

E. 配备执业范围为全科医学专业的临床类别、中医类别执业医师 8 名

13. 下列关于乡村医生队伍建设的说法中正确的是（　　）。

A. 乡村医生主要为农村居民提供公共卫生和基本医疗服务

B. 乡村医生的服务内容包括开展宣传教育和协助新农合筹资等工作

C. 乡镇卫生院受县级卫生计生行政部门委托负责本行政区域内乡村医生的聘用、注册和管理工作

D. 村卫生室一般诊疗费标准，原则上不高于基层医疗卫生机构一般诊疗费标准，并由医保基金按规定支付

E. 县级卫生行政部门对在村卫生室执业的乡村医生每年免费培训不少于 1 次，累计培训时间不少于 2 周

14. 根据我国社区卫生服务的筹资与补偿渠道，下列说法正确的是（　　）。

A. 申请政府财政补贴，用于管理信息系统及设备更新

B. 社区卫生服务机构实行低营利性的有偿服务

C. 将所有社区卫生服务机构纳入基本医疗保险定点单位，使社区卫生服务机构有稳定的资金来源

D. 申请社区资助，接受社会团体、慈善机构或个人捐助

E. 通过提供有偿医疗卫生服务，如出诊服务费、护士上门服务费等，收取服务成本费用

15. 根据《"十四五"国家药品安全及促进高质量发展规划》，下列（　　）属于该规划提出的任务。

A. 实施药品安全全过程监管，包括严格研制、生产、经营使用、网络销售行为监管

B. 支持产业升级发展，进一步加快重点产品审批上市

C. 完善药品安全治理体系，严格落实药品上市许可持有人主体责任

D. 促进中药传承创新发展，简化常规中药审评审批体系

E. 持续深化审评审批制度改革，继续推进仿制药质量和疗效一致性评价

参考答案

一、单项选择题

1. D 　　考点：《突发公共卫生事件应急条例》第二十条

2. A 　　考点：人民身体素质明显增强

3. A 　　考点：《乡镇卫生院管理办法（试行）》第十四条、第二十二条、第三十条、第三十五条

4. C 　　考点：《国务院关于促进健康服务业发展的若干意见》中"加快发展健康养老服务"的相关规定

5. B 　　考点：《中华人民共和国职业病防治法》第五十五条

6. D　　　考点：《关于加强心理健康服务的指导意见》中"建立健全各部门各行业心理健康服务网络"相关规定

7. B　　　考点：《中华人民共和国职业病防治法》第五十九条

8. D　　　考点：《突发公共卫生事件应急条例》第四条

9. A　　　考点：建立健全心理健康服务体系

10. B　　　考点：村卫生室的设立和乡村医生的配置

二、多项选择题

11. ACDE　考点：《中华人民共和国基本医疗卫生与健康促进法》第三十九至四十一条

12. ABDE　考点：《城市社区卫生服务中心基本标准》相关规定

13. ABD　考点：乡村医生队伍建设

14. ADE　考点：社区卫生服务的筹资与补偿渠道

15. ABCE　考点：药品安全法规与政策的"主要任务"

第十四章

我国社会保险法规与政策

14

【本章复习提示】

本章主要介绍我国社会保险法规与政策，内容包括基本养老保险、基本医疗保险、生育保险、工伤保险、失业保险等社会保险制度及其管理。重点内容有各类社会保险的参保对象、缴费标准、待遇范围、经办管理等。

复习方法可分为三个方面：一是需要记忆背诵的内容，例如各类社会保险的参保范围和对象、各项社会保险的费率缴费标准、社会保险经办管理机构的监督主体等；二是需要理解掌握的内容，例如不同社会保险制度的基本模式、各类社会保险待遇的申领条件和领取标准、典型的养老金领取地或工伤认定案例；三是需要熟练运用的能力，例如根据法规政策判断参保资格、计算各类社会保险待遇的具体数额、运用法规条文分析典型社会保险案例。

单元1 **基础题**

一、单项选择题

1. 根据《中华人民共和国社会保险法》，失业人员失业的，用人单位和本人累计缴费满5年不足10年的，领取失业保险金的期限最长为（　　）。

A. 6个月　　　　　　B. 12个月　　　　　　C. 18个月　　　　　　D. 24个月

2. 根据《中华人民共和国社会保险法》，用人单位未按规定申报应当缴纳的社会保险费数额，按照该用人单位上月缴费额的（　　）确定应当缴纳数额。

A. 110%　　　　　　B. 100%　　　　　　C. 120%　　　　　　D. 150%

3. 根据《失业保险条例》，关于失业保险的说法，正确的是（　　）。

A. 失业保险金的标准，由设区的市人民政府确定

B. 失业人员在领取失业保险金期间死亡的，参照当地对退休职工死亡的规定向其遗属发放一次性丧葬补助金和抚恤金

C. 失业保险金领取期限自中断就业之日起计算

D. 失业人员在领取失业保险金期间，符合城市居民最低生活保障条件的，按照规定享受城市居民最低生活保障待遇

4. 根据《中华人民共和国社会保险法》，下列说法正确的是（　　）。

A. 用人单位应当自成立之日起45日内向当地社会保险经办机构申请办理社会保险登记

B. 用人单位应当自用工之日起30日内为其职工向社会保险经办机构申请办理社会保险登记

C. 用人单位应当自变更起15日内，到社会保险经办机构办理变更社会保险登记信息

D. 社会保险经办机构应当自收到申请之日起30日内予以审核，发给社会保险登记证件

5. 根据《中华人民共和国社会保险法》，生育保险待遇包括（　　）和生育津贴。

A. 住院误工资　　　　　　　　　　B. 生活护理费

C. 生育医疗费用　　　　　　　　　D. 住院伙食补助费

6. 根据《中华人民共和国社会保险法》，用人单位应当按照（　　），根据社会保险经办机构确定的费率缴纳工伤保险费。

A. 本单位职工工资总额　　　　　　B. 本单位职工平均工资

C. 本地当年社会平均工资　　　　　D. 本地上一年度社会平均工资

7. 根据《中华人民共和国社会保险法》，个人对社会保险经办机构不依法办理社会保险转移接续手续的行为，可以依法（　　）。

A. 申请行政复议　　　　　　　　　B. 申请劳动仲裁

C. 申请人民调解　　　　　　　　　D. 提起民事诉讼

8. 根据《国务院关于建立统一的城乡居民基本养老保险制度的意见》，城乡居民（不含在校学生）参加基本养老保险的年龄最低为（　　）周岁。

A. 14　　　　　　B. 16　　　　　　C. 18　　　　　　D. 20

9. 根据《城镇企业职工基本养老保险关系转移接续暂行办法》，参保人员跨区域流动

就业转移基本养老保险关系时，统筹基金（单位缴费）以本人 1998 年 1 月 1 日后各年度实际缴费工资为基数，按（　　）的总和转移，参保缴费不足 1 年的，按实际缴费月数计算转移。

A. 8%　　　　　　　　B. 12%　　　　　　　　C. 16%　　　　　　　　D. 20%

10. 根据《国务院关于建立企业职工基本养老保险基金中央调剂制度的通知》，中央调剂基金由各省份（　　）构成。

A. 上缴的彩票公益金

B. 上缴的专项税收

C. 养老保险基金上解的资金

D. 行政事业性收费上解的资金

二、多项选择题

11. 根据《中华人民共和国社会保险法》，参加城镇职工基本养老保险的个人，领取基本养老金的条件有（　　）。

A. 在境内居住

B. 达到法定退休年龄

C. 连续缴费满 10 年

D. 累计缴费满 15 年

E. 基本养老保险关系在户籍所在地

12. 根据《工伤保险条例》，职工出现以下情形，应当认定或视同工伤的有（　　）。

A. 患职业病的

B. 在工作时间和工作岗位，突发疾病死亡的

C. 在抢险救灾等维护国家利益活动中受到伤害的

D. 在上下班途中，受到本人主要责任交通事故伤害的

E. 因工外出期间，由于工作原因发生事故受到伤害的

13. 根据《关于进一步完善和落实积极生育支持措施的指导意见》，关于完善生育保险制度的说法，正确的有（　　）。

A. 强化生育保险对参保女职工生育医疗费用、生育津贴待遇等保障作用

B. 参加职工基本医疗保险的灵活就业人员同步参加生育保险

C. 未就业妇女通过参加城乡居民基本医疗保险享受生育医疗待遇

D. 逐步将适宜的分娩镇痛和辅助生殖技术项目按程序纳入基金支付范围

E. 为领取失业保险金人员缴纳生育保险费所需资金，从基本养老保险基金列支

14. 根据《中华人民共和国社会保险法》，下列因工伤发生的费用中，可以由工伤保险基金支付的有（　　）。

A. 劳动能力鉴定费

B. 治疗工伤期间的工资福利

C. 安装配置伤残辅助器具所需费用

D. 一至四级伤残职工按月领取的伤残津贴

E. 生活不能自理的，经劳动能力鉴定委员会确认的生活护理费

15. 根据《中华人民共和国社会保险法》，下列参加职工基本医疗保险人员的医疗费用中，由基本医疗保险基金支付的有（　　）。

A. 因治疗工伤产生的医疗费用

B. 在境外就医产生的医疗费用

C. 符合基本医疗保险药品目录的医疗费用

D. 符合基本医疗保险诊疗项目的医疗费用

E. 符合基本医疗保险医疗服务设施标准的医疗费用

参考答案

一、单项选择题

1. C 　　考点：失业保险待遇
2. A 　　考点：社会保险费征缴
3. D 　　考点：《失业保险条例》第十六条、第十八条、第二十条、第二十三条
4. B 　　考点：社会保险费征缴
5. C 　　考点：生育保险待遇
6. A 　　考点：工伤保险基金
7. A 　　考点：社会保险监督
8. B 　　考点：城乡居民基本养老保险的参保范围
9. B 　　考点：职工基本养老保险关系的转移、接续
10. C 　　考点：职工基本养老保险关系的转移、接续

二、多项选择题

11. BD 　　考点：基本养老金计发办法
12. ABCE 　　考点：工伤认定与劳动能力鉴定
13. ACD 　　考点：《关于进一步完善和落实积极生育支持措施的指导意见》中"完善生育保险等相关社会保险制度"的相关规定
14. ACDE 　　考点：工伤保险待遇
15. CDE 　　考点：职工基本医疗保险制度

单元2 提高题

一、单项选择题

1. 李某，甲省户籍，高中毕业后服役2年，退役后在家务农3年，未参加城乡居民基本养老保险。李某顺利通过成人高考，后又考取甲地某机关公务员。工作5年后，李某辞职自主创业，以灵活就业人员身份参加甲地城镇职工基本养老保险10年。根据《城乡养老保险制度衔接暂行办法》《人力资源和社会保障部关于印发〈城镇企业职工基本养老保险关系转移接续若干具体问题意见〉的通知》，当前李某城镇职工基本养老保险的累计缴费年限为（　　）。

A. 10年　　　　　B. 15年　　　　　C. 17年　　　　　D. 20年

2. 根据《国务院关于建立统一的城乡居民基本养老保险制度的意见》，下列原在甲地居住的人员，可在乙地参加城乡居民养老保险的是（　　）。

A. 赵某，15周岁，户籍随父母迁至乙地，在某中学就读

B. 王某，20周岁，甲地户籍，在乙地高校全日制就读

C. 张某，35 周岁，户籍随配偶迁至乙地，全职妈妈

D. 李某，50 周岁，甲地户籍，随子女在乙地长期居住

3. 根据《欺诈骗取医疗保障基金行为举报奖励暂行办法》，对符合条件的举报人予以奖励的最高额度为（　　）万元。

A. 5 　　　　　　 B. 10 　　　　　　 C. 15 　　　　　　 D. 20

4. 根据《关于规范社会保险缴费基数有关问题的通知》，某单位发放给职工的支出中，应纳入工资总额并在计算社会保险缴费基数时作为依据的是（　　）。

A. 先进个人奖金 　　　　　　　　　　 B. 独生子女费

C. 出差补助 　　　　　　　　　　　　 D. 冬季取暖补贴

5. 根据《中华人民共和国社会保险法》，下列人员可以直接向社会保险费征收机构缴纳城镇职工基本养老保险费的是（　　）。

A. 侯某，无雇工的个体工商户 　　　　 B. 张某，某基金会秘书长

C. 李某，某企业专职会计 　　　　　　 D. 吴某，无业人员

6. 李某，35 周岁，申请从甲地城乡居民养老保险转入乙地城镇职工养老保险。根据《城乡养老保险制度衔接暂行办法》，关于李某城乡养老保险制度衔接的说法，正确的是（　　）。

A. 李某城乡居民养老保险个人账户储存额不与城镇职工养老保险个人账户余额合并

B. 李某城乡居民保险缴存年限不合并计算或折算为城镇职工养老保险缴费年限

C. 李某若在同一年度同时参加城镇职工养老保险和城乡居民养老保险，其重复缴费时段只计算城乡居民养老保险

D. 李某退休后可同时领取城镇职工养老保险和城乡居民养老保险待遇

7. 李某，甲省户籍，曾先后在甲省和丙省就业并参加当地职工基本养老保险。2024 年 2 月，李某在丁省重新就业，并接照规定在丁省建立基本养老保险关系和缴费。现李某需要办理基本养老保险关系转移接续手续。根据《城镇企业职工基本养老保险关系转移接续暂行办法》，李某应当向（　　）社会保险经办机构提出书面申请。

A. 丁省 　　　　　　 B. 甲省 　　　　　　 C. 乙省 　　　　　　 D. 丙省

8. 女职工小王产假前月工资为 6000 元，所在单位上年度职工月平均工资为 7500 元，当地上年度职工月平均工资为 8000 元、月最低工资标准为 2000 元。小王已通过所在单位参加生育保险。根据《中华人民共和国社会保险法》，小王产假期间的生育津贴标准为每月（　　）元。

A. 2000 　　　　　　 B. 6000 　　　　　　 C. 7500 　　　　　　 D. 8000

9. 根据《中华人民共和国社会保险法》，下列参加基本养老保险的个人，可以按月领取基本养老金的是（　　）。

A. 张某，达到法定退休年龄，累计缴费 12 年，在家照顾晚辈

B. 何某，达到法定退休年龄，累计缴费 20 年，被企业返聘

C. 赵某，未达到法定退休年龄，累计缴费 25 年，部分丧失劳动能力

D. 王某，未达到法定退休年龄，累计缴费 30 年，肢体残疾

10. 赵某，甲省户籍，分别在乙省、丙省、丁省参加企业职工基本养老保险 4 年、6 年、9 年，丁省为其当前基本养老保险关系所在地。现赵某已达到养老保险待遇领取条件。根据《城镇企业职工基本养老保险关系转移接续暂行办法》，应由（　　）省为赵某

按规定办理待遇领取手续。

A. 甲　　　　　　B. 乙　　　　　　C. 丙　　　　　　D. 丁

二、多项选择题

11. 有 5 人原本的户籍为甲省，原城镇职工基本养老保险关系在乙省，现 5 人辞职后，到丙省就业并在当地参加城镇职工基本养老保险。根据《城镇企业职工基本养老保险关系转移接续暂行办法》，这 5 人中，应由乙省继续保留其基本养老保险关系，并由丙省的社保经办机构为其建立临时基本养老保险缴费账户的有（　　　　）。

A. 孙某，女，20 周岁，累计缴费不足 1 年

B. 张某，女，25 周岁，曾中断养老保险缴费

C. 赵某，女，45 周岁，曾中断养老保险缴费

D. 王某，男，45 周岁，曾中断养老保险缴费

E. 李某，男，55 周岁，未曾中断养老保险缴费

12. 正在领取失业保险金的 5 名失业人员，出现情况变化。根据《中华人民共和国社会保险法》，应当停止领取失业保险金，同时停止享受其他失业保险待遇的有（　　　　）。

A. 冯某，重新就业　　　　　　　　　　B. 陈某，应征服兵役

C. 楚某，移民境外　　　　　　　　　　D. 魏某，开始享受基本养老保险待遇

E. 蒋某，参加所在地组织的就业培训

13. 根据《城镇企业职工基本养老保险关系转移接续暂行办法》，针对跨省流动的参保人员，下列办理基本养老保险关系转移接续手续的程序，正确的有（　　　　）。

A. 参保人员在新就业地按规定建立基本养老保险关系和缴费后，由用人单位向新参保地社保经办机构提出基本养老保险关系转移接续的书面申请

B. 新参保地社保经办机构在 15 个工作日内，对符合转移接续条件的，向参保人员原基本养老保险关系所在地的社保经办机构发出同意接收函

C. 新参保地社保经办机构在 15 个工作日内，对不符合转移接续条件的，向参保人员作出电话或口头说明

D. 原基本养老保险关系所在地社保经办机构在接到同意接收函的 15 个工作日内，办理好转移接续的各项手续

E. 新参保地社保经办机构在收到参保人员原基本养老保险关系所在地社保经办机构转移的基本养老保险关系和资金后，应在 15 个工作日内办结有关手续

14. 下列人员被认定为工伤，但其所在用人单位未依法缴纳工伤保险费，根据《社会保险基金先行支付暂行办法》，这些人员当中可以向社会保险经办机构书面申请先行支付工伤保险待遇的有（　　　　）。

A. 赵某，所在用人单位被依法吊销营业执照

B. 杨某，所在用人单位被依法撤销登记

C. 贺某，所在用人单位拒绝支付费用

D. 吕某，所在用人单位经营困难，双方达成协议暂缓支付工伤保险待遇

E. 何某，所在用人单位支付的费用未达到规定的工伤保险待遇标准，且用人单位拒绝支付不足部分

15. 城镇居民基本医疗保险实行个人缴费和政府补贴相结合。根据《中华人民共和国社

会保险法》，下列城镇居民，其基本医疗保险的个人缴费部分可享受政府补贴的有（　　　）。

A. 小李，10 周岁，低收入家庭成员

B. 小郭，16 周岁，辍学，父母外出务工

C. 老张，50 周岁，低保家庭成员

D. 老周，55 周岁，肢体残疾、丧失劳动能力

E. 老吴，65 周岁，低收入家庭成员

参考答案 ·······························

一、单项选择题

1. C	考点：退役养老保险
2. C	考点：城乡居民养老保险参保范围
3. B	考点：《欺诈骗取医疗保障基金行为举报奖励暂行办法》第十三条
4. A	考点：《关于规范社会保险缴费基数有关问题的通知》中"关于计算缴费基数的具体项目"相关规定
5. A	考点：《中华人民共和国社会保险法》第十条
6. B	考点：城乡养老保险制度的衔接
7. A	考点：职工基本养老保险关系的转移、接续
8. C	考点：《中华人民共和国社会保险法》第五十六条
9. B	考点：基本养老金计发办法
10. A	考点：职工基本养老保险关系的转移、接续

二、多项选择题

11. CE	考点：职工基本养老保险关系的转移、接续
12. ABCD	考点：失业保险待遇
13. ABDE	考点：《城镇企业职工基本养老保险关系转移接续暂行办法》第八条
14. ABCE	考点：《社会保险基金先行支付暂行办法》第六条
15. ACDE	考点：城乡居民基本医疗保险制度

单元 3 易错题

一、单项选择题

1. 张某，山东省青岛市户籍，曾先后在广州市工作 2 年、上海市工作 10 年、北京市工作 9 年，上述工作期间均参加了城镇企业职工基本养老保险。根据《城镇企业职工基本养老保险关系转移接续暂行办法》，下列地区中，应当为张某办理养老保险待遇领取手续的是（　　　）。

A. 青岛市　　　B. 广州市　　　C. 上海市　　　D. 北京市

二、多项选择题

2. 残疾人张某，43岁，在一家工厂上班。其妻42岁，无业；其女19岁，在外打工；其子15岁，中学在读；其母65岁，无经济来源，与张某一起生活。张某一家生活困难，被认定为低收入家庭。根据《中华人民共和国社会保险法》，张某一家参加城乡居民基本医疗保险，个人缴费部分可以享受政府补贴的家庭成员有（　　　）。

A. 张某本人　　B. 张某妻子　　C. 张某女儿　　D. 张某儿子　　E. 张某母亲

参考答案

一、单项选择题

1. C　　考点：职工基本养老保险关系的转移接续

解析：参保者退休后的待遇领取地分为4种情况：其一，基本养老保险关系在户籍所在地的，由户籍所在地负责办理待遇领取手续；其二，基本养老保险关系不在户籍所在地，而在其基本养老保险关系所在地累计缴费年限满10年的，在该地办理待遇领取手续；其三，基本养老保险关系不在户籍所在地，且在其基本养老保险关系所在地累计缴费年限不满10年的，将其基本养老保险关系转回上一个缴费年限满10年的原参保地办理待遇领取手续；其四，基本养老保险关系不在户籍所在地，且在每个参保地的累计缴费年限均不满10年的，将其基本养老保险关系及相应资金归集到户籍所在地，由户籍所在地按规定办理待遇领取手续。故选C。

二、多项选择题

2. DE　　考点：城乡居民基本医疗保险制度

解析：《中华人民共和国社会保险法》第二十五条规定，城镇居民基本医疗保险实行个人缴费和政府补贴相结合。享受最低生活保障的人、丧失劳动能力的残疾人、低收入家庭60周岁以上的老年人和未成年人等所需个人缴费部分，由政府给予补贴。故选D、E。

单元4　闯关题

一、单项选择题

1. 根据《城镇企业职工基本养老保险关系转移接续暂行办法》，参保人员转移接续基本养老保险关系时，符合待遇领取条件的，以本人各年度缴费工资、缴费年限和（　　　）

对应的各年度在岗职工平均工资计算其基本养老金。

  A. 首次就业地   B. 各阶段就业所在地

  C. 户籍所在地   D. 待遇领取地

2. 根据《医疗保障基金使用监督管理条例》，下列行为应予以处罚的是（　　）。

  A. 医生为慢性病患者超量开药

  B. 参保人员行动困难委托他人代为购药

  C. 药店要求参保人员凭医疗保障凭证实名购药

  D. 医生在急诊中使用医疗保障基金支付范围以外的药品

3. 女职工小贾产假前月工资为9700元，其所在公司上年度职工月平均工资为6800元，其所在地上年度城镇职工月平均工资为5500元，小贾通过所在公司依法参加了生育保险。根据《中华人民共和国社会保险法》，小贾产假期间每月所享受的生育津贴标准是（　　）。

  A.5500元   B.6800元   C.8250元   D.9700元

4. 根据《中华人民共和国社会保险法》，社会保险基金可以用于（　　）。

  A. 平衡其他政府预算   B. 合理投资运营实现保值增值

  C. 改建社会保障经办机构办公场所   D. 支付社会保险经办机构人员工资

5. 根据《人力资源社会保障部　财政部关于调整失业保险金标准的指导意见》，各省要在确保基金可持续前提下，逐步将失业保险金标准提高到最低工资标准的（　　）。

  A.60%   B.70%   C.80%   D.90%

6. 某企业因不可抗力造成生产经营严重困难，企业账户余额已少于应缴社会保险费。根据《中华人民共和国社会保险法》，该企业可以依法采取的缓解社会保险费措施的是（　　）。

  A. 向社会保险费征收机构申请降低缴费基数

  B. 通过工会与本企业职工协商停缴社会保险费

  C. 向社会保险费征收机构提供担保并签订延期缴费协议

  D. 经职工代表大会同意向社会保险费征收机构申请减少缴费人员

7. 根据《人力资源和社会保障部　财政部关于领取失业保险金人员参加职工基本医疗保险有关问题的通知》，领取失业保险人员，应当按规定参加其失业前失业保险参保地的职工基本医疗保险，由参保地（　　）统一办理职工基本医疗保险参保缴费手续。

  A. 医疗保险经办机构   B. 公共就业服务机构

  C. 失业保险经办机构   D. 社会救助管理机构

8. 张某参加了职工基本医疗保险。根据《国务院办公厅关于建立健全职工基本医疗保险门诊共济保障机制的指导意见》，下列与张某共同生活的家庭成员，在定点医疗机构就医发生的由个人负担的医疗费用，可以由张某的职工基本医疗保险个人账户支付的是其（　　）。

  A. 姑姑   B. 弟弟   C. 女儿   D. 外孙女

9. 某工厂位于甲省乙市丙县，因不可抗力造成生产经营出现严重困难，拟申请暂缓缴纳社会保险费。根据《实施〈中华人民共和国社会保险法〉若干规定》，经（　　）批准后，该工厂可以暂缓缴纳社会保险费。

  A. 甲省人力资源社会保障厅   B. 乙市人力资源社会保障局

  C. 丙区人民政府   D. 乙市人民政府

10. 根据《国家医保局　财政部关于进一步做好基本医疗保险跨省异地就医直接结算工作的通知》，跨省异地就医直接结算的住院、普通门诊和门诊慢特病医疗费用，执行（　　）规定的基本医疗保险基金起付标准、支付比例、最高支付限额、门诊慢特病病种范围等有关政策。

　　A. 参保地　　　　B. 就医地　　　　C. 户籍地　　　　D. 居住地

二、多项选择题

11. 根据《社会保险基金监督举报工作管理办法》，关于社会保险基金监督的说法，正确的有（　　）。

　　A. 受理电话举报，应当录音

　　B. 当面举报时，举报人可以不在笔录上留姓名

　　C. 举报人有权要求答复本人所举报案件的办理结果

　　D. 监督机构工作人员可以对匿名的举报材料鉴定笔迹

　　E. 监督机构工作人员应当及时向被调查单位和被调查人出示举报材料

12. 根据《中华人民共和国军人保险法》中对军人伤亡保险所作的具体规定，下列这些实例中符合军人伤亡保险覆盖范围的是（　　）。

　　A. 义务兵小王，在一次打击贩毒团伙作战中牺牲

　　B. 义务兵小李在一次派遣出国中，因交通事故受伤

　　C. 退伍军人小周，在部队时因公致残被认定为三级伤残，退伍参加工作后旧伤复发

　　D. 义务兵小吴，在部队训练时，因战友枪支走火受伤

　　E. 义务兵小张，在军营里酗酒后摔伤至六级伤残

13. 国家医保局、财政部联合发布《关于进一步做好基本医疗保险跨省异地就医直接结算工作的通知》。下列可以在备案地和参保地双向享受医保待遇的是（　　）。

　　A. 异地长期居住　　　　　　　　B. 异地转诊就医

　　C. 异地安置退休人员　　　　　　D. 常驻异地工作人员

　　E. 因工作、旅游等原因异地急诊抢救人员

14. 2023年8月，某劳务派遣公司招用李某并派遣到某传媒公司工作，未为李某办理工伤保险和缴纳工伤保险费，2023年11月，该传媒公司因工作需要安排李某夜间超时加班，李某因过度劳累于次日凌晨在传媒公司卫生间晕倒死亡。传媒公司与李某近亲属魏某达成死亡赔偿协议，支付魏某死亡赔偿金30万元，并约定魏某不得再以李某工伤死亡赔偿或者在派遣工作期间享有权益为由，请求其他任何形式的死亡赔偿。后经劳动部门认定李某为工伤死亡待遇高于赔偿金30万元，魏某遂向劳务派遣公司和传媒公司主张李某的工伤死亡待遇，遭到拒绝，根据《中华人民共和国劳动合同法》规定，关于李某的工伤死亡待遇正确的是（　　）。

　　A. 魏某可以主张李某全部工伤死亡待遇

　　B. 李某工伤死亡待遇由派遣公司承担，传媒公司无须承担

　　C. 李某工伤死亡待遇由传媒公司承担，劳务派遣公司无须承担

　　D. 魏某可以继续主张李某全部工伤死亡待遇与死亡赔偿30万元的差额

　　E. 李某的工伤死亡待遇由劳务派遣公司和传媒公司共同承担连带赔偿责任

15. 农民工李某辞去城市工作，回到家乡发展特色养殖，未继续缴纳职工基本养老保

险费，根据《城镇企业职工基本养老保险关系转移接续暂行办法》，关于李某职工基本养老保险关系转移接续权益的说法，正确的有（　　　）。

A. 个人账户储存额停止计息

B. 由原参保地社会保险经办机构保留其基本养老保险关系

C. 保存其全部参保缴费记录及个人账户

D. 符合待遇领取条件时，累计计算李某在各地缴费年限

E. 符合待遇领取条件时，与城镇职工同样享受基本养老保险待遇

参考答案

一、单项选择题

1. D　　考点：《城镇企业职工基本养老保险关系转移接续暂行办法》第七条

2. A　　考点：《医疗保障基金使用监督管理条例》第十五条

3. B　　考点：《中华人民共和国社会保险法》第五十六条

4. B　　考点：《中华人民共和国社会保险法》第六十九条

5. D　　考点：《人力资源社会保障部　财政部关于调整失业保险金标准的指导意见》中"科学合理确定失业保险金标准"相关规定

6. C　　考点：《中华人民共和国社会保险法》第六十三条

7. C　　考点：《人力资源和社会保障部　财政部关于领取失业保险金人员参加职工基本医疗保险有关问题的通知》一

8. C　　考点：《国务院办公厅关于建立健全职工基本医疗保险门诊共济保障机制的指导意见》中"规范个人账户使用范围"的相关规定

9. A　　考点：《实施〈中华人民共和国社会保险法〉若干规定》第二十一条

10. A　　考点：《国家医保局　财政部关于进一步做好基本医疗保险跨省异地就医直接结算工作的通知》中"完善跨省异地就医直接结算政策"相关规定

二、多项选择题

11. BC　　考点：《社会保险基金监督举报工作管理办法》第十五条、第十七条、第三十条、第三十六条

12. AC　　考点：《中华人民共和国军人保险法》第七条、第八条、第十条、第十一条

13. ACD　　考点：支持跨省异地长期居住人员可以在备案地和参保地双向享受医保待遇

14. DE　　考点：《中华人民共和国劳动合同法》第九十二条和《工伤保险条例》第六十二条

15. BCDE　　考点：《城镇企业职工基本养老保险关系转移接续暂行办法》第九条

大纲增补内容模拟题

1. 习近平总书记对社会工作的重要指示强调了社会工作的重要性，明确了社会工作的根本原则、价值取向、发展方向等，为新时代社会工作提供了根本遵循，党的二十届二中全会决定组建（　　）。

A. 中央社会工作部　B. 中央民政部　C. 中央社会事务部　D. 中央民生保障部

2. 中央社会工作会议精神强调社会工作的高质量发展和规范化。在社会工作的管理和组织方面，行政法规起到了关键作用。明确行政法规的制定主体，有助于更好地制定涉及社会工作行政管理的相关规范。行政法规是指（　　）根据《中华人民共和国宪法》和法律制定的有关行政管理等方面的规范性文件。

A. 全国人民代表大会
B. 全国人民代表大会常务委员会
C. 国务院
D. 国务院部门

3. 党的二十届三中全会以促进社会公平正义、增进人民福祉为出发点和落脚点，提出一系列重大改革举措，如完善就业优先政策、健全社会保障体系等，这与社会政策的目标和作用相契合。社会政策是公共政策体系中重要的方面之一，是政府为了满足（　　）、维护社会公平、解决各种社会问题而制定的政策体系。

A. 经济发展需求　B. 民生需求　C. 文化发展需求　D. 政治发展需求

4. 党的二十大报告中强调了以人民为中心的发展思想，指出增进民生福祉，提高人民生活品质等，这为社会工作和社会建设明确了根本目标和价值取向。我国社会建设包括（　　）两大方面。

A. 民生事业与社会治理
B. 经济建设与社会治理
C. 文化建设与社会治理
D. 政治建设与社会治理

5. 党的二十大报告强调，引导、支持有意愿有能力的企业、社会组织和个人积极参与（　　）。

A. 社会救助事业
B. 公益慈善事业
C. 社区建设事业
D. 志愿服务事业

6. 中央社会工作会议指出，要扎实做好凝聚服务群众工作，坚持和发展新时代（　　）。

A. "枫桥经验"
B. "延安精神"
C. "长征精神"
D. "红船精神"

7. 中央社会工作会议强调，要推进信访工作（　　），做好人民建议征集。

A. 法治化　　　B. 制度化　　　C. 规范化　　　D. 常态化

8. 党的二十届三中全会对社会工作领域改革发展提出明确要求，作出的关键部署是（　　）。

A. 健全社会工作体制机制　　　　　B. 扩大社会工作服务范围

C. 提高社会工作者待遇　　　　　　D. 加强社会工作国际交流

9. 社区工作者队伍建设中，应把（　　）放在首位。

A. 工作能力　　　　B. 政治标准　　　　C. 学历水平　　　　D. 服务经验

10. 社区工作者职业体系基本建立的目标是在（　　）时间内实现。

A. 2 年　　　　　　B. 3 年　　　　　　C. 5 年　　　　　　D. 10 年

11. 社区工作者应深刻领悟（　　）的决定性意义，增强"四个意识"、坚定"四个自信"、做到"两个维护"。

A. "两个确立"　　　　　　　　　　B. "三个代表"

C. "科学发展观"　　　　　　　　　D. "一带一路"倡议

12. 各地按照每万城镇常住人口拥有社区工作者（　　）人的标准配备。

A. 15　　　　　　　B. 18　　　　　　　C. 20　　　　　　　D. 25

13. 社区工作者队伍建设的总体要求中，未提及以下（　　）原则。

A. 坚持和加强党的全面领导　　　　B. 坚持专业化方向

C. 坚持市场导向　　　　　　　　　D. 坚持激励和约束并重

14. 《中共中央办公厅　国务院办公厅关于加强社区工作者队伍建设的意见》提出，加强社区工作者队伍建设的重要意义不包括（　　）。

A. 保障人民安居乐业　　　　　　　B. 维护社会安定有序

C. 促进经济快速发展　　　　　　　D. 巩固党的长期执政根基

15. 推行"全岗通"工作机制的目的是培养（　　）的社区工作全科人才。

A. 一专多能　　　　B. 单一技能　　　　C. 理论丰富　　　　D. 管理为主

16. 根据习近平总书记关于中国特色基层治理的重要论述，推进国家治理体系和治理能力现代化，下列选项中正确的是（　　）。

A. 加强社区党组织建设，更好发挥党组织在社区治理中的领导作用

B. 街道是基层基础

C. 要坚持以居村为重点，推进基层社会治理创新政策落地

D. 推进国家治理体系和治理能力现代化，社区治理必须维持、不能削弱

17. 根据习近平总书记关于加强社区服务能力建设的重要论述，为群众提供精准化、精细化服务，下列说法中正确的是（　　）。

A. 加强基层组织建设，完善网格化管理、精细化服务、信息化支撑的基层治理平台

B. 减少社区服务内容，集中精力解决少数核心问题

C. 推动政务信息系统资源整合共享，优化办事流程，减少办理环节

D. 强化社工站建设，提升社区为民、便民、安民功能

18. 在基层治理中，党中央为改善基层工作状况所采取的专项治理行动主要是（　　）。

A. 加强基层干部培训　　　　　　　B. 整治"表海""会海"问题

C. 完善充实服务事项　　　　　　　D. 推进基层民主建设

19. 根据习近平总书记关于社会治理的重要论述，符合树立系统治理、依法治理、综合治理、源头治理理念要求的是（　　）。

A. 强化跨领域跨部门综合执法，建立联动机制，形成问题联治、工作联动、平安联创的良好局面

B. 主要依靠公安机关进行社会治安管理，减少社会力量的参与

C. 专注于矛盾风险发生后的事后处理

D. 限制执法队伍与相关行业管理部门的信息共享，避免数据泄露

20. 关于新时代"枫桥经验"在社会基层治理中的应用，以下描述能准确反映其核心内容和要求的是（   ）。

A. "枫桥经验"主要强调依靠严厉的法律法规进行社会治理，确保所有矛盾和问题都能通过法律途径迅速解决

B. 新时代"枫桥经验"的核心在于实现自律与他律、刚性与柔性等多方面的统一，要坚持源头治理，将矛盾纠纷化解在基层和萌芽状态

C. "枫桥经验"鼓励群众自行解决所有矛盾，减少政府和社会组织的介入，以实现社会自治

D. 信访工作只是"枫桥经验"中的一个次要环节，其主要目的是处理紧急和重大的社会矛盾

21. 根据习近平总书记关于健全自治、法治、德治相结合的乡村治理体系的重要论述，下列说法正确的是（   ）。

A. 主要依靠法治手段进行乡村治理，辅以自治和德治的作用

B. 强化农村基层党组织建设，完善党组织领导的自治、法治、德治相结合的乡村治理体系

C. 以乡村经济建设为重点，促进乡村治理能力的现代化

D. 适当组织村民自治实践，为村民参与乡村治理提供一定的机会

22. 根据习近平总书记关于基层治理的重要论述，为了加强基层社会治理并提升其成效，下列关键措施正确的是（   ）。

A. 加大投入力度，把精干力量下沉到基层，同时完善有序流动的机制

B. 完善农村基层干部选拔任用制度，确保乡镇领导班子、村"两委"成员的稳定

C. 对党员干部中的先进典型进行大力宣传表彰，提高他们的社会地位和认同感

D. 加强对农村基层干部队伍的监督管理，把"微腐败"问题作为纪检监察工作的重点

23. 根据《中共中央办公厅　国务院办公厅关于健全新时代志愿服务体系的意见》，明确提出的主要目标是（   ）。

A. 到 2025 年，基本形成系统完备、科学规范、协同高效的志愿服务制度和工作体系

B. 到 2030 年，基本形成系统完备、科学规范、协同高效的志愿服务制度和工作体系

C. 到 2035 年，基本形成系统完备、科学规范、协同高效的志愿服务制度和工作体系

D. 到 2040 年，基本形成系统完备、科学规范、协同高效的志愿服务制度和工作体系

24. 根据《中共中央办公厅　国务院办公厅关于健全新时代志愿服务体系的意见》，下列属于志愿服务动员体系的内容的是（   ）。

A. 鼓励混合所有制企业、非公有制企业以及新经济组织、新社会组织、新就业群体支持和参与志愿服务

B. 积极推进民营企业参与志愿服务

C. 大力发展国有企业和事业单位参与志愿服务

D. 重点倡导党政机关和群团组织参与志愿服务

25. 根据《中共中央办公厅　国务院办公厅关于健全新时代志愿服务体系的意见》，以下选项属于该意见提出的志愿服务供给体系内容的是（　　）。

A. 积极开展经济领域的志愿服务

B. 大力推动开展文化领域的志愿服务

C. 重点开展教育领域的志愿服务

D. 把学习宣传习近平新时代中国特色社会主义思想作为首要政治任务

26. 根据《中共中央办公厅　国务院办公厅关于健全新时代志愿服务体系的意见》，志愿服务组织建设的主要内容包括（　　）。

A. 指导志愿服务组织改善外部环境，提升社会公信力

B. 完善志愿服务组织登记管理制度，所有志愿服务组织实现依法登记

C. 鼓励同一工作单位的志愿者组建团队

D. 健全监督管理制度，完善动态管理和退出机制

27. 根据《中共中央办公厅　国务院办公厅关于健全新时代志愿服务体系的意见》，提出要健全覆盖广泛的志愿服务阵地体系，下列选项正确的是（　　）。

A. 在社工站配置志愿服务站点

B. 各类公共服务设施、窗口单位及其他公共场所须设立志愿服务站点

C. 企事业单位必须开放公共资源，为志愿服务提供场所和条件

D. 引导社会力量建设志愿服务特色站点、流动站点，进一步拓展覆盖面

28. 根据《中共中央办公厅　国务院办公厅关于健全新时代志愿服务体系的意见》，某市计划开展一系列活动以增强志愿文化的影响力，下列选项正确的是（　　）。

A. 在全市范围内开展"志愿服务主题公园"建设，通过雕塑、公益广告等形式宣传志愿文化

B. 集中在每年的学雷锋纪念日开展志愿服务宣传活动

C. 把志愿服务作为高校师生教育实践的重要内容

D. 志愿服务须明确纳入用人单位与职工订立的劳动合同中

29. 某市为了推动志愿服务事业的发展，计划出台一系列支持保障措施。根据《中共中央办公厅　国务院办公厅关于健全新时代志愿服务体系的意见》，下列说法正确的是（　　）。

A. 市政府通过财政投入设立志愿服务发展基金

B. 市政府发动社会募捐渠道设立志愿服务发展基金

C. 市政府在全市企业中倡导企业社会责任，共同设立志愿服务发展基金

D. 市政府为社区开展服务使用统一招募志愿者

30. 某市为推动志愿服务事业发展，根据《中共中央办公厅　国务院办公厅关于健全新时代志愿服务体系的意见》中关于加强组织领导的要求，下列选项正确的是（　　）。

A. 健全评估体系，把志愿服务作为衡量地区社会文明程度、社会治理水平的重要内容

B. 市政府主要在每年的志愿者日开展宣传活动，将其纳入城乡总体规划

C. 志愿服务组织依托各单位和社区的党组织，注重从优秀志愿者中培养和发展党员

D. 形成中央社会工作部牵头负责，各有关部门和群团组织履职尽责、联动高效的工作格局

二、多项选择题

31. 党的二十届二中全会决定组建中央社会工作部，其意义是（　　）。

A. 党的社会工作领导体系的重大改革

B. 加强了党对社会领域相关工作的统筹

C. 有助于推动社会工作重点领域改革纵深推进

D. 提升了社会工作在党和国家事业中的作用

E. 彻底解决了社会工作领域的所有问题

32. 党的二十大强调，把党的领导落实到党和国家事业各领域各方面各环节，对于社会工作来说，这意味着（　　）。

A. 必须从体制机制上作出安排，为社会工作发展提供坚实保障

B. 确保党的理论和路线方针政策全面贯彻落实到社会工作各领域，保证方向正确

C. 把党的理论优势、政治优势、组织优势、制度优势、密切联系群众优势转化为经济社会发展优势，助力社会进步

D. 加强党对社会工作的全面领导，凝聚发展合力

E. 严格限定社会工作服务对象范围，提高服务针对性

33. 提升社区工作者能力建设方面提出（　　）要求。

A. 提升政治素质　　　　　　　　B. 提高履职本领

C. 增强服务居民群众意识　　　　D. 健全培训机制

E. 严格队伍管理

34. 社区工作者的激励保障机制包括（　　）。

A. 落实薪酬待遇保障，参照当地全口径城镇单位就业人员平均工资水平设定薪酬

B. 建立激励发展机制，从社区工作者中发展党员、选拔人才等

C. 营造关心关爱氛围，宣传先进典型、组织体检等

D. 给予社区工作者公务员编制

E. 为社区工作者提供免费住房

35. 社会工作者是改善民生福祉、创新社会治理、促进社会和谐的重要专业力量。增强（　　）是对新时代社会工作者的政治素质要求。

A. 政治意识　　B. 大局意识　　C. 中心意识　　D. 核心意识　　E. 看齐意识

36. 根据习近平总书记关于中国特色基层治理的重要论述，下列说法正确的是（　　）。

A. 加强社区党组织建设，更好发挥党组织在社区治理中的领导作用

B. 推进基层社会治理创新政策落地，使基层有更多精力和能力做好服务管理和保障民生工作

C. 强化社区党组织的政治功能和组织功能，更好发挥党员先锋模范作用

D. 提升社区服务和管理能力，积极回应群众关切

E. 适应社区信息化建设，将社区治理重心转移到线上治理，减少线下服务

37. 根据习近平总书记关于加强社区服务能力建设，更好为群众提供精准化精细化服务的重要论述，以下措施符合要求的是（　　）。

A. 加强基层组织建设，完善网格化管理、精细化服务、信息化支撑的基层治理平台

B. 增强城乡社区服务能力，发挥好在困难救助、矛盾调处、权益维护等方面的作用

C. 推进服务办理便捷化，优化办事流程，减少办理环节

D. 把社区便民服务中心建设好，强化社区为民、便民、安民功能

E. 主要通过线上平台提供服务，减少线下服务资源投入

38. 根据习近平总书记关于提高社会治理社会化、法治化、智能化、专业化水平的重要论述，以下措施符合要求是（　　）。

A. 深化对社会运行规律和治理规律的认识，善于运用先进理念和科学态度提升社会治理效能

B. 推进技术融合、业务融合、数据融合，实现跨层级、跨地域、跨系统、跨部门、跨业务的协同管理和服务

C. 建设全国一体化的国家大数据中心，推进电子政务和新型智慧城市建设

D. 注重在科学化、规范化、数字化上下功夫，提高城市治理水平

E. 仅依靠传统管理方式，减少现代科技手段的应用

39. 城市治理是推进国家治理体系和治理能力现代化的重要内容，下列关于提升城市治理水平的措施中正确的是（　　）。

A. 牢记党的根本宗旨，坚持民有所呼、我有所应，把群众大大小小的事情办好

B. 推动城市治理的重心和配套资源向街道社区下沉，聚焦基层党建、城市管理等主责主业

C. 推进服务办理便捷化，优化办事流程，减少办理环节，政务信息系统资源整合共享可暂缓进行

D. 推进服务供给精细化，找准服务群众的切入点和着力点，对接群众需求实施服务供给侧改革

E. 衣食住行、教育就业、医疗养老等方面都体现着城市管理水平和服务质量

40. 根据习近平总书记关于中国特色基层治理的重要论述，下列说法正确的是（　　）。

A. 创新社会治理，要以人民群众最关心最直接最现实的利益问题为根本坐标

B. 要从最困难的群体入手，从最突出的问题着眼，从最具体的工作抓起

C. 把服务群众、造福群众作为基层治理的出发点和落脚点

D. 要调整和完善不适应的管理体制机制，推动管理重心下移，把经常性具体服务和管理职责落实下去

E. 坚持在发展中保障和改善民生，更加注重向农村、基层、欠发达地区倾斜，向困难群众倾斜

41. 根据《中共中央办公厅　国务院办公厅关于健全新时代志愿服务体系的意见》，下列说法正确的是（　　）。

A. 发挥基层党组织引领和党员带头作用，把志愿服务作为牢记初心使命、践行党的群众路线的重要载体

B. 鼓励混合所有制企业、非公有制企业以及新经济组织、新社会组织、新就业群体支持和参与志愿服务

C. 将志愿服务纳入经济社会发展总体规划，加强谋划部署，健全长效机制

D. 建立健全志愿者宣誓制度，推广志愿者誓词，规范使用志愿服务标识

E. 推动志愿服务活动主要在社区层面开展，减少跨区域的志愿服务项目

42. 某社区计划开展一系列志愿服务，根据《中共中央办公厅　国务院办公厅关于健全新时代志愿服务体系的意见》提出的志愿服务供给体系的内容，下列做法符合要求的是（　　）。

    A. 社区计划在春节和重阳节期间，组织志愿者为老年人提供健康检查和心理疏导服务

    B. 社区与当地学校合作，开展"文艺进万家"活动，为居民提供免费的艺术培训课程

    C. 社区设立固定的志愿服务站点，每天提供包括法律咨询、矛盾调解、环保宣传等在内的多样化服务

    D. 社区计划通过问卷调查了解居民需求，然后根据需求定制个性化的志愿服务项目

    E. 社区为减少对居民的打扰，仅通过线上平台发布志愿服务信息，不开展线下宣传活动

43. 某市计划开展系列志愿服务，因此提出要加强志愿服务队伍建设，根据《中共中央办公厅　国务院办公厅关于健全新时代志愿服务体系的意见》，下列选项正确的是（　　）。

    A. 市政府组织各社区成立青年志愿者队伍，开展环保宣传活动

    B. 市教育局联合医疗机构，组建卫生健康志愿者队伍，为学校提供急救培训

    C. 市民政局支持社区组建由退休老干部、老教师等组成的"五老"志愿者队伍，开展社区文化活动

    D. 市政府鼓励志愿者发挥自主性，开展活动前不需要进行统一培训和管理

    E. 市应急管理局联合社会组织，组建应急志愿者队伍，定期开展专业技能培训和应急演练

44. 根据《中共中央办公厅　国务院办公厅关于健全新时代志愿服务体系的意见》，某县开展服务过程中，下列做法正确的是（　　）。

    A. 县政府组织各乡镇成立老年志愿者队伍，开展关爱留守儿童的志愿服务活动

    B. 县退役军人事务局引导退役军人组建志愿服务队，参与社区治安巡逻和应急救援

    C. 县司法局支持法律专业人士组成志愿服务队，为居民提供免费法律咨询

    D. 县生态环境局鼓励环保志愿者自行开展活动，不提供专业培训

    E. 县教育局联合社区，组织学生志愿者开展"科普进社区"活动，提升居民科学素养

45. 根据《中共中央办公厅　国务院办公厅关于健全新时代志愿服务体系的意见》，以下哪些内容是该意见明确提出的志愿服务项目体系的内容？（　　）

    A. 立足群众需求，设计和实施贴近实际、贴近生活、贴近群众的志愿服务项目

    B. 主要围绕政府工作需求，重点设计和实施政府指定的志愿服务项目

    C. 鼓励社会力量参与志愿服务项目的设计和实施

    D. 重点设计和实施文化领域的志愿服务项目

    E. 以共建"一带一路"国家等为重点开展国际志愿服务

参考答案

一、单项选择题

1. A　　考点：党的二十届二中全会关于社会工作的重要决策，审议通过《党和国家机构改革方案》，组建中央社会工作部

2. C　　考点：行政法规的制定主体

3. B　　考点：社会政策的概念

4. A　　考点：我国社会建设的主要内容

5. B　　考点：党的二十大报告强调引导、支持有意愿有能力的企业、社会组织和个人积极参与公益慈善事业

6. A　　考点：社会工作理念与实践经验的结合，"枫桥经验"是社会治理的重要理念和实践经验。在社会工作中，凝聚服务群众工作需要借鉴这种把矛盾化解在基层、发动群众参与社会治理等理念。社会工作者同样需要像"枫桥经验"倡导的那样，依靠群众、预防纠纷、就地解决问题等，以此维护社会稳定和群众利益

7. A　　考点：社会工作与信访工作的关联及重点方向，主要在社会工作与信访工作衔接部分，关键是强调法治化。社会工作者在处理涉及群众利益诉求、矛盾纠纷等工作时，要依法依规引导群众合理表达诉求。信访工作法治化有助于维护社会秩序，保障群众合法权益，这是社会工作在社会稳定维护和群众权益保障方面需要重点关注的内容

8. A　　考点：党的二十届三中全会通过的《中共中央关于进一步全面深化改革推进中国式现代化的决定》对社会工作领域改革发展提出明确要求，作出"健全社会工作体制机制"等一系列部署

9. B　　考点：《中共中央办公厅　国务院办公厅关于加强社区工作者队伍建设的意见》——健全职业体系之严格政治把关

10. C　　考点：《中共中央办公厅　国务院办公厅关于加强社区工作者队伍建设的意见》——总体要求

11. A　　考点：《中共中央办公厅　国务院办公厅关于加强社区工作者队伍建设的意见》——加强能力建设之提升政治素质

12. B　　考点：《中共中央办公厅　国务院办公厅关于加强社区工作者队伍建设的意见》——健全职业体系之优化工作力量配置

13. C　　考点：《中共中央办公厅　国务院办公厅关于加强社区工作者队伍建设的意见》——总体要求

14. C　　考点：《中共中央办公厅　国务院办公厅关于加强社区工作者队伍建设的意见》——重要意义

15. A　　考点：《中共中央办公厅　国务院办公厅关于加强社区工作者队伍建设的意见》——加强能力建设之提高履职本领

16. A 　　考点：《习近平关于基层治理论述摘编》——基层强则国家强，基层安则天下安

17. A 　　考点：《习近平关于基层治理论述摘编》——把服务群众、造福群众作为基层治理的出发点和落脚点

18. B 　　考点：《习近平关于基层治理论述摘编》——坚持大抓基层的鲜明导向，推进以党建引领基层治理

19. A 　　考点：《习近平关于基层治理论述摘编》——树立系统治理、依法治理、综合治理、源头治理理念

20. B 　　考点：《习近平关于基层治理论述摘编》——在社会基层坚持和发展新时代"枫桥经验"

21. B 　　考点：《习近平关于基层治理论述摘编》——健全自治、法治、德治相结合的乡村治理体系

22. A 　　考点：《习近平关于基层治理论述摘编》——建立一支素质优良的基层干部队伍

23. C 　　考点：《中共中央办公厅　国务院办公厅关于健全新时代志愿服务体系的意见》——总体要求

24. A 　　考点：《中共中央办公厅　国务院办公厅关于健全新时代志愿服务体系的意见》——健全全面参与的志愿服务动员体系之拓宽社会动员渠道

25. D 　　考点：《中共中央办公厅　国务院办公厅关于健全新时代志愿服务体系的意见》——健全精准高效的志愿服务供给体系之丰富供给内容

26. D 　　考点：《中共中央办公厅　国务院办公厅关于健全新时代志愿服务体系的意见》——健全充满活力的志愿服务队伍组织体系之加强组织建设

27. D 　　考点：《中共中央办公厅　国务院办公厅关于健全新时代志愿服务体系的意见》——健全覆盖广泛的志愿服务阵地体系之完善站点布局

28. A 　　考点：《中共中央办公厅　国务院办公厅关于健全新时代志愿服务体系的意见》——健全特色鲜明的志愿文化体系之营造志愿文化氛围

29. A 　　考点：《中共中央办公厅　国务院办公厅关于健全新时代志愿服务体系的意见》——健全坚实有力的志愿服务支持保障体系之完善发展政策

30. A 　　考点：《中共中央办公厅　国务院办公厅关于健全新时代志愿服务体系的意见》——加强组织领导之提高政治站位

二、多项选择题

31. ABCD 　　考点：党的二十届二中全会决定组建中央社会工作部，这是党的社会工作领导体系的重大改革，省、市、县级党委组建社会工作部门，加强了党对社会领域相关工作的统筹，使得社会工作重点领域改革纵深推进，在党和国家事业中的作用也得到有效彰显，但并不能彻底解决社会工作领域的所有问题

32. ABCD　　考点：党的领导在社会工作领域的全面贯彻，包括体制机制安排、政策落实、优势转化以及全面领导和推动高质量发展等多个方面。

33. ABCD　　考点：《中共中央办公厅　国务院办公厅关于加强社区工作者队伍建设的意见》——加强能力建设

34. ABC　　考点：《中共中央办公厅　国务院办公厅关于加强社区工作者队伍建设的意见》——强化激励保障

35. ABDE　　考点：《中共中央办公厅　国务院办公厅关于加强社区工作者队伍建设的意见》——加强能力建设之提升政治素质

36. ABCD　　考点：《习近平关于基层治理论述摘编》——发挥好中国特色基层治理的显著优势

37. ABCD　　考点：《习近平关于基层治理论述摘编》——加强社区服务能力建设，更好为群众提供精准化精细化服务

38. ABC　　考点：《习近平关于基层治理论述摘编》——提高社会治理社会化、法治化、智能化、专业化水平；城市治理要注重在科学化、精细化、智能化上下功夫

39. ABDE　　考点：《习近平关于基层治理论述摘编》——城市治理是推进国家治理体系和治理能力现代化的重要内容

40. BCDE　　考点：《习近平关于基层治理论述摘编》——把服务群众、造福群众作为基层治理的出发点和落脚点

41. ABCD　　考点：《中共中央办公厅　国务院办公厅关于健全新时代志愿服务体系的意见》——健全全面参与的志愿服务动员体系；健全特色鲜明的志愿文化体系；加强组织领导

42. ABCD　　考点：《中共中央办公厅　国务院办公厅关于健全新时代志愿服务体系的意见》——健全精准高效的志愿服务供给体系

43. ABCE　　考点：《中共中央办公厅　国务院办公厅关于健全新时代志愿服务体系的意见》——健全充满活力的志愿服务队伍组织体系

44. ABCE　　考点：《中共中央办公厅　国务院办公厅关于健全新时代志愿服务体系的意见》——健全充满活力的志愿服务队伍组织体系

45. ACE　　考点：《中共中央办公厅　国务院办公厅关于健全新时代志愿服务体系的意见》——健全全面参与的志愿服务动员体系；健全精准高效的志愿服务供给体系；构建志愿服务国际合作交流新格局

全真模拟试题（一）

一、单项选择题（共 60 题，每题 1 分。每题的备选项中，只有 1 个最符合题意）

1. 由全国人民代表大会及其常务委员会制定的各种法律的总称是（   ）。

   A. 国家法律　　　　　B. 行政法规　　　　　C. 国务院部门规章　　　　　D. 地方性法规

2. 我国社会政策的主要领域不包括以下哪一项？（   ）

   A. 文化产业政策　　　B. 医疗卫生政策　　　C. 劳动就业政策　　　D. 住房保障政策

3. "强化政治担当，勇于实践探索，扎实履职尽责"是习近平总书记对社会工作作出的重要指示。《民政部关于进一步加快推进民办社会工作服务机构发展的意见》提出，要进一步增强民办社会工作服务机构内部治理能力，督促民办社会工作服务机构建立健全以章程为核心的各项规章制度，健全理事会、监事会制度，完善法人治理结构，恪守三个原则，这三个原则分别是民间性、公益性和（   ）。

   A. 非营利性　　　　　B. 志愿性　　　　　C. 透明性　　　　　D. 公开性

4. 根据《民政部　财政部关于政府购买社会工作服务的指导意见》，政府部门可以直接向（   ）购买社会工作服务。

   A. 无独立法人资格但具备相应能力的企业分支机构

   B. 无独立法人资格但具备相应能力的事业单位所属部门

   C. 具备社会工作专业经验和能力的资深社会工作者个人

   D. 具备相应能力和条件的社会组织

5. 根据《关于改革完善社会救助制度的意见》，要健全社会救助对象定期核查机制，加强分类动态管理。对收入来源不固定、家庭成员有劳动能力的最低生活保障家庭，应当（   ）核查一次。

   A. 每年　　　　　　　B. 每半年　　　　　　C. 每季度　　　　　　D. 每月

6. 某县遭受重大洪涝灾害，社会各界积极捐款捐物，根据《自然灾害救助条例》，关于该县救助款物管理的说法，正确的是（   ）。

   A. 自然灾害救助款物应由县人民政府调拨、分配、管理

   B. 政府部门接受的捐赠人无指定意向的捐款，应由县财政局统筹安排用于自然灾害救助

   C. 社会组织接受的捐赠人无指定意向的救灾物资，应转交应急管理局统筹划拨使用

   D. 县纪委监委、县审计局应当依法对自然灾害救助款物和捐赠款物的管理使用情况进行监督管理

7. 某市急救中心收治了一名需要急救但身份不明的重病患者，根据《社会救助暂行

办法》，该患者符合规定的急救费用由（　　）支付。

A. 医疗救助资金　　　　　　　　　B. 大病保险资金

C. 疾病应急救助基金　　　　　　　D. 基本医疗保险基金

8. 某市城乡医疗救助基金 2017 年募集金额 1000 万元，根据《城乡医疗救助基金管理办法》，该基金 2017 年底累计结余数额一般不应超过（　　）万元。

A. 120　　　　　　B. 150　　　　　　C. 200　　　　　　D. 240

9. 自然灾害危险消除后，受灾地区人民政府应急管理等部门应当及时核实本行政区域内居民住房恢复重建补助对象，给予资金、物资等救助。根据《自然灾害救助条例》，居民住房恢复重建补助对象由受灾人员本人申请或者由（　　）提名。

A. 村民小组、居民小组　　　　　　B. 村民委员会、居民委员会

C. 乡镇人民政府、街道办事处　　　D. 住房建设部门、民政部门

10. 中央社会工作会议精神也强调了社会工作要抓好凝聚和服务群众工作，把人民的利益放在首位，切实为人民群众办实事、解难题。自然灾害发生后的当年冬季、次年春季，受灾地区人民政府应当为生活困难的受灾人员提供基本生活救助。受灾地区县级人民政府应急管理部门应当在每年（　　）底前统计、评估本行政区域受灾人员当年冬季、次年春季的基本生活困难和需求，核实救助对象。

A. 8 月　　　　　　B. 9 月　　　　　　C. 10 月　　　　　　D. 12 月

11. 根据《社会救助暂行办法》，医疗救助的审批部门是县级人民政府（　　）。

A. 民政部门　　　　　　　　　　　B. 医疗保障部门

C. 财政部门　　　　　　　　　　　D. 卫生健康主管部门

12. 党的二十大精神体现以人民为中心，要求社会工作以促进社会公平正义、增进人民福祉为出发点和落脚点，聚焦人民群众的需求和利益，致力于解决人民群众关心的实际问题。根据《城乡医疗救助基金管理办法》，城乡医疗救助对象和救助金额等情况应（　　）在村民委员会或居民委员会张榜公布，接受社会监督。

A. 每周　　　　　　B. 每月　　　　　　C. 每季度　　　　　　D. 每年

13. 习近平总书记对社会工作的重要指示强调了社会工作的重要性，明确了社会工作的根本原则、价值取向、发展方向等，为新时代社会工作提供了根本遵循。吴某向市医疗保障部门申请医疗救助，符合条件通过审核，获得审批。则医疗保障部门应向（　　）提交拨款申请。

A. 市财政部门　　　B. 省财政部门　　　C. 县财政部门　　　D. 国务院

14. 习近平总书记对社会工作作出重要指示，明确社会工作的重要性：指出社会工作是党和国家工作的重要组成部分，事关党长期执政和国家长治久安。国家鼓励和帮扶有劳动能力的孤儿成年后实现就业，孤儿成年后就业困难的，优先安排其到政府开发的（　　）就业。

A. 事业单位　　　B. 公益性岗位　　　C. 国企　　　D. 行政性岗位

15. 根据《关于进一步加强事实无人抚养儿童保障工作的意见》，下列属于事实无人抚养儿童的是（　　）。

A. 小吴，父亲病故，母亲四级智力残疾

B. 小王，父亲服刑在押，母亲体弱多病

C. 小赵，父亲长年外出打工，母亲三级精神残疾

D. 小李，父亲强制隔离戒毒，母亲失去联系 3 个月

16. 某企业为集中使用残疾人的用人单位，该企业在职职工总数为 200 人，根据《残疾人就业条例》，该企业从事全日制工作的残疾人职工至少有（　　）。

A. 30 人 B. 40 人 C. 50 人 D. 60 人

17. 某企业现有在职职工 400 人，安排残疾人就业的比例达到法定要求，无须缴纳残疾人就业保障金。根据《残疾人就业条例》，该企业目前至少已安排（　　）名残疾人就业。

A. 4 B. 6 C. 8 D. 10

18. 张某夫妇染上毒品，对 10 岁的儿子小强不闻不问，不履行监护职责，经多次教育仍不改正。根据《中华人民共和国未成年人保护法》，有关机关或个人可以依法申请对小强的监护问题作出处理。下列处理中，正确的是（　　）。

A. 人民法院可以撤销张某夫妇监护人资格，指定居民委员会监督张某夫妇抚养小强

B. 人民法院可以撤销张某夫妇监护人资格，另行指定小强的监护人

C. 民政部门可以撤销张某夫妇监护人资格，指定居民委员会监督张某夫妇抚养小强

D. 民政部门可以撤销张某夫妇监护人资格，另行指定小强的监护人

19. 孙某丧妻，因身体残疾无力抚养儿子小强。考虑到孩子的生活和教育，孙某决定将其送给他人收养。下列人员中，具有优先抚养权的是（　　）。

A. 小强的老师，有稳定的工资收入　　　B. 小强的外公，在农村以种地为生

C. 小强的姑姑，城市白领，无子女　　　D. 孙某的同学，地产商人，育有一女

20. 根据《中华人民共和国民法典》，男女双方到婚姻登记机关申请离婚，婚姻登记机关查明双方确属自愿离婚，并查明（　　）予以登记，发给离婚证。

A. 一方有家庭暴力行为的

B. 一方有赌博恶习屡教不改的

C. 双方因感情不和分居满 2 年的

D. 双方对子女抚养、财产以及债务处理等事项协商一致的

21. 根据《中华人民共和国民法典》，王某立遗嘱时，下列人员可以作为遗嘱见证人的是（　　）。

A. 赵某，限制民事行为能力人，不是继承人

B. 钱某，完全民事行为能力人，是受遗赠人

C. 孙某，完全民事行为能力人，是王某的债权人

D. 李某，完全民事行为能力人，是王某的主治医生，无利害关系

22. 根据《中华人民共和国民法典》，下列关于代位继承的说法，正确的是（　　）。

A. 甲的儿子乙先于甲死亡，甲死亡后，乙的无抚养教育关系的继子可代位继承甲的遗产

B. 甲的儿子乙先于甲死亡，甲死亡后，乙的非婚生女儿可代位继承甲的遗产

C. 甲的女儿丙先于甲死亡，甲死亡后，丙的丈夫可代位继承甲的遗产

D. 甲的女儿丙先于甲死亡，甲死亡后，丙的解除收养关系的养子可代位继承甲的遗产

23. 根据《中华人民共和国民法典》，下列遗嘱中，应认定有效的是（　　）。

A. 小芸，15 周岁，遭遇车祸弥留之际口头订立的遗嘱

B. 小强，38 周岁，精神病发病且不能完全辨认自己行为时亲笔书写的遗嘱

C. 老汪，59 周岁，通过录音订立的遗嘱，其间无见证人在场

D. 老齐，76 周岁，亲笔书写并签名订立的遗嘱，其间无见证人在场

24. 根据《中华人民共和国民法典》，伪造、篡改遗嘱情节严重的，丧失继承权。遗嘱继承人丧失继承权的，原该继承人所应继承的遗产按（ ）办理。

    A. 遗嘱　　　　　　B. 转继承　　　　　C. 法定继承　　　　D. 代位继承

25. 党的二十届三中全会作出"健全社会工作体制机制"等一系列部署，为新时代社会工作高质量发展指明了前进方向，要求从体制机制上解决社会工作面临的新情况新问题。为防止有关机关推脱责任，保护信访人的合理要求，我国相关法规规定有关行政机关收到信访事项后，能够当场答复是否受理的，应当当场书面答复；不能当场答复的，应当自收到信访事项之日起（ ）内书面告知信访人。

    A. 1 周　　　　　　B. 1 个月　　　　　C. 15 日　　　　　D. 2 周

26. 小张因为对信访问题的处理意见不满向上级机关提出复查，但对复查结果仍然不满，继续向更高级的机关提出复核，得到的答复仍然不符合小张的心意，小张便继续以同一事实和理由向有关机关提出投诉请求。对于小张这样的做法，政府部门应采取（ ）。

    A. 不予受理　　　　　　　　　　B. 继续由更高级的机关受理

    C. 发回事发地处理　　　　　　　D. 发回下一级重新复核

27. 甲市乙县是旅游热点地区，旅游旺季时突发泥石流，致使大量游客滞留，根据《中华人民共和国突发事件应对法》，（ ）应当立即采取措施控制事态发展。

    A. 甲市人民政府　　　　　　　　B. 甲市文旅部门

    C. 乙县人民政府　　　　　　　　D. 乙县文旅部门

28. 戒毒人员小王在社区戒毒期间严重违反社区戒毒协议，再次吸食、注射毒品。根据《中华人民共和国禁毒法》，此时参与社区戒毒的工作人员应当及时（ ）。

    A. 通知小王亲属　　　　　　　　B. 通知社区居民委员会

    C. 向公安机关报告　　　　　　　D. 向司法行政部门报告

29. 根据《中华人民共和国社区矫正法》，社区矫正对象符合刑法规定的减刑条件的，应当由（ ）提出减刑建议。

    A. 村（居）民委员会　　　　　　B. 社区矫正机构

    C. 派出所　　　　　　　　　　　D. 基层人民法院

30. 我国相关法律规定强制隔离戒毒的期限为（ ）。

    A. 1 年　　　　　　B. 2 年　　　　　　C. 3 年　　　　　　D. 4 年

31. 根据《退役军人安置条例》，国家采取自主就业、（ ）、供养等方式妥善安置退役义务兵。

    A. 复员　　　　　　B. 转业　　　　　　C. 安排工作　　　　D. 退休

32. 下列服务项目中，不属于社区公共服务内容的是（ ）。

    A. 开展社区再就业人员培训　　　　B. 开设社区连锁经营小型超市

    C. 建立社区居民健康档案　　　　　D. 加强对失业人员的动态管理

33. 根据《民政部关于贯彻落实国务院取消全国性社会团体分支机构、代表机构登记行政审批项目的决定有关问题的通知》，下列关于社会团体分支机构的说法，正确的是（ ）。

A. 社会团体可在分支机构下再设立分支机构

B. 社会团体可以设立分支机构的名义收取管理费

C. 社会团体的分支机构不得以法人组织的名称命名

D. 社会团体的分支机构可根据需要结合实际制定章程

34. 根据《中华人民共和国公益事业捐赠法》，以下有关捐赠财产使用和管理的说法正确的是（　　）。

A. 公益性非营利的事业单位可以通过各种途径实现捐赠财产的保值增值

B. 非公募基金会每年用于从事章程规定的公益事业支出，不得低于上一年基金余额的8%

C. 受赠人不得以任何原因对受赠财产进行变卖或者拍卖

D. 受赠人与捐赠人订立了捐赠协议的，任何情况下都不得改变捐赠财产的用途

35. 根据《中华人民共和国劳动法》《职工带薪年休假条例》，关于企业向员工支付工资的说法，正确的是（　　）。

A. 企业可按月也可按季度向员工支付工资

B. 企业应当以货币或实物形式向员工支付工资

C. 员工在婚假期间，企业应当依法支付工资

D. 企业经员工同意未安排年休假的，应按员工日工资的200%支付工资

36. 根据《集体合同规定》，下列关于集体协商代表的说法，正确的是（　　）。

A. 集体协商双方的代表人数应当对等，每方至少2人

B. 职工一方的协商代表应由本单位职工自愿报名担任

C. 用人单位一方的首席协商代表，应由用人单位人事部门负责人担任

D. 集体协商双方首席代表均不得由非本单位人员代理

37. 根据《集体合同规定》，下列关于集体合同协商代表的说法，正确的是（　　）。

A. 职工一方可以聘请外单位人员担任首席代表

B. 用人单位可以聘请外单位人员担任首席代表

C. 双方首席代表轮流主持集体协商会议

D. 双方所有集体协商代表均应在集体合同草案上签字

38. 某公司员工田某发生工伤后，与公司就工伤医疗费支付金额发生争议。根据《中华人民共和国劳动争议调解仲裁法》，下列关于田某和公司双方处理劳动争议的说法，正确的是（　　）。

A. 双方应进行协商，如协商不成，公司可直接向人民法院提起诉讼

B. 双方可向劳动争议调解组织申请调解，如调解不成，田某可向人民法院提起诉讼

C. 双方可向劳动争议调解组织申请调解，如调解不成，公司可直接向人民法院提起诉讼

D. 双方可向劳动争议仲裁机构申请仲裁，如对裁决不服，田某可直接向人民法院提起诉讼

39. 李某，户籍在甲省乙市，在丙省丁市工作。两者均为设区的市。李某怀疑自己因工作患职业病，回老家甲省乙市某承担职业病诊断的医院申请诊断。经诊断，该医院认为李某未患职业病。李某对此有异议，根据《中华人民共和国职业病防治法》，可向（　　）人民政府卫生行政部门申请鉴定。

A. 甲省   B. 乙市   C. 丙省   D. 丁市

40. 根据《中华人民共和国就业促进法》，下列企业中，依法享受税收优惠的是（   ）。

A. 退休人员创办的中小企业   B. 农民工创办的中小企业

C. 失业人员创办的中小企业   D. 辞职人员创办的中小企业

41. 小孔与某公司签订劳动合同，约定该公司从 2013 年 4 月 1 日起聘用小孔 2 年，其中前 2 个月为试用期。根据《中华人民共和国社会保险法》的规定，公司应当在 2013 年（   ）前为小孔办理社会保险登记。

A. 4 月 1 日   B. 4 月 30 日   C. 5 月 31 日   D. 6 月 1 日

42. 下列人员均处于失业状态，失业前缴纳失业保险费均超过 1 年，失业后均办理了失业登记，并有求职要求。根据《失业保险条例》，4 人中可以领取失业保险金的是（   ）。

A. 吴某，为照顾家庭，主动辞职，中断就业

B. 张某，不满单位工资待遇，主动辞职，中断就业

C. 赵某，被所在单位领导批评，主动辞职，中断就业

D. 王某，违反单位操作规程，被所在单位开除，中断就业

43. 李爷爷的儿子在部队服现役期间因公牺牲。根据相关规定，李爷爷所享受的定期抚恤金的标准应当参照（   ）确定。

A. 上一年度全国居民人均可支配收入水平   B. 全国城镇居民人均可支配收入水平

C. 当地城镇职工月人均收入水平   D. 逝世军人生前 12 个月平均月缴费工资

44. 现役军人小张在一次抢险救灾任务中失踪，后经法定程序宣告小张死亡。根据有关规定，部队对小张应当按（   ）对待。

A. 因公牺牲   B. 烈士   C. 因公失踪   D. 病故

45. 某医疗社会团体符合非营利组织免税资格申请条件，根据《财政部 税务总局关于非营利组织免税资格认定管理有关问题的通知》，该社会团体免税资格申请是由（   ）依法按照管理权限联合进行审核确认并定期予以公示。

A. 财政，卫生行政部门   B. 税务，民政部门

C. 民政，卫生行政部门   D. 财政，税务部门

46. 根据《中华人民共和国劳动合同法》，下列关于劳务派遣的说法，正确的是（   ）。

A. 劳务派遣单位应当履行用人单位对劳动者的义务

B. 劳务派遣应当在传统性、服务性或者季节性的工作岗位上实施

C. 劳务派遣单位应当与被派遣劳动者订立 1 年以上的固定期限劳动合同

D. 被派遣劳动者的劳动报酬不应低于用工单位同类岗位劳动报酬的 80%

47. 根据《中华人民共和国社会保险法》，下列支出可由社会保险基金支付的是（   ）。

A. 社保经办机构人员经费   B. 社会保险费征缴管理费用

C. 参保人员因病死亡的丧葬补助金   D. 参保人员境外就医的费用

48. 大刚失业前，其失业保险的累计缴费时间是 7 年。在领取了 3 个月的失业保险金后，大刚找到了一份工作。工作 3 年后，因企业转产，大刚又失业了。从理论上说，大刚这次失业后可以领取失业保险金的最长期限是（   ）。

A. 12 个月   B. 18 个月   C. 24 个月   D. 27 个月

49. 陆某在部队服现役的时间为 12 年，退役后被安排到某机关单位上班。但因为单位的问题，陆某在家待业 1 年，单位按照不低于本单位同等条件人员平均工资 80% 的标准逐月发给陆某生活费，所以陆某在退役 1 年后才正式上班，上班后在该单位工作了 20 年，根据相关规定，至今陆某的工龄为（   ）。

    A. 12 年   B. 20 年   C. 32 年   D. 33 年

50. 根据《中华人民共和国社会保险法》，下列情形中，属于领取失业保险金应当具备条件的是（   ）。

    A. 本人自愿中断就业登记的

    B. 有求职要求，但未进行失业登记的

    C. 已进行失业登记，但无求职要求

    D. 失业前用人单位和本人已缴纳失业保险费满 1 年的

51. 根据《中华人民共和国军人保险法》，下列军人中，个人不需要缴纳军人退役医疗保险费的是（   ）。

    A. 军官   B. 士官   C. 义务兵   D. 文职干部

52. 根据《中华人民共和国慈善法》，当出现下列（   ）情形时，慈善组织应当终止。

    A. 擅自改变捐赠财产用途的   B. 连续 2 年未从事慈善活动的

    C. 未依法履行信息公开义务的   D. 将不得用于投资的财产用于投资的

53. 某国有企业的仓库半夜突发大火，仓库管理员王刚在消防队员赶到现场前奋力救火，为企业挽回很大经济损失，但他本人因体力透支在救火中不幸去世。根据相关规定，王刚可以被评定为（   ）。

    A. 见义勇为   B. 烈士   C. 因公牺牲   D. 病故

54. 老梁，残疾军人，退休安置在某地军队离休退休干部休养所。根据《军队离休退休干部服务管理办法》，下列服务保障工作中，不属于该休养所提供的是（   ）。

    A. 按时发放退休费   B. 及时评定残疾等级

    C. 定期了解个性需求   D. 引导参与社会文化活动

55. 小李是一名普通士兵，在部队服役期间，因战致残被评定为 5 级残疾，2013 年以义务兵身份退出现役。根据《退役军人安置条例》，小李的安置方式应当是（   ）。

    A. 由人民政府安排工作   B. 由人民政府作退休安置

    C. 由国家集中供养   D. 由国家分散供养

56. （   ）不属于居民自治的内容。

    A. 民主管理   B. 民主调解   C. 民主监督   D. 民主决策

57. 关于应对突发公共卫生事件的组织领导制度，《突发公共卫生事件应急条例》规定：国务院设立全国突发事件应急处理指挥部，由（   ）组成，国务院主管领导人担任总指挥，负责对全国突发公共卫生事件应急处理的统一领导、统一指挥。

    A. 国务院及各省级人民政府

    B. 国务院及各级卫生行政主管部门

    C. 各省级人民政府

    D. 国务院有关部门和军队有关部门

58. 江湾村正在登记参加村民委员会选举的村民名单，根据《中华人民共和国村民委员会组织法》，下列人员中，应当列入此名单的是（   ）。

  A. 小虎，17周岁，户籍在本村，居住在本村，本人表示愿意参加选举

  B. 兰花，27周岁，户籍不在本村，嫁到本村半年，申请参加选举，村民代表大会不同意

  C. 张数，37周岁，户籍在本村，经商致富后定居外地，经选举委员会与其联系，无明确答复

  D. 郑仁，47周岁，户籍不在本村，3年前来村居住，申请参加选举，村民代表会议同意

59. 根据《工伤保险条例》，应当参加工伤保险而未参加的用人单位，一旦职工发生工伤，其工伤医疗费用由（   ）支付。

  A. 职工本人   B. 用人单位

  C. 当地工会   D. 当地社会保险经办部门

60. 根据《国务院关于整合城乡居民基本医疗保险制度的意见》，城乡居民医疗基金政策范围内住院费用的支付比例保持在（   ）左右。

  A. 55%   B. 65%   C. 75%   D. 85%

  二、多项选择题（共20题，每题2分。每题的备选项中，有2个或2个以上符合题意，至少有1个错项。错选，本题不得分；少选，所选的每个选项得0.5分）

61. 习近平总书记对社会工作的重要指示指出：社会工作是党和国家工作的重要组成部分，事关党长期执政和国家长治久安，事关社会和谐稳定和人民幸福安康。强调了社会工作在党和国家事业中的战略地位。《关于加强社会工作专业人才队伍建设的意见》指出，社会工作专业岗位开发和专业人才使用是社会工作专业人才队伍建设的根本。社会工作专业人才重要的用武之地有（   ）。

  A. 基层   B. 相关事业单位

  C. 相关社会组织   D. 相关行政部门和群团组织

  E. 企业

62. 《民政部关于进一步加快推进民办社会工作服务机构发展的意见》针对加强民办社会工作服务机构能力建设提出了四点要求，其中一点要求是加强民办社会工作服务机构党群组织建设，其他要求是（   ）。

  A. 进一步增强民办社会工作服务机构内部治理能力

  B. 着力提升民办社会工作服务机构服务水平

  C. 建立健全民办社会工作服务机构联系志愿者制度

  D. 推进民办社会工作服务机构行业自律

  E. 积极做好民办社会工作服务机构行业服务

63. 某企业在一年时间内聘用了多名有劳动能力、处于失业状态的低保家庭成员。根据《社会救助暂行办法》，该企业可以享受的就业扶持政策有（   ）。

  A. 税收优惠   B. 住房补贴

  C. 社会保险补贴   D. 小额担保贷款

  E. 减免残疾人就业保障金

64. 中央社会工作会议明确工作重点和任务：要统筹推进为基层赋能和减负；扎实做好凝聚服务群众工作。根据《社会救助暂行办法》，实施住房救助可采取的方式有（   ）。

A. 配租公共租赁住房　　　　　B. 发放住房租赁补贴

C. 降低购房首付比例　　　　　D. 减免购房贷款利息

E. 农村危房改造

65. 国家保障妇女享有与男子平等的人身权利。根据《中华人民共和国妇女权益保障法》，妇女的人身权利包括（   ）。

A. 子女监护权　　　　B. 生命健康权　　　　C. 选举权

D. 名誉权　　　　E. 肖像权

66. 根据《国务院办公厅关于加强孤儿保障工作的意见》，地方各级政府要按照有利于孤儿身心健康成长的原则，采取（   ）方式，妥善安置孤儿。

A. 亲属抚养　　　　B. 机构养育　　　　C. 家庭寄养

D. 依法收养　　　　E. 单位代养

67. 《中华人民共和国残疾人保障法》规定，国家保障残疾人享有平等参与文化生活的权利。以下属于丰富残疾人精神文化生活的是（   ）。

A. 组织和扶持盲文读物

B. 国家举办的各类升学考试，有盲人参加的，应当为盲人提供盲文试卷

C. 开办电视手语节目

D. 举办特殊艺术演出和特殊体育运动会

E. 有计划地兴办残疾人活动场所

68. 甲、乙、丙、丁四兄弟的父母、祖父母、外祖父母均已故，甲育有一子一女，甲于2017年病故；乙和丙未婚未育；丁已婚未育。丙于2020年12月突发意外去世，未订立遗嘱。根据《中华人民共和国民法典》，丙的法定继承人有（   ）。

A. 甲的儿子　　B. 甲的女儿　　C. 乙　　D. 丁　　E. 丁的妻子

69. 《中华人民共和国突发事件应对法》规定，对于突发事件的处理，不履行法定职责的，由其上级行政机关责令改正；有（   ）情形的，根据相关因素，对负有责任的领导人和直接责任人员依法给予处分。

A. 未及时组织开展生产自救、恢复重建等善后工作的

B. 未按规定及时采取措施处置突发事件或者处置不当，造成后果的

C. 未按规定及时发布突发事件警报、采取预警期的措施，导致损害发生的

D. 截留、挪用、私分或者变相私分应急救援资金、物资的

E. 在处理突发事件时，征用单位和个人的财产，处理结束后及时归还的

70. 根据《中华人民共和国禁毒法》，下列关于戒毒措施的说法，正确的有（   ）。

A. 吸毒人员可以自行到具有戒毒治疗资质的机构接受戒毒治疗

B. 戒毒治疗的收费标准由戒毒机构自行确定

C. 怀孕妇女不适用强制隔离戒毒

D. 强制隔离戒毒的期限为2年

E. 戒毒人员可以自愿在戒毒康复场所劳动

71. 根据《中华人民共和国慈善法》，下列关于慈善组织清算后的剩余财产的说法，正确的是（   ）。

A. 慈善组织章程作出规定的，可根据章程规定转给宗旨相同或相近的慈善组织

B. 慈善组织章程作出规定的，可以出资比例退还给慈善组织发起人

C. 慈善组织章程未作规定的，可由民政部门主持转给宗旨相同或相近的慈善组织

D. 慈善组织章程未作规定的，筹得的非定向捐赠资金结余部分可由财政部门收缴处理

E. 慈善组织章程未作规定的，筹得的非定向捐赠资金结余部分可按比例退还捐赠人

72. 某汽车生产企业因生产规模扩大需扩招一批员工，在招聘过程中，以下行为符合保障女性权益要求的是（　　）。

A. 询问女性求职者婚姻状况　　　　B. 询问女性求职者生育情况

C. 询问女性求职者期望薪资　　　　D. 询问女性求职者学历情况

E. 在体检环节对女性求职者进行妊娠测试

73. 吕某，城市户籍，独自经营一家便利店，属于无雇工的个体工商户。根据《中华人民共和国社会保险法》《失业保险条例》，吕某可以参加的社会保险险种有（　　）。

A. 基本养老保险　　　　　　　　　B. 职工基本医疗保险

C. 失业保险　　　　　　　　　　　D. 企业年金

E. 职业年金

74. 根据《失业保险条例》，失业人员领取失业保险金的条件有（　　）。

A. 家庭经济困难　　　　　　　　　B. 失业时间达3个月以上

C. 非因本人意愿中断就业　　　　　D. 已经进行失业登记，并有求职要求

E. 失业前用人单位和本人已缴纳失业保险费满1年

75. 根据《工伤保险条例》《最高人民法院关于审理工伤保险行政案件若干问题的规定》，下列人员中，应当被认定为工伤的有（　　）。

A. 孙某，下班回到单位宿舍，醉酒跌伤

B. 吴某，被单位领导批评后，在下班途中自杀

C. 何某，下班顺路买菜，途中被逆行汽车撞伤

D. 李某，下班顺路探望父母，途中被闯红灯汽车撞伤

E. 钱某，下班乘地铁回家途中，地铁列车门突发故障，双臂被夹伤

76. 根据《国务院关于建立统一的城乡居民基本养老保险制度的意见》，下列缴费中，应全部计入城乡居民基本养老保险个人账户的有（　　）。

A. 个人缴费　　　　　　　　　　　B. 集体补助

C. 公益慈善组织对参保人的缴费资助　　D. 地方人民政府对参保人的缴费补贴

E. 中央财政对基础养老金的补助

77. 刘某因不满其所在单位与他解除劳动合同而与单位产生纠纷，根据《中华人民共和国劳动争议调解仲裁法》的规定，刘某可以寻求协调帮助的劳动争议处理机构有（　　）。

A. 劳动争议调解组织，如企业劳动争议调解委员会

B. 劳动争议仲裁委员会

C. 街道办事处

D. 人民法院

E. 劳动局

78. 士官小张，28周岁，服役10年退出现役，自主就业，服役期间荣立三等功，具备领取一次性退役金资格。根据《退役军人安置条例》，小张一次性退役金应当（　　）。

A. 按标准增发 5%　　　　　　　B. 按退役时年龄核算

C. 按 10 年服役年限计算　　　　D. 按安置地人均收入加以调节

E. 按国家规定免征个人所得税

79. 关于烈士评定的标准，下列说法正确的是（　　）。

A. 小李在下班途中遇到某国有仓库着火，不顾个人安危奋力协助抢救火灾而不幸牺牲，小李可作为公民牺牲评定为烈士

B. 王某在执行武器装备科研试验任务中不幸牺牲，可作为公民牺牲评定为烈士

C. 小谢在服现役期间对敌作战时死亡，可作为军人牺牲评定为烈士

D. 小王在服现役期间在执行任务中因病猝然死亡，可作为军人牺牲评定为烈士

E. 小刘在服现役期间在执行任务中由于意外事件死亡，可作为军人牺牲评定为烈士

80. W 村举行了换届选举，但村民委员会当选人仍少于应选名额，经过村民选举委员会的协商，决定 3 日后另行选举。下列关于另行选举的规定，正确的是（　　）。

A. 另行选举可以在选举日当日举行，也可在 5 日内进行，具体时间由村民选举委员会确定

B. 另行选举的候选人须由登记参加选举的村民再次推选

C. 第一次投票未当选的人员得票多的为候选人，不需再次推选

D. 候选人以得票多的当选，但得票数不得少于已投选票数的 1/3

E. 另行选举，应选职位仍未选足，但村民委员会成员已选足 3 人的，可以空缺

参考答案

一、单项选择题

题号	答案	考点
1. A		考点：法规的主要种类
2. A		考点：社会政策的主要领域
3. A		考点：加强民办社会工作服务机构能力建设
4. D		考点：政府购买社会工作服务的对象
5. B		考点：低保的动态管理
6. D		考点：自然灾害的救助款物管理
7. C		考点：《社会救助暂行办法》第三十二条
8. B		考点：城乡医疗救助基金的管理
9. A		考点：自然灾害的灾后救助工作
10. C		考点：自然灾害的灾后救助工作
11. B		考点：医疗救助的审批部门
12. C		考点：城乡医疗救助基金的管理
13. A		考点：城乡医疗救助基金支出
14. B		考点：孤儿基本权益保障——就业保障
15. A		考点：事实无人抚养儿童的界定
16. C		考点：劳动就业

17. B 　　考点：劳动就业

18. B 　　考点：司法保护

19. B 　　考点：送养人的条件

20. D 　　考点：登记离婚

21. D 　　考点：遗嘱的形式

22. B 　　考点：代位继承

23. D 　　考点：遗嘱的形式

24. C 　　考点：《中华人民共和国民法典》第一千一百五十四条

25. C 　　考点：信访事项的受理

26. A 　　考点：信访事项的办理期限

27. C 　　考点：突发事件应急管理体制

28. C 　　考点：社区戒毒

29. B 　　考点：《中华人民共和国社区矫正法》第三十三条

30. B 　　考点：强制隔离戒毒

31. C 　　考点：《退役军人安置条例》第五条

32. B 　　考点：社区公共服务

33. C 　　考点：社会团体的管理

34. B 　　考点：捐赠财产的管理使用

35. C 　　考点：工资水平和工资支付

36. D 　　考点：集体协商的代表

37. C 　　考点：集体协商的代表和程序

38. D 　　考点：劳动争议处理的原因、范围和机构

39. B 　　考点：《中华人民共和国职业病防治法》第五十二条

40. C 　　考点：通过税费政策促进就业

41. B 　　考点：《中华人民共和国社会保险法》第五十八条

42. D 　　考点：失业保险待遇——领取失业保险金的条件

43. A 　　考点：《军人抚恤优待条例》第十九条

44. B 　　考点：《军人抚恤优待条例》第十一条

45. D 　　考点：税收政策

46. A 　　考点：劳务派遣

47. C 　　考点：社会保险基金和《中华人民共和国社会保险法》相关规定

48. C 　　考点：失业保险待遇——失业保险金的领取时间

49. D 　　考点：《退役军人安置条例》第七十四条

50. D 　　考点：《中华人民共和国社会保险法》第四十五条

51. C 　　考点：《中华人民共和国军人保险法》第二十条

52. B 　　考点：《中华人民共和国慈善法》第十七条

53. B 　　考点：公民牺牲评定为烈士

54. B 　　考点：军休干部服务管理内容

55. A 　　考点：《退役军人安置条例》第二十五条

56. B 　　考点：居民自治的基本内容

57. D   考点：突发公共卫生事件应对的组织领导

58. D   考点：村民委员会选举

59. B   考点：工伤保险待遇

60. C   考点：《国务院关于整合城乡居民基本医疗保险制度的意见》中"统一保障待遇"相关规定

二、多项选择题

61. ABCD   考点：推动社会工作专业岗位开发和专业人才使用的要求

62. ABC   考点：加强民办社会工作服务机构能力建设

63. ACD   考点：就业救助的申请与批准

64. ABE   考点：住房救助含义、标准与申请

65. BDE   考点：人身和人格权益

66. ABCD   考点：孤儿安置

67. ACDE   考点：文化生活

68. ABCD   考点：法定继承

69. ABCD   考点：《中华人民共和国突发事件应对法》第九十五条

70. ACDE   考点：戒毒措施

71. AC   考点：《中华人民共和国慈善法》第十八条

72. CD   考点：劳动和社会保障权益

73. AB   考点：《中华人民共和国社会保险法》和《失业保险条例》相关规定

74. CDE   考点：失业保险待遇

75. CDE   考点：工伤认定与劳动能力鉴定

76. ABCD   考点：《国务院关于建立统一的城乡居民基本养老保险制度的意见》中"建立个人账户"相关规定

77. ABD   考点：劳动争议处理的原则、范围和机构

78. AC   考点：《退役军人安置条例》第二十一条、第二十二条

79. ABC   考点：《烈士褒扬条例》第八条、《军人抚恤优待条例》第十一条

80. CDE   考点：另行选举和选举后续工作

全真模拟试题（二）

一、单项选择题（共 60 题，每题 1 分。每题的备选项中，只有 1 个最符合题意）

1. 按照《中华人民共和国立法法》规定，在全国人民代表大会闭会期间，对全国人民代表大会制定的法律进行部分补充和修改的主体是（　　）。

A. 国务院　　　　　　　　　　　　B. 全国人民代表大会常务委员会

C. 最高人民法院　　　　　　　　　D. 最高人民检察院

2. 社会工作是党和国家工作的重要组成部分，事关党长期执政和国家长治久安，事关社会和谐稳定和人民幸福安康。中央社会工作会议会上传达了习近平总书记对社会工作作出的重要指示。《关于加强社会工作专业人才队伍建设的意见》中，社会工作服务人才职业能力建设工程重点培训的对象不包括（　　）。

A. 公益慈善类社会组织工作人员

B. 大型企业高层管理人员

C. 城乡基层居（村）民自治组织人员

D. 社区服务组织工作人员

3. 党的二十届二中全会精神决定组建中央社会工作部，作为党中央职能部门，省、市、县级党委组建社会工作部门，这是党的社会工作领导体系的重大改革。根据《社会工作专业人才队伍建设中长期规划（2011—2020 年）》，到 2020 年，社会工作教育与研究人才培养引进工程的目标不包括（　　）。

A. 建立 500 家社会工作专业重点实训基地

B. 培养和引进 3 万名社会工作硕士专业学位研究生

C. 培养和引进 300 名社会工作专业博士

D. 培育发展 1 万家民办社会工作教育机构

4. 小王是甲县乙乡丙村最低生活保障家庭成员、初中三年级学生，根据《社会救助暂行办法》，小王申请教育补助应向（　　）提出。

A. 就读学校　　　　B. 丙村村民委员会　　　　C. 乙乡人民政府　　　　D. 甲县教育局

5. 小刚，甲市最低生活保障家庭成员，在乙市丙高校攻读全日制本科，拟申请教育救助。根据《社会救助暂行办法》，小刚应当向（　　）提出。

A. 甲市民政局　　　　B. 甲市教育局　　　　C. 乙市民政局　　　　D. 丙高校

6. 根据《社会救助暂行办法》，关于教育救助的说法，正确的是（　　）。

A. 教育救助标准由县级民政部门和教育行政部门共同确定、公布

B. 教育救助应当由申请人向其所在地的民政部门申请

C. 教育救助由申请人就读学校按照国家有关规定实施

D. 教育救助应以减免相关费用、发放助学金的方式实施

7. 党的二十届三中全会会议精神体现了对民生问题的高度重视，要求加强普惠性、基础性、兜底性民生建设，促使社会救助制度不断完善和优化，提高救助的精准度和实效性。小周，16周岁，由于家庭困难需要申请教育救助。申请教育救助的申请人是（　　）。

    A. 小周的父母　　　　　　　　　　B. 小周的近亲属

    C. 小周本人或监护人　　　　　　　　D. 小周所在地的居民委员会

8. 根据现行法规，从2014年起，中央补助公共租赁住房建设资金以及租赁补贴资金继续由财政部安排，国家发展和改革委员会原安排的中央用于新建廉租住房补助投资调整为（　　）。

    A. 公共租赁住房配套基础设施建设补助投资

    B. 新建公租房补助投资

    C. 租赁补贴资金

    D. 市场商品房投资

9. 根据公共租赁住房和廉租住房并轨政策，公共租赁住房租金原则上按照（　　）水平确定。

    A. 适当低于同地段、同类型住房市场租金

    B. 尽可能低廉

    C. 适当低于本市区内市场平均租金

    D. 市场租金

10. 李大爷为特困供养人员，被安置在养老院集中供养。某日，李大爷听说还有住房救助政策，便准备申请。根据《社会救助暂行办法》，关于李大爷住房救助申请的说法，正确的是（　　）。

    A. 李大爷符合公共租赁住房申请条件

    B. 李大爷符合领取住房租赁补贴条件

    C. 李大爷符合领取农村危房改造补贴条件

    D. 李大爷不符合住房救助申请条件

11. 根据《社会救助暂行办法》，城镇家庭申请住房补助，应向（　　）提出。

    A. 社区居民委员会　　　　　　　　B. 乡镇人民政府、街道办事处

    C. 县级人民政府民政部门　　　　　D. 县级人民政府住房保障部门

12. 党的二十大报告明确指出必须坚持人民至上，站稳人民立场。习近平总书记对社会工作的重要指示中强调坚持以人民为中心，践行新时代党的群众路线。小海，12周岁，现在上初一，农村户口，因家庭发生变故，他提出了教育救助的申请，那么对小海的材料进行审核的是（　　）。

    A. 村民委员会　　　　　　　　　　B. 乡（镇）人民政府

    C. 县级民政部门　　　　　　　　　D. 市级民政部门

13. 小明的爷爷拟以小明父母失联为由，申请认定小明为事实无人抚养儿童。根据《关于进一步加强事实无人抚养儿童保障工作的意见》，认定小明父母失联的依据是，小明父母双方均失去联系且未履行监护抚养责任（　　）以上。

    A. 3个月　　　　　　B. 6个月　　　　　　C. 9个月　　　　　　D. 12个月

14. 中央社会工作会议精神强调要抓好凝聚服务群众工作等重点任务，特殊人群是需要重点凝聚和服务的对象之一，会议精神促使社会工作部门和工作者更加关注特殊人群的需求，采取更加有效的措施为特殊人群提供个性化、专业化的服务。小萌，7周岁，父母因遭遇车祸双亡，当地民政部门依法将小萌安置在市儿童福利院。该福利院为了促进小萌和其他孤儿融入社区，在附近小区租了一套单元房，为孩子们提供家庭式养育。根据《国务院办公厅关于加强孤儿保障工作的意见》，小萌的安置方法属于（　　）。

　　A. 家庭寄养　　　　B. 依法收养　　　　C. 机构养育　　　　D. 亲属抚养

15. 根据《中华人民共和国残疾人保障法》，在残疾人托养服务政策扶持方面的规定不包括（　　）。

　　A. 加大残疾人托养服务公共财政投入力度

　　B. 完善残疾人托养服务机构土地政策

　　C. 培育和完善残疾人托养服务行业协会，充分发挥其在行业自律和维护残疾人以及残疾人托养服务机构合法权益等方面的积极作用

　　D. 加强对残疾人托养服务的金融支持

16. 《国务院办公厅关于印发农村残疾人扶贫开发纲要（2011—2020年）的通知》提出，到2020年，农村残疾人家庭收入达到或接近（　　），基本公共服务覆盖农村残疾人并不断提高水平，残疾人生存有保障，生活有尊严，发展有基础。

　　A. 当地平均收入水平　　　　　　　B. 当地最低收入水平

　　C. 当地小康水平　　　　　　　　　D. 当地最低生活保障水平

17. 小花自幼是残疾人。在一次单位招聘考核中，小花表现突出，排名第一。单位只招两个人，却录用了第二名和第三名。小花认为这样做存在歧视，十分不满。就业主管部门应该采取的做法是（　　）。

　　A. 与小花协商　　　　　　　　　　B. 与此单位协商

　　C. 责令本单位录用小花　　　　　　D. 劝小花放弃

18. 根据《中华人民共和国民法典》，夫妻一方死亡，另一方再婚且不赡养死亡一方父母的，对所继承的死亡一方的遗产（　　）。

　　A. 再婚一方无权处分　　　　　　　B. 再婚一方有权处分

　　C. 按转继承重新处分　　　　　　　D. 按法定继承重新处分

19. 由于意外事故，小张的父亲残疾、母亲去世，留下未成年的小张，父亲为了小张能更好地生活想将他送养给别人。这时候小张的舅舅一家，姑姑一家，姥姥一家，社会好心人都想抚养小张。那么，谁最应该获得小张的抚养权呢？（　　）

　　A. 舅舅一家　　　　B. 姥姥一家　　　　C. 社会好心人　　　　D. 姑姑一家

20. 女孩小娟，8周岁父亲遭遇车祸身亡，母亲无力抚养。祖父母要求抚养小娟，但其母亲以他们年纪太大为由拒绝，并将小娟送养给一位50周岁的单身男士。在小娟的抚养问题上，小娟母亲违反了《中华人民共和国民法典》中的（　　）原则。

　　A. 家庭成员共同送养　　　　　　　B. 单身男性收养女性的年龄差距

　　C. 夫妻共同收养　　　　　　　　　D. 死亡一方父母有优先抚养权利

21. 财产继承是指公民死亡时，其法定近亲属按照死者生前所立的有效遗嘱或者依据法律规定，依法取得死者遗留的个人合法财产的法律制度。根据继承人继承遗产的方式，继承可分为法定继承和（　　）。

A. 本位继承　　　　B. 代位继承　　　　C. 遗嘱继承　　　　D. 转继承

22. 罗某由于病重把 5 个孩子都叫到床前口头给孩子们立了遗嘱，但是由于抢救及时，老人转危为安，康复后老人又立了书面遗嘱。老人去世后 5 个孩子因为遗产的问题争论不休，老大和老二觉得之前的口头遗嘱对自己有利。其余的 3 个孩子觉得之后的书面遗嘱对自己有利，由于两份遗嘱都没有经过公证，双方僵持不下，作为社区生活调解员，你认为谁说的有道理呢？（　　　）

A. 都没有道理，由于双方争论不休，就应该按照法律规定的继承顺序和范围划分，而不是依据遗嘱

B. 都有理，两份遗嘱都是老人的意愿

C. 口头遗嘱没有书面遗嘱正式，所以老大、老二的依据不充分

D. 书面遗嘱是在老人康复后又重新立的，应该最有法律效力

23. 老张和儿子之间有矛盾，经人民调解委员会的调解，立即得到了解决。人民调解法规定，人民调解委员会在受理纠纷时，登记是进行调解的第一道程序，是决定受理的文字记载。对于老张和儿子的纠纷，应该如何登记？（　　　）

A. 老张和儿子的纠纷得到了立即的调解，不需再登记

B. 虽然老张和儿子的纠纷得到了立即的调解，但仍需要补办登记

C. 登记是为了后续解决纠纷，既然纠纷已经得到解决，不需再登记

D. 不需再登记，因为太麻烦

24. 某地发生里氏 7.0 级强烈地震，当地政府第一时间启动应急预案，同时邀请某专业民间救援队参与救援，某公司员工刘某为该救援队志愿者，随该救援队参加应急救援工作。根据《中华人民共和国突发事件应对法》，关于刘某参加应急救援工作期间在本单位的工资和福利的说法正确的是（　　　）。

A. 仅享受基本工资待遇　　　　　　　　B. 工资待遇和福利不变

C. 享受基本工资待遇、福利不变　　　　D. 额外增发加班费和专项福利

25. 根据《信访工作条例》，信访工作是（　　　）的重要组成部分。

A. 党的统一战线　　　　　　　　　　　B. 党的群众工作

C. 党的自身建设　　　　　　　　　　　D. 党的思想工作

26. 以下不属于突发事件应对的过程与方法的是（　　　）。

A. 预防与应急准备　　　　　　　　　　B. 监测与预警

C. 应急处置与救援　　　　　　　　　　D. 评估与善后工作

27. 某地发生泥石流灾害影响涉及甲省乙市下辖的丙县某镇和丁县某乡交界地区。根据《中华人民共和国突发事件应对法》，这一突发事件的应对工作应该由（　　　）人民政府负责。

A. 甲省　　　　　　B. 乙市　　　　　　C. 丙县　　　　　　D. 丁县

28. 根据《中华人民共和国突发事件应对法》，以下关于突发事件等级划分的说法，正确的是（　　　）。

A. 自然灾害可分为红色、橙色、黄色、蓝色四个级别

B. 事故灾难可分为一级、二级、三级、四级四个级别

C. 公共卫生事件可分为特别重大、重大、较大和一般四个级别

D. 社会安全事件可分为一级、二级、三级、四级四个级别

29. 根据《中华人民共和国民法典》，一方患有重大疾病的，应当在结婚登记前告知另一方，未如实告知的，另一方可以向人民法院请求撤销婚姻，请求撤销婚姻的，应当在知晓后（　　）之内提出撤销。

A. 1 年　　　　　　B. 2 年　　　　　　C. 3 年　　　　　　D. 6 个月

30. 久未谋面的老同事刘某从外地来访，黄某挽留刘某在家居住。某日，黄某偶然撞见刘某正注射毒品，颇感震惊，但碍于面子，没有制止。两天后，警察在刘某房内搜出毒品和注射用具，刘某也承认自己注射毒品。警察带走刘某，并对黄某处以 3 日拘留。根据《中华人民共和国禁毒法》，黄某受拘留处罚的原因是（　　）。

A. 他包庇贩卖毒品的刘某　　　　　　B. 他容留刘某吸食注射毒品

C. 他阻碍依法进行毒品检查　　　　　　D. 他为刘某窝藏毒品

31. 根据《深化党和国家机构改革方案》，下列部门中，负责统一征收社会保险费的是（　　）。

A. 财政部门　　　　　　　　　　　　B. 税务部门

C. 民政部门　　　　　　　　　　　　D. 人力资源和社会保障部门

32. 下列不属于我国公益慈善组织主要类型的是（　　）。

A. 非营利性社会团体　　　　　　　　B. 慈善基金会

C. 民办非企业单位　　　　　　　　　D. 自发形成的同乡会

33. 杨某服现役期间在执行任务时不幸牺牲，被部队评定为烈士。杨某服现役期间每个月的工资津贴是 2000 元，且杨某牺牲时上一年度全国城镇居民人均可支配收入为 2 万元。根据《烈士褒扬条例》，他的家人能够领取的烈士褒扬金为（　　）。

A. 8 万元　　　　　　B. 12 万元　　　　　　C. 60 万元　　　　　　D. 120 万元

34. 根据《烈士褒扬条例》，烈士褒扬金标准最低为烈士牺牲时上一年度全国城镇居民人均可支配收入的（　　）倍。

A. 10　　　　　　　　B. 20　　　　　　　　C. 30　　　　　　　　D. 40

35. 向某在服现役期间因长期接触辐射性强的物质而患职业病去世。根据现役军人死亡性质的认定标准，向某属于（　　）。

A. 烈士　　　　　　　B. 病故　　　　　　C. 因公牺牲　　　　　D. 自然死亡

36. 根据《退役军人安置条例》，国家采取退休、转业、（　　）、复员等方式妥善安置退役军官。

A. 供养　　　　　　B. 自主就业　　　　　C. 逐月领取退役金　　D. 安排工作

37. W 社区为新建住宅区。根据有关规定，新建住宅区居民入住率达到（　　）的，应及时成立社区居民委员会。

A. 40%　　　　　　B. 50%　　　　　　　C. 60%　　　　　　　D. 70%

38. X 村新一届村民委员会的成员在全体村民的支持与配合下顺利选出。根据有关规定，县级人民政府主管部门或者乡级人民政府，应当自新一届村民委员会产生之日起（　　）内向新当选的成员颁发统一印制的当选证书。

A. 5 日　　　　　　B. 10 日　　　　　　C. 15 日　　　　　　D. 20 日

39. 李某通过了某单位的入职考试，但在体检时被诊断为患有乙肝，该单位以李某是传染病病原携带者为由拒绝录用他。根据就业促进法的规定，该用人单位的做法违背了促进就业的（　　）原则。

A. 照顾特殊和困难群体就业   B. 平等就业和自主择业

C. 以人为本、尊重   D. 劳动保护

40. 张某，山东省青岛市户籍，曾先后在广州市工作 2 年、上海市工作 10 年、北京市工作 9 年，上述工作期间均参加了城镇企业职工基本养老保险。根据《城镇企业职工基本养老保险关系转移接续暂行办法》，下列地区中，应当为张某办理养老保险待遇领取手续的是（   ）。

A. 青岛市   B. 广州市   C. 上海市   D. 北京市

41. 甲公司承租乙公司的场地开办餐厅，由丙公司承包经营。由于人手不够，丙公司从丁公司借调厨师王某前来帮忙。王某在该餐厅工作时不小心被烫伤，但相关公司未约定工伤补偿办法。根据《工伤保险条例》，应承担王某工伤保险责任的公司是（   ）。

A. 甲公司   B. 乙公司   C. 丙公司   D. 丁公司

42. 下列企业延长劳动者工作时间的做法，符合《中华人民共和国劳动法》规定的是（   ）。

A. 乙企业为疏通被泥石流堵塞的公路，要求劳动者连续加班 5 小时

B. 丙企业为完成订单，要求劳动者最近一个月天天加班，加班费按正常工资的 20% 支付

C. 甲企业由于生产需要，经与工会和劳动者协商，决定劳动者每天加班 3 小时，每月 66 小时

D. 丁企业为及时交货，与劳动者协商，决定每周工作 6 天，周六上班的工资按正常工资的 150% 支付，不再安排补休

43. 根据《国务院办公厅关于全面实施城乡居民大病保险的意见》，城乡居民大病保险的资金来源为（   ）。

A. 城乡居民基本医保基金   B. 福利彩票公益金

C. 城乡居民医疗救助基金   D. 中央财政专项补助

44. 经劳动保障行政部门查实，某公司未按规定办理社会保险登记，情节严重。根据《社会保险费征缴暂行条例》，劳动保障行政部门可以对该公司直接负责的主管人员和其他直接责任人员处（   ）的罚款。

A. 500 元以上 1000 元以下   B. 1000 元以上 5000 元以下

C. 5000 元以上 1 万元以下   D. 1 万元以上 2 万元以下

45. 小李在工伤保险认定机构上班，他接到如下几个案例，其中不能被认定为工伤的是（   ）。

A. 李先生，常年为单位开车，患上司机职业病

B. 王女士，在下班途中走在人行道上，被突然加速的汽车撞伤

C. 小张，因为妻子闹离婚而心情烦躁，在下班途中出手打人，最后受伤

D. 小谢，二级伤残军人，退伍转业后旧伤复发

46. 某村村民小组 18 周岁以上的村民有 150 人，共有家庭 45 户，针对土地征用问题召开了村民小组会议。下列关于村民小组会议的说法，正确的是（   ）。

A. 召开村民小组会议应当有 75 人以上的 18 周岁村民，或者 30 户以上的户的代表参加

B. 召开村民小组会议应当有 100 人以上的 18 周岁村民，或者 30 户以上的户的代表参加

C. 村民小组组长由村民小组会议推选，其任期为 3 年，并可连选连任

D. 村民小组会议所作决定应当经到会人员的过 2/3 数同意

47. 关于村民委员会成员的构成，《中华人民共和国村民委员会组织法》规定：村民委员会由主任、副主任和委员共（　　）人组成。

A. 3~7　　　　　B. 4~8　　　　　C. 5~9　　　　　D. 6~10

48. 甲、乙、丙、丁 4 个社会组织均于慈善法公布前成立，根据《慈善组织公开募捐管理办法》，可以申请公开募捐资格证书的是（　　）。

A. 甲，公募基金会，持有标明慈善组织属性的登记证书

B. 乙，非公募基金会，登记满 8 年，连续两次被评为 5A 级社会组织，慈善组织认定申请审核中

C. 丙，社会团体，具有公益性捐赠税前扣除资格，尚未申请慈善组织认定

D. 丁，社会工作服务机构，认定为慈善组织刚满 1 年

49. 甲、乙、丙、丁 4 个慈善组织均具有公开募捐资格，根据《中华人民共和国慈善法》，下列关于 4 个组织定期进行信息公开的说法，正确的是（　　）。

A. 甲，公开募捐周期为 9 个月，应当在公开募捐活动结束后 1 个月内全国公开募捐情况

B. 乙，公开募捐周期为 2 年，应当至少每 6 个月公开一次募捐情况

C. 丙，慈善项目实施周期为 9 个月，项目结束后 3 个月内应当全面公开项目实施情况和募得款物使用情况

D. 丁，慈善项目实施周期为 2 年，应当至少每 6 个月公开 1 次项目实施情况

50. 中华全国妇女联合会简称全国妇联，是 1949 年 3 月由中国共产党成立的妇女组织，其基本功能是代表、捍卫妇女权益，促进男女平等，也同时维护少年儿童权益。根据《社会团体登记管理条例》的规定，此类社会团体的活动资金有（　　）。

A. 3 万元以上　　　B. 5 万元以上　　　C. 10 万元以上　　　D. 20 万元以上

51. 某民办学校因新城建设把校区迁到郊区，该民办学校的法人在征得其业务主管单位审查结束后，向登记管理机关申请变更登记。按照有关规定，登记管理机关应在收到该民办学校申请变更登记的全部有效文件之日起（　　）内，作出准予变更或不准予变更的决定，并书面通知该民办学校。

A. 30 日　　　　　B. 40 日　　　　　C. 60 日　　　　　D. 90 日

52. 根据《基金会管理条例》，下列关于基金会理事长的说法，正确的是（　　）。

A. 基金会理事长，可由现职国家工作人员兼任

B. 基金会理事长，可同时担任其他社会组织的法定代表人

C. 担任基金会理事长的外国人，每年在中国内地居留时间不得少于 6 个月

D. 因犯罪被判拘役，刑期执行完毕之日起未逾 5 年的，不能担任基金会理事长

53. 根据《中华人民共和国劳动合同法》，下列事项，属于劳动合同必备条款的是（　　）。

A. 试用期　　　　B. 劳动合同期限　　　C. 职业培训　　　D. 保守秘密

54. 农村居民何某在某市一非法用工单位工作，患上职业病，被评定为一级伤残。根据《非法用工单位伤亡人员一次性赔偿办法》，何某可获得所在单位工伤保险统筹地区上年度（　　）16 倍的一次性赔偿金。

A. 最低工资　　　　　　　　　　　B. 职工年平均工资

C. 城镇居民人均可支配收入 D. 农村居民人均可支配收入

55. 根据《人力资源社会保障部 民政部关于鼓励社会团体、基金会和民办非企业单位建立企业年金有关问题的通知》，社会组织建立企业年金所需费用由社会组织和工作人员共同缴纳的，双方缴纳合计一般不超过本单位上年度工作人员工资总额的（ ）。

A. 六分之一 B. 八分之一 C. 十分之一 D. 十二分之一

56. 根据《失业保险条例》，下列领取失业保险金的人员，可继续领取失业保险金的是（ ）。

A. 甲，应征入伍 B. 乙，移居境外

C. 丙，办理退休手续 D. 丁，申请低保获批

57. 下列关于居民会议职能的选项，正确的是（ ）。

A. 社区计划建一个儿童游乐场，涉及全体居民利益，须提请居民会议讨论决定

B. 居民会议无权撤换和补选居民委员会成员

C. 居民公约由居民委员会制定，但需报上级政府备案

D. 居民委员会办理公益事业所需费用，可以直接向居民筹集

58. 下列关于职业中介机构的规定中，正确的是（ ）。

A. 某街道为扶持女性创业，与辖区某女性居民联合举办经营性的职业中介机构

B. 设立职业中介机构应当在工商行政管理部门办理职业中介许可证

C. 设立职业中介机构应当在劳动保障行政部门办理登记

D. 未经依法许可和登记的机构，不得从事职业中介活动

59. 基本医疗保险基金由统筹基金和个人账户构成，下列说法符合要求的是（ ）。

A. 职工个人缴费率一般为本人工资收入的2%

B. 职工个人缴费率一般为在职工工资收入的2%

C. 用人单位缴费率应控制在当地职工年平均工资的6%左右

D. 用人单位缴费率应控制在当地职工年平均工资的10%左右

60. 在失业保险金的领取时间方面，符合相关规定的是（ ）。

A. 小赵，失业前用人单位和本人累计缴费满2年，领取失业保险金的期限最长为6个月

B. 小钱，失业前用人单位和本人累计缴费满5年，领取失业保险金的期限最长为12个月

C. 小孙，失业前用人单位和本人累计缴费满10年，领取失业保险金的期限最长为12个月

D. 小李，失业前用人单位和本人累计缴费满15年，领取失业保险金的期限最长为24个月

二、多项选择题（共20题，每题2分。每题的备选项中，有2个或2个以上符合题意，至少有1个错项。错选，本题不得分；少选，所选的每个选项得0.5分）

61. 党的十八届三中全会通过的《中共中央关于全面深化改革若干重大问题的决定》对社会建设的各个领域提出了许多改革的具体要求。在大力促进教育公平方面，提出的具体要求是（ ）。

A. 要逐步缩小区域、城乡、校际差距

B. 统筹城乡义务教育资源均衡配置

C. 实行公办学校标准化建设和校长教师交流轮岗

D. 不设重点学校、重点班

E. 积极推动农民工子女平等接受教育

62. 《民政部　财政部关于政府购买社会工作服务的指导意见》对政府购买社会工作服务的监督管理提出了六点要求，其中一点要求是坚持（　　），确保评估工作的全面性、客观性和科学性。

A. 过程评估与结果评估相结合

B. 短期效果评估与长远效果评估相结合

C. 社会效益评估与经济效益评估相结合

D. 政府评估和服务对象评估相结合

E. 投入评估与产出评估相结合

63. 党的二十届三中全会对"深化人才发展体制机制改革"作出部署，进一步明确了新时代人才工作的方向和路径，为社会工作人才队伍建设提供了宏观政策环境和改革动力，推动建立健全有利于社会工作人才成长和发展的体制机制。根据《关于加强社会工作专业人才队伍建设的意见》，加强社会工作专业人才队伍建设的指导思想包括（　　）。

A. 以人才培养为基础　　　B. 以人才使用为根本

C. 以人才评价激励为重点　　D. 以人才流动为动力

E. 以政策制度建设为保障

64. 习近平总书记对社会工作的重要指示是社会工作法规与政策制定的重要指导思想，总书记关于新时代为什么要加强社会工作、怎样加强社会工作等重大理论和实践问题的一系列新思想新观点新论断，为制定科学合理、符合实际的社会工作法规与政策提供了理论基础和实践指南。人才评价激励是社会工作专业人才队伍建设的重点，《关于加强社会工作专业人才队伍建设的意见》从（　　）方面提出了具体要求。

A. 建立健全社会工作专业人才评价制度

B. 做好社会工作专业人才薪酬保障工作

C. 建立社会工作专业人才表彰奖励制度

D. 做好社会工作专业人才就业保障工作

E. 做好社会工作专业人才教育培训工作

65. 最低生活保障家庭成员刘某，无正当理由连续 3 次拒绝公共就业服务机构为其介绍的与其健康状况和劳动能力相适应的工作。根据《社会救助暂行办法》，当地县级人民政府民政部门可以对刘某采取的措施有（　　）。

A. 停发其家庭的最低生活保障金

B. 停发其本人的最低生活保障金

C. 减发其本人的最低生活保障金

D. 追回其家庭前 3 个月的最低生活保障金

E. 追回其本人前 3 个月的最低生活保障金

66. 农村居民张某，65 周岁，孤身一人，经济困难，申请特困人员救助供养。根据《特困人员认定办法》，在审核张某家庭收入时，张某的下列收入应计入在内的有（　　）。

A. 卖菜收入

B. 土地流转收入

C. 村民委员会发放的治安巡逻志愿者补贴

D. 政府发放的种粮补贴

E. 中央确定的城乡居民养老保险基础养老金

67. 下列关于预防未成年人犯罪的说法，错误的是（　　）。

A. 年满 14 周岁的未成年人，征得父母或其他监护人同意的，可以脱离监护单独居住

B. 征得未成年人及监护人同意的，可以在新闻报道中披露犯罪的未成年人的姓名、住所等相关信息

C. 小学生旷课的，学校应当及时与其父母或者其他监护人取得联系

D. 未成年人犯罪案件，一律不公开审理

E. 对违法犯罪未成年人进行社会帮教和权利维护

68. 党的二十大关注社会公平正义和人民福祉，要求在社会发展中不能忽视特殊人群的权益保障，为特殊人群权益保障工作提供了政策支持和思想引领，推动建立更加完善的特殊人群保障体系，促进社会的和谐稳定。根据《中华人民共和国残疾人保障法》，对（　　）案件，残疾人法律救助工作站应当直接提供法律救助服务。

A. 残疾人经济困难

B. 侵犯残疾人群体利益

C. 残疾人精神受损

D. 案情复杂、涉及面广、社会影响较大

E. 残疾人受到歧视

69. 小强，17 岁，高中二年级。课间和同学闹矛盾，冲动之下，用刀将同学捅死，构成犯罪。为了预防小强重新犯罪，应该（　　）。

A. 对小强的案件不公开审理和报道

B. 将小强与成年罪犯分别关押

C. 对小强的案件公开审理和报道

D. 对小强进行法治教育和义务教育

E. 小强在以后就业时，任何单位和个人不能歧视

70. 根据《中华人民共和国治安管理处罚法》，下列违反治安管理行为人，经查其行为的违法事实清楚、证据确凿，可以对其当场作出治安管理处罚决定的有（　　）。

A. 何某，醉酒后扰乱公园秩序，拟处以警告

B. 王某，在车站扰乱运营秩序，强行闯卡上车，拟处以 100 元罚款

C. 李某，擅自进入铁路防护网，影响行车安全，拟处以 200 元罚款

D. 赵某，在高速公路服务区强行向过往司机售卖玻璃水，拟处以 300 元罚款

E. 张某，盗窃路面井盖，拟处以 3 日拘留

71. 按照《军人抚恤优待条例》的规定，抚恤补助对象可以享受以下优待（　　）。

A. 残疾军人赵明凭《中华人民共和国残疾军人证》，可免费乘坐火车、轮船

B. 杨某是残疾军人，他凭有效证件参观游览公园、博物馆、名胜古迹可享受优待

C. 小军的父亲是因公牺牲的军人，小军应征入伍且符合条件的话，可优先批准服现役

D. 段奶奶是烈士遗属，家里的房子因大雨倒塌，地方政府应帮助解决其住房问题

E. 张某服现役期间因公八级致残，后因旧伤复发入院治疗，医疗费用需由本人承担

72. 下列各项符合因战致残的评残条件的有（　　）。

A. 对敌作战负伤致残的

B. 参加处置突发事件致残的

C. 为抢救和保护国家财产、公民生命财产致残的

D. 在执行任务中或者在工作岗位上因病致残的

E. 因执行任务遭敌人或犯罪分子伤害致残的

73. 根据《中共中央关于全面深化改革若干重大问题的决定》，下列类别的社会组织中，可直接向民政部门依法申请登记，无须业务主管单位审查同意的有（　　）类社会组织。

A. 科技　　　　B. 宗教　　　　C. 公益慈善　　　　D. 政治法律　　　　E. 城乡社区服务

74. 根据《中华人民共和国劳动合同法》，下列关于劳务派遣的说法，正确的有（　　）。

A. 劳务派遣单位和用工单位可以向被派遣劳动者收取适当费用

B. 劳务派遣用工只能在临时性、辅助性和替代性的工作岗位上实施

C. 用工单位给被派遣劳动者造成损害的，劳务派遣单位与用工单位承担连带赔偿责任

D. 劳务派遣单位应当向被派遣劳动者按月支付劳动报酬，不能订立固定期限合同

E. 被派遣劳动者在无工作期间，劳务派遣单位应当按照所在地人民政府规定的最低工资标准，向其按月支付报酬

75. 根据《中华人民共和国劳动合同法》，劳动者可以立即解除劳动合同的情形包括（　　）。

A. 劳动合同条款对自己不利的　　　　B. 法定节假日安排加班的

C. 工作环境不舒适的　　　　D. 用人单位拖欠工资的

E. 用人单位不为劳动者缴纳社会保险费的

76. 蔡某，男，甲省户籍。40周岁时从乙省到丙省工作，职工基本养老保险关系随同转移，在丙省缴费满15年。随后，蔡某中断就业，并定居丙省。根据《城镇企业职工基本养老保险关系转移接续暂行办法》，下列关于蔡某基本养老保险权益的说法，正确的有（　　）。

A. 丙省社会保险经办机构应保留蔡某基本养老保险关系

B. 蔡某未达到待遇领取年龄前，可以在丙省终止基本养老保险关系，并办理退保手续

C. 蔡某达到退休年龄后，可以在丙省办理基本养老保险待遇领取手续

D. 乙省、丙省两地的参保缴费年限合并计算

E. 乙省、丙省两地的个人账户储存额累计计算

77. 某村计划选举新的村民委员会，根据相关规定，以下哪些措施是正确的？（　　）

A. 村民选举委员会由村民会议推选产生，成员包括主任和委员，实行少数服从多数的议事原则

B. 村民选举委员会成员被提名为村民委员会成员候选人后，可以继续担任村民选举委员会成员

C. 村民选举委员会成员因其他原因出缺的，可以按照原推选结果依次递补，也可以另行推选

D. 村民选举委员会成员不履行职责，致使选举工作无法正常进行的，经村民会议讨论同意，其职务终止

E. 村民选举委员会的任期，自推选组成之日起，至新老村民委员会工作移交后终止

78. 某市成立了一家青少年协会，下列关于该社会团体的说法中，符合要求的是（ ）。

A. 会员全部是单位会员，有 25 个会员

B. 会员全部是单位会员，有 30 个会员

C. 会员全部是个人会员，有 50 个会员

D. 会员既有单位会员也有个人会员，共 45 个会员

E. 会员既有单位会员也有个人会员，共 55 个会员

79. 国家鼓励企业增加就业岗位，扶持失业人员和残疾人就业，对下列企业、人员依法给予税收优惠的是（ ）。

A. 吸纳符合国家规定条件的失业人员达到规定要求的企业

B. 安置残疾人员达到规定比例的企业

C. 集中使用残疾人的企业

D. 从事个体经营的低保家庭成员

E. 失业人员创办的中小企业

80. 某食品生产企业在市场监管局的检查中被发现未建立健全食品安全管理制度，也未对职工进行食品安全知识培训。根据食品安全相关法规，下列措施正确的是（ ）。

A. 食品生产经营者必须有营业执照，无须有相应的食品生产许可

B. 加强对职工食品安全知识的培训，配备了兼职食品安全管理人员

C. 食品生产经营企业的销售部门经理应当对食品安全负首要责任

D. 企业质量安全主管人员对食品安全负直接责任

E. 食品生产经营者应当落实不符合安全标准的食品处置及经济赔偿责任

参考答案

一、单项选择题

1. B　考点：法规的制定过程

2. B　考点：社会工作服务人才职业能力建设工程的培训对象

3. D　考点：社会工作专业人才队伍建设的重点工程

4. A　考点：教育救助的形式与标准

5. D　考点：教育救助的形式与标准

6. C　考点：教育救助的形式与标准

7. C　考点：未成年人教育救助的程序

8. A　考点：整合公共租赁住房政府资金渠道

9. A　考点：进一步完善公共租赁住房租金定价机制

10. D　考点：住房救助含义、标准与申请

11. D　　考点：住房救助含义、标准与申请

12. B　　考点：未成年人教育救助的程序

13. B　　考点：事实无人抚养儿童保障

14. C　　考点：孤儿安置

15. C　　考点：社会保障

16. A　　考点：《国务院办公厅关于印发农村残疾人扶贫开发纲要（2011—2020年）的通知》中"总体目标"相关规定

17. C　　考点：侵害残疾人的合法权益的法律责任

18. B　　考点：《中华人民共和国民法典》第一千一百五十七条

19. B　　考点：其他家庭成员间的关系

20. D　　考点：送养人的条件

21. C　　考点：法定继承与遗嘱继承

22. D　　考点：遗嘱继承

23. B　　考点：人民调解的程序

24. B　　考点：《中华人民共和国突发事件应对法》第九十条

25. B　　考点：《信访工作条例》第三条

26. D　　考点：突发事件应对的过程与方法

27. B　　考点：《中华人民共和国突发事件应对法》第十八条

28. B　　考点：《中华人民共和国突发事件应对法》第六十三条

29. A　　考点：可撤销婚姻

30. B　　考点：《中华人民共和国禁毒法》涉及的法律责任

31. B　　考点：社会保险费征缴

32. D　　考点：公益慈善组织主要类型

33. C　　考点：《烈士褒扬条例》第十五条

34. C　　考点：《烈士褒扬条例》第十五条

35. C　　考点：《军人抚恤优待条例》第十二条

36. C　　考点：《退役军人安置条例》第五条

37. B　　考点：居民委员会组织设置

38. B　　考点：选举有效性确认和确认当选

39. B　　考点：平等就业和自主择业原则

40. C　　考点：职工基本养老保险关系的转移、接续

41. D　　考点：《工伤保险条例》第四十三条

42. A　　考点：延长工作时间的规定

43. A　　考点：城乡居民基本医疗保险制度

44. B　　考点：《社会保险费征缴暂行条例》第二十三条

45. C　　考点：工伤认定与劳动能力鉴定

46. B　　考点：村民（代表）会议

47. A　　考点：村民委员会的性质和组织构成

48. A　　考点：《慈善组织公开募捐管理办法》第九条

49. C　　考点：《中华人民共和国慈善法》第七十九条

50. C　　考点：成立社会团体的条件

51. C　　考点：变更登记

52. D　　考点：《基金会管理条例》第二十三条

53. B　　考点：劳动合同的内容

54. B　　考点：《非法用工单位伤亡人员一次性赔偿办法》第五条

55. A　　考点：《人力资源社会保障部　民政部关于鼓励社会团体、基金会和民办非企业单位建立企业年金有关问题的通知》中"企业年金缴费"相关规定

56. D　　考点：失业保险待遇

57. A　　考点：民主决策、民主管理、民主监督

58. D　　考点：职业中介机构

59. A　　考点：职工基本医疗保险制度

60. D　　考点：失业保险待遇

二、多项选择题

61. ABCD　　考点：《中共中央关于全面深化改革若干重大问题的决定》中"大力促进教育公平方面"相关规定

62. ABC　　考点：政府购买社会工作服务的监督管理

63. ABCE　　考点：《关于加强社会工作专业人才队伍建设的意见》的指导思想

64. ABC　　考点：推进社会工作专业人才评价和激励工作的要求

65. BC　　考点：低保动态管理

66. ABCD　　考点：特困人员对象范围

67. ABC　　考点：《中华人民共和国预防未成年人犯罪法》相关规定

68. ABD　　考点：残疾人权益的主要内容——法律援助

69. ABDE　　考点：未成年人重新犯罪的预防

70. ABC　　考点：《中华人民共和国治安管理处罚法》第二十三条

71. BCD　　考点：《军人抚恤优待条例》第四十条、第四十四条、第五十一条、第五十二条、第五十三条

72. ABCE　　考点：《军人抚恤优待条例》第二十五条

73. ACE　　考点：《中共中央关于全面深化改革若干重大问题的决定》相关规定

74. BCE　　考点：劳务派遣

75. ADE　　考点：劳动者提前解除劳动合同

76. ACDE　　考点：职工基本养老保险关系的转移、接续

77. ACDE　　考点：关于村民选举委员会的若干规定

78. BCE　　考点：成立社会团体的条件

79. ABCE　　考点：通过税费政策促进就业

80. BDE　　考点：落实食品生产经营单位的主体责任

后　记

作为与我国社会工作事业同步成长的专业教师，30 多年前我便开始了社会工作专业教育、研究与实务的生涯，一路走来，既有艰辛，亦有喜悦。我见证了中国社会工作事业前行的每一个足迹。其中，具有里程碑意义的全国社会工作者职业水平考试，让我看到了中国社会工作事业发展的希望。从那时起，我在教学、研究、实务之余便多了一项工作，即从事全国社会工作者职业水平考试考前辅导。在多年的辅导历程中，我看到了一线社工同人的努力和辛苦，他们的支持坚定了我为此而付出的信心。感谢中国社会出版社的信任，使我有机会把自己多年的经验和心得贡献出来。

本套丛书在 2024 年的基础上作了如下修改：一是每章按照试题难易程度进行分层分类，使考生可以循序渐进地进行演练；二是根据大纲增补内容及 2024 年真题新增较多试题。

我要感谢参与本套丛书编写的周军、孙立亚、苗艳梅、王冬梅老师，特别要感谢周军老师做了大量的校对、协调工作。还要感谢我带的研究生们，他们为本套丛书做了大量的资料收集工作。特别感谢中国社会出版社社会工作图书编辑部全体人员及其他朋友在本套丛书的编辑出版过程中付出的辛劳。

本套丛书各章编写工作的分工如下。

许莉娅：《社会工作实务（初级）考试过关分层练》第一、二、三、四、五、六、七章
　　　　《社会工作实务（中级）考试过关分层练》第一、二、三、四、五、六、七章

周　军：《社会工作综合能力（初级）考试过关分层练》第三、四、五、六、八章
　　　　《社会工作综合能力（中级考试过关分层练）》第三、五、六、七、十章

孙立亚：《社会工作综合能力（初级）考试过关分层练》第一、二、七、九章
　　　　《社会工作综合能力（中级）考试过关分层练》第一、二、四、八、九章

苗艳梅：《社会工作实务（中级）考试过关分层练》第八、九、十、十一、十二、十三、十四、十五章
　　　　《社会工作法规与政策考试过关分层练》第八、九、十、十一、十二、十三、十四章

王冬梅：《社会工作实务（初级）考试过关分层练》第八、九、十、十一、十二、十三、十四章
　　　　《社会工作法规与政策考试过关分层练》第一、二、三、四、五、六、七章

由于水平所限，本套丛书定会有不足和遗憾之处，真诚地希望读者朋友在使用过程中，通过关注微信公众号"社工图书专营店"，提出宝贵意见。

主编　许莉娅

2025年全国社会工作者职业水平考试用书

指导教材

社会工作综合能力（初级）————————● 定价：65.00元
社会工作实务（初级）—————————● 定价：85.00元
社会工作综合能力（中级）————————● 定价：80.00元
社会工作实务（中级）—————————● 定价：90.00元
社会工作法规与政策——————————● 定价：90.00元

辅导用书·考试过关分层练系列

社会工作综合能力（初级）考试过关分层练————● 定价：50.00元
社会工作实务（初级）考试过关分层练—————● 定价：60.00元
社会工作综合能力（中级）考试过关分层练————● 定价：50.00元
社会工作实务（中级）考试过关分层练—————● 定价：50.00元
社会工作法规与政策考试过关分层练——————● 定价：60.00元

辅导用书·星级考点一本通系列

社会工作综合能力（初级）星级考点一本通————● 定价：40.00元
社会工作实务（初级）星级考点一本通—————● 定价：50.00元
社会工作综合能力（中级）星级考点一本通————● 定价：50.00元
社会工作实务（中级）星级考点一本通—————● 定价：50.00元
社会工作法规与政策星级考点一本通——————● 定价：60.00元

辅导用书·真题详解系列

社会工作综合能力（初级）真题详解——————● 定价：50.00元
社会工作实务（初级）真题详解————————● 定价：50.00元
社会工作综合能力（中级）真题详解——————● 定价：50.00元
社会工作实务（中级）真题详解————————● 定价：50.00元
社会工作法规与政策真题详解—————————● 定价：50.00元
高级社会工作师考试真题详解—————————● 定价：50.00元